士符《潜夫论》研究

李晓敏 ◎ 著

中国出版集团公司

世界图书出版公司

广州·上海·西安·北京

图书在版编目（CIP）数据

王符《潜夫论》研究 / 李晓敏著 . —广州：世界
图书出版广东有限公司 , 2016.12（2025.1重印）
ISBN 978-7-5192-2338-0

Ⅰ . ①王… Ⅱ . ①李… Ⅲ . ①古典哲学—中国—东汉时代
②政论—中国—东汉时代③《潜夫论》—研究 Ⅳ . ① B234.935

中国版本图书馆 CIP 数据核字（2017）第 001918 号

书　　名	王符《潜夫论》研究	
	WANGFU QIANFULUN YANJIU	
著　　者	李晓敏	
策划编辑	刘婕妤	
责任编辑	冯彦庄	
装帧设计	黑眼圈工作室	
出版发行	世界图书出版广东有限公司	
地　　址	广州市新港西路大江冲 25 号	
邮　　编	510300	
电　　话	020-84460408	
网　　址	http:// www.gdst.com.cn	
邮　　箱	wpc_gdst@163.com	
经　　销	新华书店	
印　　刷	悦读天下（山东）印务有限公司	
开　　本	710mm×1000mm　1/16	
印　　张	15.75	
字　　数	263 千	
版　　次	2016 年 12 月第 1 版　　2025 年 1 月第 2 次印刷	
国际书号	ISBN　978-7-5192-2338-0	
定　　价	78.00 元	

目　录

绪　论 ·· 001

  第一部分：文献研究成果综述 ························· 002

  第二部分：文学研究成果综述 ························· 008

上编　文献考辨

第一章　王符生平及《潜夫论》成书时间考辨 ············· 012

  第一节　王符生卒年考辨平议 ························· 012

  第二节　王符早年交游及行迹考 ····················· 020

  第三节　《潜夫论》成书时间考 ····················· 034

第二章　《潜夫论》版本考索 ························· 053

  第一节　《潜夫论》明前版本情况辨析 ··············· 053

  第二节　《潜夫论》明清版本流传考 ················· 070

第三章　《潜夫论》引书考论 ························· 088

  第一节　《潜夫论》征引经书考略 ··················· 089

  第二节　《潜夫论》征引经书的关注重心及特点 ······· 099

  第三节　《潜夫论》征引传书考论 ··················· 108

第四节　《潜夫论》征引传书的关注重心及特点 ……………… 123

第五节　王符引书的文献学价值 …………………………………… 129

下编　文章研究

第四章　王符的著作意识和文学观 ………………………………… 138

第一节　王符的著作意识与汉人作者观 …………………………… 138

第二节　论王符尚用的文学观 ……………………………………… 148

第五章　《潜夫论》文章的经学风格及其突破 …………………… 161

第一节　《潜夫论》文章与汉代经学 ……………………………… 161

第二节　《潜夫论》文章与《鲁诗》 ……………………………… 172

第三节　论王符对汉代文章经学风格的突破 ……………………… 182

第六章　"后汉三贤"文章比较研究 ……………………………… 193

第一节　王符与王充文章比较研究 ………………………………… 194

第二节　王符与仲长统文章比较 …………………………………… 205

结　语 …………………………………………………………………… 219

附录：历代《潜夫论》序跋 ………………………………………… 220

参考文献 ………………………………………………………………… 235

后　记 …………………………………………………………………… 247

绪　论

东汉王符著《潜夫论》批判当朝弊政，唐代大文学家韩愈曾专门作《后汉三贤赞》对其揄扬。王符也因此得到了历代士人的推崇。《潜夫论》一书，无论在思想上还是文学上都具有重要的价值。然长期以来，学界对王符及《潜夫论》的关注，主要是哲学研究者对其各方面思想的阐释及王符思想史坐标的定位。这些研究成果多集中在20世纪80年代，由于特定时期的学术风尚，结论往往不够客观。对王符其人、《潜夫论》版本的探讨仅偶见于少数学者的单篇论文，且其中多数观点还有待商榷。学界关于王符《潜夫论》的文章艺术及文学价值研究，几乎是一片空白。基于以上的现状，本书的研究，主要试图考论《潜夫论》的版本流传、文本文献及文章艺术风格。

王符是东汉著名的思想家，而《潜夫论》也是东汉重要的子书著作。所以，哲学界历来对《潜夫论》的关注较多。现有的研究成果主要集中在对其思想的阐释，对其文献及文学价值的探讨相对贫乏。为了方便考察，以下我们从文献、思想及文学三个方面逐一阐述并分析前人研究成果。①

---

① 本书的研究主要是从文献和文章学方面对《潜夫论》的考论，由于必然会涉及王符本人的思想，所以此处对《潜夫论》的思想研究成果也一并做介绍。

第一部分：文献研究成果综述

一、关于王符生平事迹的考证及《潜夫论》成书研究

（一）王符生卒年问题的探讨

由于史料的缺乏，研究者多抓住史传中的只言片语进行推测，因而导致结论的莫衷一是，众说纷纭。就其生年，一种说法是东汉和安之际。此说由侯外庐等先生在《中国思想通史》（第 2 卷）（人民出版社，1957 年 4 月）[①] 中提出。与这种说法出入不大的是李学勤、吕文郁主编的《四库大辞典》（吉林大学出版社，1996 年），认为王符的生年约为 108 年。

另一种说法对"王符生于和安之际"表示反对。主要有刘文英《王符评传》（南京大学出版社，1993 年）、刘树勋《王符生卒年和著作考》（《中国哲学史研究集刊》，上海人民出版社，1980 年）、王步贵先生的《王符思想研究》（陕西人民教育出版社，1993 年）、张觉《王符〈潜夫论〉考》[②]、杨新宾《王符生卒年考证》[③]，这些研究者认为：根据《潜夫论》中《劝将》、《实边》、《救边》、《边议》等提供的线索，这几篇作品作于 111—116 年。如果王符生于和安之际的 106—108 年，那显然是不可能的。同时，王符本传言其与马融等人友善，据这些人的生卒年作参考，推定王符生年大致于 78 或 79 年。

第三种观点是金发根《王符的生卒年的考证和潜夫论写作时间的推定》[④] 根据王

---

① 由于考虑到文章版式的美观，而王符思想研究的成果较多，所以我们这里对涉及的著作用随文注，而期刊论文及学位论文则使用页下注。

② 张觉：《王符〈潜夫论〉考》，《古籍整理研究学刊》，1998 年第 4 期。

③ 杨新宾：《王符生卒年考证》，《山东省农业管理干部学院学报》，2009 年第 4 期。

④ 金发根：《王符的生卒年的考证和潜夫论写作时间的推定》，《史语所集刊》第四十本（下），1969 年。

符晚年拜见皇甫规，皇甫规"援符手而还"的记载，将王符的生年推后五六年，认为：
"王符生于章帝末年或和帝初年应该是一个合理的推论……，王符享年75岁左右。"
即金先生认为王符大致生于85—90年。这种说法被很多研究者接受。如陈望道先生
主编《辞海·哲学分册》（上海辞书出版社，1980年7月）、冯契《中国古代哲学
的逻辑发展》（上海人民出版社，1984年10月）、冯契主编《哲学大辞典》（上海
辞书出版社，1992年10月）、张岱年主编《中华思想大辞典》（吉林人民出版社，
1991年）等，他们都将王符的生年定在85年。

就王符卒年问题，研究者大都抓住王符《后汉书》本传记载其曾访皇甫规的材
料立论。侯外庐先生认为是"约在桓灵之际"，刘树勋、刘文英也认为"他的卒年
是在这次会见若干年，大约是东汉桓灵之际（167年左右）"。与此说稍有出入的是
张觉，他认为王符"可能卒于165年"。金发根则推想王符"至迟在延熹八年以前
已经去世，不至于晚到桓灵之际"。研究者的这些说法虽然在具体年代上有些微差异，
但皆为推测。然在材料匮乏的情况下，将王符的卒年推断在大致这个时间段应该是
较为合乎逻辑的。

（二）王符生平事迹的考察

由于史传中对王符的生平事迹介绍极为简略，所以研究者大多只是根据本传进
行简单勾勒，多集中在王符幼年"无外家，为乡人所贱"及其耿介性格的简要探讨上。
其中较有成就者如王鑫义先生的《关于王符游学洛阳及师承问题的初步考察》①和刘
文英先生的《王符评传》。王先生在综合考察《后汉书》中马融、张衡等人的相关
事迹后，认为王符游学洛阳的时间应该在永元中期。刘文英先生也简要考察了王符
与马融等人结识的时间，也认为大致在永元年间。但是，这些研究明显存在很大的
缺憾。主要问题是，两位先生对张衡、窦章、马融、崔瑗四人的行迹并没有做详细
的考辨，导致得出的结论出现较大偏差。

（三）《潜夫论》写作时间的考订

对此问题的考察，学界也是众说纷纭。《郡斋读书志》（上海古籍出版社，2011年）

① 王鑫义：《关于王符游学洛阳及师承问题的初步考察》，《安徽大学学报》（哲学社会科学版），
1988年第1期。

及《四库全书总目提要》（《万有文库》本，第18册，上海商务印书馆，民国24年）认为《潜夫论》的成书时间在桓帝时期。刘树勋先生则认为写书在安帝年间，最晚不可能超过顺帝年间。潘富恩主编的《中国学术名著提要·哲学卷》（复旦大学出版社，1992年10月），则认为始撰于安帝元初二年（115）左右而成于顺帝永建四年（129）。张觉先生的意见是"该书的三十五篇正文可能写成于安帝永初元年（107）至顺帝永和五年（140）之间"①。同样，这些研究者虽然对此问题皆提出自己的见解，但都是主观推测，并没有严密的论证过程。唯台湾学者金发根论定："《潜夫论》一书是王符在安定永初五年之后，桓帝元嘉二年以前（111—152）写成的，全书论述的是和安以后，桓帝初年以前的史实。"②金先生是第一位能够通过对《潜夫论》内容的考察和史实的比对，就此问题提供论证过程的学者。但是仔细考察金先生的材料排比和辨析过程，仍然有很多不尽如人意之处。《潜夫论》的作年推定，应该是对其作品作逐一的系年，在此基础上最后才能得出较为确切的结论。所以，此问题的考察，还有待进一步深入和细化。

二、对《潜夫论》的整理和校注研究

从现有资料来看，最早对《潜夫论》进行整理修改的是南朝宋代的范晔，他在《后汉书·王符传》中收录了《贵忠》、《浮侈》、《实贡》、《爱日》、《述赦》五篇文章，并对这些文章进行了删改和润色。

降及明代，对《潜夫论》的整理出现大量的成果。主要有沈津的《〈潜夫论〉类纂》，陆可教、李廷机《〈潜夫论〉玄言评苑》，陈深《〈潜夫论〉品节》，黄嘉惠《点校〈潜夫论〉》，张邦翼《〈潜夫论〉选》，归有光、文震孟《〈回中子〉评点》，陈仁赐《〈潜夫论〉奇赏》，陈继儒《〈潜夫论〉粹言》、《〈潜夫论〉类语》，叶少泰《增订王子〈潜夫论〉别解》，张运泰《〈潜夫论〉选》③等。这些文献多为选本，零星加以对《潜夫论》单篇文献的部分文字做评点和校对。但已可见明人对《潜夫论》的重视。

清代对《潜夫论》的笺注整理厥功尤著。其中成就最大的是汪继培，汪继培在

---

① 张觉：《王符〈潜夫论〉考》，《古籍整理研究学刊》，1998年第4期。
② 金发根：《王符的生卒年的考证和潜夫论写作时间的推定》，《史语所集刊》第四十本（下），1969年。
③ 据严灵峰：《周秦汉魏诸子知见书目》（第五卷），台北：台湾正中书局，1977年。

充分吸收前人研究成果的基础上对《潜夫论》进行了全面的校释，撰成了《潜夫论笺注》一书。他以元大德新刊本为底本，补校以《汉魏丛书》本、何镗本，并参考《群书治要》、《太平御览》、《意林》等典籍，笺注《潜夫论》文字3 500多条。同时，汪继培还根据文本内容，对《潜夫论》中《德化》、《明忠》、《交际》、《本训》等篇错乱的文字进行了移正。尤其将元刊本《德化》篇中"者道之使也"到"何物不能"的176字移到《本训》篇。使两篇都文义通畅，但也造成了后世的聚讼纷纭。清代另外一些零星的校正工作如王绍兰《潜夫论校记》辑录《赞学》、《论荣》等十九篇文字校订部分文字、文义，并加以按语，抒以己见。桂馥《札朴》卷七《匡谬》中校订《潜夫论》文字一条。俞樾先生在其《曲园杂纂》（收入《春在堂全书》第三册，凤凰出版集团、凤凰出版社，2010年）中著《读〈潜夫论〉》，其中对《赞学》、《务本》等二十一篇文章的部分文字进行了校订。孙诒让《札迻》（齐鲁书社，1989年。）则对《述赦》、《五德志》的两条文字进行了校正。文廷式《纯长子枝语》（现藏国家图书馆）校订《潜夫论》文字两条。另，王学礼撰《〈潜夫论〉批校》二十卷（《粹芬阁珍藏善本书目》著录，世界书局，1934年），然此本流传甚少，惜未见。

现代人对《潜夫论》的整理，首先是西北师范大学的彭铎先生对汪继培《潜夫论笺》进行校对和勘误，并对汪注及俞樾等人的字句训释中存在的问题进行了考辨和校正，补正1 000余条，最后由中华书局出版《潜夫论笺校正》（中华书局，1965年）一书，使得《潜夫论》文本更加完善。其后，台湾学者胡楚生先生著《潜夫论集释》（台北鼎文书局，1979年），该书广征博引，综合历代研究成果，可谓《潜夫论》整理的又一力作。近年来，张觉先生又在此基础上完成《潜夫论全译》（贵州人民出版社，1999年）、《潜夫论校注》（岳麓书社，2008年），张觉先生就前人研究中很多疑误都提出了自己的新的看法，对《潜夫论》的校注贡献很大。除此之外，现在通行的对《潜夫论》进行译注的本子很多，大多是据以上研究成果所作的今注今译。如有胡大浚等人的《王符〈潜夫论〉译注》（甘肃人民出版社，1991年）、王宁主编《评析本白话盐铁论·潜夫论》（北京广播学院出版社，1992年）、彭炳成注释、陈满铭校阅《新译〈潜夫论〉》（台湾三民书局股份有限公司，1998年）、王健《〈潜夫论〉简注通说》（河南大学出版社，2008年）等。

学术论文方面，现代研究者也对《潜夫论》注释整理给予了足够的重视。如陈冰梅的《〈潜夫论〉校注札记》①、徐山的《〈潜夫论〉词语考释》②等，是现代研究者中对《潜夫论》进行校释整理的代表性成果。尤其是徐山的研究，综合运用了文字学、语法学、音韵学及训诂学等专业理论，考释了《潜夫论》词语130条，对汪继培和彭铎的校正也提出了很多不同意见。另外，刘文英先生的《〈潜夫论校读札记〉》③对中华书局《潜夫论笺校正》订正34条，刘文先生还有《〈潜夫论·梦列〉校补》④，针对彭铎的《潜夫论笺校正·梦列》，校补37条。苏晓的《〈潜夫论〉拾诂》⑤对《潜夫论》词语校对方面补校7处。刘钢的《〈潜夫论校正〉补正》⑥补正陈铎校正10条。这些成果都为我们更好地理解和研究《潜夫论》做出了坚实的文献整理工作。

三、关于《潜夫论》的版本流传情况

对这一问题进行较为系统探讨的主要有张觉的《王符〈潜夫论〉考》⑦及邢静欣的硕士学位论文《王符〈潜夫论〉研究》⑧。这两篇论文都对《潜夫论》的主要版本流传情况进行了简要的梳理。但是都只是大体轮廓的概述，不够全面。

另外，《潜夫论》的版本还有一个突出的问题是上述汪继培《潜夫论笺》在元刊本基础上，对错出、杂入篇目的整理，学界存在较大争议。刘文英、王步贵等先生在其论著中都对汪继培的改补予以否定。郭君铭、彭澜的《论〈潜夫论〉的版本之政》⑨和《〈潜夫论〉的版本之争与王符的道气思想》⑩则对经汪继培整理前后的《潜夫论》与现存其他版本进行了比对，肯定了汪本的订正之功。

---

① 陈冰梅：《〈潜夫论〉校注札记》，苏州大学硕士学位论文，2008年。

② 徐山：《〈潜夫论〉词语考释》，上海师范大学博士学位论文，2002年。

③ 刘文英：《〈潜夫论校读札记〉》，《甘肃社会科学》，1994年第3期。

④ 刘文英：《〈潜夫论·梦列〉校补》，《文史》，第35辑。

⑤ 苏晓：《〈潜夫论〉拾诂》，《语文知识》，2010年第3期。

⑥ 刘钢：《〈潜夫论校正〉补正》，《连云港教育学院学报》，1994年第4期。

⑦ 张觉：《王符〈潜夫论〉考》，《古籍整理研究学刊》，1998年第4期。

⑧ 邢静欣：《王符〈潜夫论〉研究》，山东师范大学硕士学位论文，2008年。

⑨ 郭君铭、彭澜：《论〈潜夫论〉的版本之政》，《宝鸡文理学院学报》，2004年第4期。

⑩ 郭君铭、彭澜：《〈潜夫论〉的版本之争与王符的道气思想》，《湖南科技大学学报》（社会科学版），2004年第5期。

四、对《潜夫论》引书情况的统计分析

刘文英先生曾经在《王符评传》中的粗略统计结果为：全书直接举出"五经"、《论语》的书名或完整引用其语录者，共 137 次，其中《诗经》44 次，《尚书》22 次，引《周易》29 次，《礼记》3 次，《春秋》20 次（分《左传》和《公羊传》），《论语》19 次，并未做详细的文献分析。李春艳的硕士学位论文《〈潜夫论〉文献价值研究》①列专章对此问题进行了探讨，并对王符所引文献典籍进行了部分分析。但是问题还是比较明显的：一是《潜夫论》中具体引书与原典的对照情况不明，仅是举个别例证，显得过于笼统。二是因为只做了笼统的统计，导致有些文献比对不够翔实。有些很难确定引自何书未做详细考订，作者结论有武断之嫌，这实际上直接影响到数据的统计。三是对引书情况的分析还有待进一步细化和综合评价。

总之，就《潜夫论》文献研究的整体情况来看，哲学、文献学研究者已经做了很多努力。但是，仍然存在较大的拓展空间，具体为：

第一，王符生卒年考订虽然在现有材料的基础上难以再有大的突破，但是其生平事迹需要做进一步考辨。各家对王符生卒年及生平的考论中，明显都存在许多的缺憾和漏洞，导致结果莫衷一是。根据王符文章的具体细节以及相关史实相互比对进行考证，可以对王符的生平行迹进行粗略的勾勒，也可以对其交游情况做进一步的考论。

第二，《潜夫论》的作年问题，还有待进一步考证。前人仅仅在确定《劝将》等有明显线索的四篇文章写作时间的基础上进行推论，导致结论过于宽泛。结合史料和文本，仍然可以对其他篇目的写作时间做合理推论，最终使得研究结论更加趋于精确。

第三，《潜夫论》版本流传的梳理工作还有待进一步系统化和条理化。前人研究成果虽可资借鉴，但还需要对各种版本的流传情况及其异同优劣进行详细比对，对《潜夫论》的流传谱系进行梳理和考订。

第四，《潜夫论》的引书情况研究。通过对《潜夫论》引书情况做详细的数据分析，可以了解王符的学养及思想渊源，进而发掘其文献价值。同时，也可以为进一步研究《潜夫论》文学价值提供必要的文献基础。

---

① 李春艳：《〈潜夫论〉文献价值研究》，辽宁师范大学硕士学位论文，2009 年。

第二部分：文学研究成果综述

王符虽然是东汉著名的政论文作家，但这方面的研究至为薄弱。王步贵先生的《王符评传》和张觉先生的《潜夫论校注》中都做了介绍，邢静欣的硕士论文中也有涉及，但都失之简略。期刊论文中有杨霞、王洲明的《试论〈潜夫论〉的深潜之美》[①]、杨霞《试论王符、徐干、仲长统政论散文风格差异及成因》[②]和冯利华《略谈〈潜夫论·论荣〉的文学价值》[③]三篇文章。杨霞的两篇文章着重分析了王符文章的"深潜"美学风格及其成因，并与徐干、仲长统等作家的文章风格进行了比较，可以说是从文学风格角度对王符散文探析的开拓之作，但是仍缺乏系统全面的文章学理论指导。冯利华则是专门对《论荣》篇的论点、论证方法及语言进行了评析。另外，刘晓珂的硕士学位论文《"后汉三贤"著述的叙事心态及其呈现研究》[④]对王符的叙事心态结合文本也有简要分析。可见，王符《潜夫论》文章的文学价值的研究还有待进一步深入。

总之，从《潜夫论》文章的文学价值分析方面来看，研究才刚刚起步，可做的工作很多，具体有：

第一，对《潜夫论》中体现的王符著述心理和文学观念进行探讨，并以此为基础，透视东汉中期文人观念。同时也为进一步探究王符文章风格做必要的理论准备。

第二，将《潜夫论》文章放置整个汉代经学大背景中进行关照。探讨王符文章与汉代经学的关系，主要研究王符文章表现出来的经学特色、王符文章对经学散文的突破等课题。并将其作为个案，透视汉代经学与文学之间的互动关系。

第三，在充分分析王符文章文学风格的基础上，考察王符与同列"后汉三贤"的王充及仲长统文章的差异，阐释王符与这些作家文风之间的联系和区别。一方面

---

① 杨霞、王洲明：《试论〈潜夫论〉的深潜之美》，《学术界》，2010年第6期。
② 杨霞：《试论王符、徐干、仲长统政论散文风格差异及成因》，《阜阳师范学院学报》（社会科学版），2010年第4期。
③ 冯利华：《略谈〈潜夫论·论荣〉的文学价值》，《天府新论》，2006年第3期。
④ 刘晓珂：《"后汉三贤"著述的叙事心态及其呈现研究》，西南大学硕士学位论文，2008年。

加深对王符文风的理解，同时也可以见出东汉社会不同时期士人的社会批判关注重点及文风的嬗变过程。

　　王符的《潜夫论》虽然仅仅三十六篇文章，但是无论从哲学思想上，还是文章艺术上都有鲜明特色。全面系统地对王符《潜夫论》进行文献清理，对其文章风格进行阐释，厘清其思想与文风之关系及文学史意义，当是一项有价值的学术工作。基于此，本书的研究，分为上、下两编，上编为《潜夫论》文献考辨，下编为《潜夫论》文学阐释。

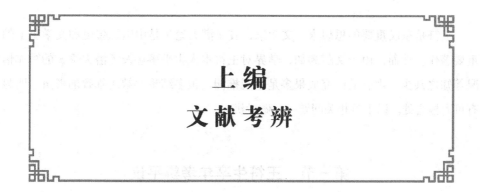

上编

文献考辨

第一章 王符生平及《潜夫论》成书时间考辨

王符是东汉重要的思想家、文学家，其《潜夫论》是中国思想史和文学史上的重要著作。然而，由于文献阙如，学界对王符本人生平事迹及《潜夫论》的写作情况等知之甚少。现有的研究成果多是主观推测，很多结论都缺乏细致的考辨，明显有可商榷之处。以下就相关问题——做考辨。

第一节 王符生卒年考辨平议

《后汉书·王符传》，对王符生平事迹记载颇为简略。然王符在汉代思想史及文学史上具有相当重要的地位，确定其大致的活动时间段，对相关研究意义重大。关于王符生卒年的考辨，历来众说纷纭，我们研究王符及《潜夫论》，首先要解决的就是此问题。但由于王符身份低微，正史记载有限。以下我们只能综合各家之说，结合相关文献，对各种说法稍做辨析，取其中较为合理者。

一、前人研究主要观点评述

王符的生卒年问题，可资依据的史料主要是《后汉书·王符传》，现将其征引如下：

> 王符字节信，安定临泾人也。少好学，有志操，与马融、窦章、张衡、崔瑗等友善。安定俗鄙庶孽，而符无外家，为乡人所贱。自和、安之后，世务游宦，当涂者更相荐引，而符独耿介不同于俗，以此遂不得升进。志

意蕴愤，乃隐居著书三十余篇，以讥当时失得，不欲章显其名，故号曰《潜夫论》。其指诉时短，讨谪物情，足以观见当时风政，著其五篇云尔。（文略）

　　后度辽将军皇甫规解官归安定，乡人有以贷得雁门太守者，亦去职还家，书刺谒规。规卧不迎，既入而问："卿前在郡食雁美乎？"有顷，又白王符在门。规素闻符名，乃惊遽而起，衣不及带，屣履出迎，援符手而还，与同坐，极欢。时人为之语曰："徒见二千石，不如一缝掖。"言书生道义之为贵也。符竟不仕，终于家。①

前人根据这两段简略的记述，对王符的生卒年进行了粗略推测，然莫衷一是，我们今将几种主要的观点胪列如次：

（1）生于和安之际（105—107），卒于桓灵之际说（167—168）。此观点的主要代表是侯外庐先生，侯先生在其《中国思想通史》（第2卷）中认为："他（指王符）与马融、皇甫规等往来，他的生年似不致前于马融（马融生于章帝建初四年，享年八十二岁），卒年不得后于皇甫规（皇甫规卒于灵帝熹平三年，享年五十一岁），因此他的生年约在和安之际，卒年约在桓灵之际。"②与这种说法出入不大的是李学勤、吕文郁主编的《四库大辞典》，他们将王符的生年定在约108年。③

（2）生于章帝建初七年（82），卒于桓灵之际说（167—168）。此说与上述侯外庐等先生的观点分歧主要在王符生年问题上。刘文英先生在其《王符评传》中充分考察了王符的几位好友马融、张衡、崔瑗等人的生年之后，认为："马融生于公元79年，张、崔二人均生于公元78年，上下相差只有一岁。窦章生年虽不可考，但少'与马融、崔瑗同好'，年龄相差不会太大，基本上都是同龄人。"④从而认为王符与马融等人应该年龄相仿。在此基础上，刘先生又根据王符"字节信"这一线索，将王符的"符"解释为"符瑞"或"符命"，同时引《周礼·春官》序官郑玄注："瑞，节信也。"由此，推断王符的名和字都隐含了其生年的重要线索。其后据《东观汉记·符瑞志》中岐山发现铜器，同时又捕获罕见的白鹿的记载，将王符生年定于汉章帝建初七年。

① （南朝·宋）范晔：《后汉书》，北京：中华书局，1965年，第1630页。
② 侯外庐等：《中国思想通史》（第二卷），北京：人民出版社，1957年，第423页。
③ 李学勤、吕文郁主编：《四库大辞典》，长春：吉林大学出版社，1996年，第1546页。
④ 刘文英：《王符评传》，南京：南京大学出版社，1998年，第4页。

（3）生于章帝建初五年（80），卒于桓灵之际说（167—168）。刘树勋先生的探讨也主要是关于王符的生年问题。他不同意王符生于和安之际的说法。在考证王符《潜夫论》中《边议》、《救边》、《实边》篇作于115、116年后，刘先生认为："王符十来岁时是肯定写不出来这样的著作的。这就是说，王符不可能生于和、安之际。"①

（4）约生于79年（或78年），卒于165年说。此说的代表学者张觉先生同样不同意王符生于"和、安之际"的说法，其理由基本上与刘树勋先生一样，也是从王符的《边议》等作品的作年入手，指出了侯先生说法的不合理性。同时，张先生还驳斥了刘文英先生据王符的名字来确定其生年的说法。他认为，这种说法似乎有理有据，但却是一种误解。对《潜夫论》中所见"符"的字义进行对比分析后，先生断定："王符之'符'应该是符节、信符的意思。"②最终推论王符的生卒年大致与马融相似，即：约生于79年（或78年）。

（5）生于章帝末年或和帝初年（85—90），卒于延熹八年（165）以前。此说的提出者是台湾学者金发根先生。他在其《王符生卒年岁的考证及潜夫论写定时间的推论》一文中就王符生年的问题也有推测，并提出了"王符生于章帝末年或和帝初年应该是一个合理的推论"③。他首先是与上述学者一样，从王符的《边议》等作品的作年入手，推翻了"和、安之际"说。其后，又根据王符晚年事迹中与皇甫规见面，皇甫规"援其手而还"的记载，推论"此年皇甫规是60岁，如果王符是生于建初四、五年前后，则其已是八十余岁的老翁，去造访皇甫规时，在常理上，皇甫规对他当执长辈之礼，而不应援其手而还"④。也就是说，金先生认为王符生于约85—90年。此说影响甚大，如冯契主编《哲学大辞典》⑤、张岱年主编《中华思想大辞典》⑥等都对其表示认同。

总体来看，前人对王符生卒年的研究，虽然各有援据，不无道理，但也有很多

---

① 刘树勋：《王符评传》，辛冠洁等编：《中古代著名哲学家评传》（续编二），济南：齐鲁书社，1982年，第442页。

② 张觉：《潜夫论校注·前言》，长沙：岳麓书社，2008年，第3页。

③ 金发根：《王符的生卒年的考证和潜夫论写作时间的推定》，《史语所集刊》（第四十本下）台湾台北，1969年，第785页。

④ 金发根：《王符的生卒年的考证和潜夫论写作时间的推定》，《史语所集刊》（第四十本下）台湾台北，1969年，第784页。

⑤ 冯契主编：《哲学大辞典》，上海：上海辞书出版社，1992年10月，第114页。

⑥ 张岱年主编：《中华思想大辞典》，长春：吉林人民出版社，1991年2月，第13页。

偏颇之处。对于王符的卒年，皆是根据王符晚年拜访皇甫规的记载所作的推测，虽然相互之间有两三年的差异，但皆为臆测，结论实质上没有太大不同。各家对王符生年的推测，争议较大。如各家对诸如王符名字中"符"的理解，及皇甫规"援其手而还"等的理解，都尚有商榷之处。

二、王符生年考争议辨析

各家在确定王符的生年时，依据有四：①王符与马融等人的交游。②王符的名字中"符"的理解。③王符与皇甫规相见时，皇甫规"援其手而还"。④《潜夫论》中《劝将》、《救边》、《实边》的作年。我们结合这四点证据对以上各家说法进行检讨。

（一）侯外庐等先生的说法

侯先生等将王符的生年定在和安之际的说法显然是不合理的。正如刘树勋等先生已经提出的，以《劝将》篇为例，其文曰："军起以来，暴师五年，典兵之吏，将以千数，大小之战，岁十百合，而希有功。"[①]而据我们考证（详本章第三节），王符这里描述的羌乱战争，当是指安帝永初元年（107）到元初五年（118）的情形。再据《后汉书·安帝纪》："（永初元年）先零种羌叛，断陇道，大为寇掠，遣车骑将军邓骘、征西校尉任尚讨之。"[②]又，《后汉书·西羌传》："安帝永初元年夏，遣骑都尉王弘发金城、陇西、汉阳羌数百千骑征西域，弘迫促发遣，群羌惧远屯不还，行到酒泉，多有散叛。诸郡各发兵徼遮，或覆其庐落。于是勒姐、当煎大豪东岸等愈惊，遂同时奔溃。麻奴兄弟因此遂与种人俱西出塞。先零别种滇零与钟羌诸种大为寇掠，断陇道。"[③]又，《后汉书·邓骘传》："其夏，凉部畔羌援荡西州，朝廷忧之。于是诏骘将左右羽林、北军五校士及诸部兵击之，车贺幸平乐观钱送。骘西屯汉阳，使征西校尉任尚、从事中郎司马钧与羌战，大败。"[④]王符所言"军起以来"的说法，

---

① （汉）王符著、（清）汪继培笺、彭铎校正：《潜夫论笺校正》，北京：中华书局，1985年，第249页。本书中如未特别说明，凡引用《潜夫论》原文皆出自此版本。为避免繁琐，下文仅标明篇目，不再一一出注。

② （南朝·宋）范晔：《后汉书》，北京：中华书局，1965年，第207页。

③ （南朝·宋）范晔：《后汉书》，北京：中华书局，1965年，第2886页。

④ （南朝·宋）范晔：《后汉书》，北京：中华书局，1965年，第614页。

指的正是永初元年（107）派邓骘和任尚征讨羌乱之事，由此顺推五年，王符本篇作年当在永初五年（111）。若将王符生年定于和安之际（105—107），那羌乱之时，王符或刚出生，至多一岁。且《边议》篇曰："羌始反时，计谋未善，党与未成，人众未合，兵器未备，或持竹木枝，或空手相附，草食散乱，未有都督，甚易破也。"《实边》篇曰："前羌始叛，草创新起，器械未备，虏或持铜镜以象兵，或负板案以类楯，惶惧扰攘，未能相持。"可见，王符对当时战争的具体情况时十分熟悉的，而这显然不是一个一岁的婴孩能了解的，《边议》篇也不是一个五六岁的孩童所能写作的。所以，王符生于和安之际的说法是不能成立的。

（二）刘文英先生的说法

刘文英先生推论王符的生年在建初七年，其依据主要是王符与马融等四人的交往及王符的名字。而两条证据中引发争议的主要是以王符名"符"字"节信"是否可以作为确定其生年的依据。张觉先生曾就此驳议，然就其论证过程而言，尚有待充实，我们重新考订如下：

首先，我们认为，刘先生将王符的名字确定为"以假"取名似不妥。据《论衡·诘术》："其立名也，以信、以义、以像、以假、以类。以生名为信，若鲁公子友生，文在其手曰'友'也。以德名为义，若文王为昌、武王为发也。以类名为像，若孔子名丘也。取于物为假，若宋公名杵臼也。取于父为类，有似类于父也。其立字也，展名取同义，名赐字子贡，名予字子我。其立姓则以本所生，置名则以信、义、像、假、类，字则展名取同义。"①可见，就东汉取名的民间信仰来看，已经形成一种相对系统的文化机制。"以信"是据婴儿出生时身上的胎记来取名；"以义"是据婴儿禀赋的天性取名；"以像"是据婴儿天生的长相取名；"以假"则是据婴儿出生时发生的事情及相关之物来取名；"以类"则是据父祖之名的相似性来取名。刘先生认为王符之名的由来正是"以假"为依据。

由此，我们有必要先对王符的名和字做一考察。据《说文解字》曰："符，信也，汉制以竹。长六寸。分而相合。"②可见，符的本意是一种信物。即将长六寸的竹节从中剖开，双方各执一半，以此作为朝廷传达命令的信物。尤其是可以作为军队中

---

① （汉）王充著、黄晖校释：《论衡校释》，北京：中华书局，1990年，第1034页。

② （汉）许慎著、（清）段玉裁注：《说文解字注》，上海：上海古籍出版社，1981年，第191页。

调兵遣将的凭证，即兵符。可见，符的意义侧重在"信"。据上引《论衡》中所言"字则展名取同义"的原则，我们理解"符"，正应该从其字入手。王符字"节信"，"节"当指的就是符节，"信"指的就是凭信。王符的名字结合《说文解字》的解释来看，可以说前后对应。既然如此，王符的名字是根据以上哪一种原则而取呢？对王符的身世，我们知之甚少，既不知其家庭背景，也不了解其父祖姓氏，更难知晓其相貌容样，其取名以"假"恐怕只能是其中一种推断罢了，断然下此定论恐有臆断之嫌。

其次，刘先生在主观确定王符取名"以假"的前提下，将"符"解释为"符瑞"，实际上是将其理解为一种来自上天的预示和征兆。要在学理上将这两者沟通起来，必然要遵循的原则就是"符"和"节信"在"符瑞"的意思上必须一致。也就是说，两者必须同时在汉代记载中找到被解释为"符瑞"的文献。先看刘先生找到的"符"被解释为"符瑞"的依据，先生言："《史记·武帝纪》注、《汉书·扬雄传》注、《后汉书·班彪传》注俱云：'符，瑞也。'《后汉书·外戚传上》注亦云：'符，犹瑞应也。'《后汉书·光武帝纪》论刘秀当为天子说：'其王者受命，信有符乎？'"[①]这些文献依据看似非常有理，其实不然。其中存在三个明显的漏洞：

（1）《史记》、《汉书》、《后汉书》的注释皆为唐人作注，很多字义在历史发展中已经不能明确表示其当时含义，将其作为论据，本身就欠严密。

（2）即便这些唐人注释中的"符"被解释为"瑞"，也不能说明"瑞"指的就是"符瑞"。据《说文解字》："瑞，以玉为信也。"[②]另据《说文解字》"符"字，段注曰："张晏曰：符以古代之圭璋。"[③]可见，"符"最早就是以玉璋来作为一种信用凭证，其后才以竹代之。所以，在信物的意思上，"符"和"瑞"正能沟通。以"瑞"训"符"本是无可非议的，但是这两个字在信物的字义上并不包含上天征兆的意思。

（3）先生所引《后汉书·外戚传上》注和《后汉书·光武帝纪》的文献，似乎可以证明"符"、"瑞"皆有上天预兆的意思。诚然，我们在汉代文献中也确实能找到例证。如《史记·孝武纪》："以风符应合于天地。"[④]《汉书·刘辅传》："天

---

① 刘文英：《王符评传》，南京：南京大学出版社，第5页。

② （汉）许慎著、（清）段玉裁注：《说文解字注》，上海：上海古籍出版社，1981年，第13页。

③ （汉）许慎著、（清）段玉裁注：《说文解字注》，上海：上海古籍出版社，1981年，第191页。

④ （汉）司马迁：《史记》，北京：中华书局，1959年，第458页。

之所与必先赐以符瑞。"[1]但是,这些"符"字在"征兆"的意思上与"节信"并不能沟通。刘先生很重要的一条证据是《周礼·春官·典瑞》郑玄注有言:"瑞,节信也。"这样,似乎《周礼·春官》郑玄注为刘先生的论证提供了必要的证据。但是,我们需要先审视一下《周礼》这段原始文献。其曰:"典瑞掌玉瑞、玉器之藏,辨其名物与其用事,设其服饰。"郑玄注曰:"人执以见曰瑞,礼神曰器。瑞,符信也。服饰,服玉之饰,谓缫藉。"[2]很明显,这里的"瑞"指的是玉制的信物。郑玄将其解释为"符信",正是在信物的意义上所作的训释,而并没有上天征兆的意思。

因此,综合以上分析可知,在"符""瑞"只有在信物的意义上才能与其字"节信"沟通起来,刘先生的分析从字义上说是不能成立的。

再次,刘先生进一步根据《东观汉记·符瑞志》中记载章帝建初七年,岐山发现一个铜器,形似酒樽。同时捕获一只罕见的白鹿的记载,从而将王符的生年确定在建初七年。但是这一说法同样是有问题的。章帝朝所谓的符瑞,并不只有建初七年出现。据《后汉书·章帝纪》:"(建初四年)是岁,甘露降泉陵、洮阳二县。"[3]天降甘露,在汉人看来同样可以作为上天征兆的符瑞表现,若是这样,将王符生年也可定在建初四年。

所以,我们认为,根据王符的名字结合其出生时的符瑞来确定其生年的推论,本身存在很大的漏洞。这可以说是研究者在王符生平史料阙如的情况下所做的积极努力,但是从学理上而言是行不通的。

(三)金发根先生关于皇甫规对王符"援其手而还"的问题

金先生认为:"如果王符生于建初四、五年前后,则其时已是八十余岁的老翁,去造访皇甫规时,在常理上,皇甫规对他当执长辈之礼,而不应援其手而还。"[4]先生此论对文献分析之细致,着实令人钦佩。但就"援其手而还"来看,并不能明显表示两人年龄上的差距。我们认为,首先,就两人的品性和遭遇来看,王符"耿介

---

① (汉)班固:《汉书》,北京:中华书局,1962年,第3251—3252页。

② (汉)郑玄注、(唐)贾公彦疏:《周礼注疏》,李学勤主编《十三经注疏(标点本)》,北京:北京大学出版社,1999年,第533页。

③ (南朝·宋)范晔:《后汉书》,北京:中华书局,1965年,第139页。

④ 金发根:《王符的生卒年的考证和潜夫论写作时间的推定》,史语所集刊第四十本(下)台湾台北:1969年,第784页。

不同于俗"，其交友相当谨慎。从其《交际》篇的主张来看，对交往对象的人格要求是较高的。皇甫规则不畏权贵，弹劾梁冀，同时有勇有谋，是东汉对羌作战的著名将领。王符是因为不耻于请谒权门，因而志意蕴愤而不遇终生。而皇甫规则因为得罪阉竖而被构陷免官。两人可谓同是天涯沦落人。此时相见，必然产生知音难觅之感。这两位志同道合之人的相遇，当彼此倍加珍惜，不必拘于繁文俗礼。

其次，从皇甫规"素闻符名"的记载来看，王符当时至少在家乡安定已经是小有声名，王符对治理边疆所提出的真知灼见当为皇甫规所熟知。所以皇甫规才会"惊遽而起，衣不及带，屣履出迎"[1]。皇甫规对王符来访表现出的激动之情可见一斑。"援其手而还"，极有可能是在情绪激动的情势下的一种表现。

再次，"援其手"并不一定能表现长幼尊卑之序，而往往表现出的是人物之间的一种亲密关系。换言之，"援其手"并不能必然表现人物之间的年龄信息。如《史记·廉颇蔺相如列传》曰："臣语曰：'臣尝从大王与燕王会境上，燕王私握臣手，曰：愿结友。以此知之，故欲往。'"[2] 可见，"援其手"有时是可以表现愿意与人结交的动作，并没有严格的年龄限制。

最后，即使如金先生所言，是将王符的生年定在章帝末年或和帝初年，王符仍然是比皇甫规年长十多岁，甚至二十岁。据《后汉书·皇甫规传》："熹平三年，以疾召还，未至，卒于穀城，年七十一。"[3] 由熹平三年逆推可知规生于和帝永元十六年，即 104 年。若想王符与皇甫规为同辈之人，那王符的生年就要定到永元十二年左右，而这就必然要出现上论侯外庐等先生论证中的矛盾。

总之，根据以上的分析来看，将"援其手"作为确定王符生卒年的佐证尚可，若作为主要证据则显得有些牵强。

三、王符生卒年推测

以上我们对探讨王符生年问题的几种观点及其争议性证据进行了分析。综合来看，侯外庐、刘文英、金发根等先生在论证中抓住一些细微的方面试图确定王符的生年，然皆存在明显的漏洞和不足，其论证过程也不足以证成其说。相较来看，张

---

① （南朝·宋）范晔：《后汉书》，北京：中华书局，1965 年，第 1630 页。

② （汉）司马迁：《史记》，北京：中华书局，1959 年，第 2439 页。

③ （南朝·宋）范晔：《后汉书》，北京：中华书局，1965 年，第 2137 页。

觉先生和刘树勋先生关于王符生年的考论所根据的就主要是王符"少好学,有志操,与马融、窦章、张衡、崔瑗等友善"的记载。考察王符这几位好友的生卒年,张衡、崔瑗生于是年,马融生于次年。窦章生卒年虽不可确考,然其生年当与这几人不会相差很远。张觉先生据此分析道:"从马融、张衡、崔瑗的生年仅差一岁的情况来看,青少年时相互友善的人,其年龄是很接近的,这也合乎我们现在的情况。依这种认知常情推测,则王符、窦章也当生于公元 78 或 79 年。"① 刘树勋先生的意见虽然看似与张觉先生稍有差异,将王符的生年定在建初五年(80),其实质上仍然是相同的。所以,在没有更多新证据的情况下,我们认为张觉先生的研究是合乎情理的,王符的生年可暂定在 78 年前后。

所以,我们本章的任务主要是在充分查考史料的情况下,考辨王符与马融等人交游的时间、地点及这些交游对王符本人思想的影响,并在此基础上勾勒其早年行迹。在弄清了王符生平的相关情况之后,我们进一步结合史实逐篇考察《潜夫论》文章的作年,进而推断全书的编订、成书时间。澄清了这些问题,我们才能确定王符活动及写作的大致时间限段,也才能更加准确、客观地对《潜夫论》的思想和文学价值进行定位。

第二节　王符早年交游及行迹考

东汉思想家王符生平事迹,史传记载颇为简略,现在能见到的只有《后汉书》本传,具体曰:

> 王符,字节信,安定临泾人也。少好学,有志操,与马融、窦章、张衡、崔瑗等友善。安定俗鄙庶孽,而符无外家,为乡人所贱。自和、安之后,世务游宦,当涂者更相荐引,而符独耿介不同于俗,以此遂不得升进。志意蕴愤,乃隐居著书三十余篇,以讥当时失得,不欲章显其名,故号曰《潜夫论》。其指讦时短,讨摘物情,足以观见当时风政,著其五篇云尔。②

---

① 张觉:《潜夫论校注·前言》,长沙:岳麓书社,2008 年,第 3 页。
② (南朝·宋)范晔:《后汉书》,北京:中华书局,1965 年,第 1630 页。

这段文字仅仅提到了王符不得升进，隐居著书三十余篇。然王符何年开始隐居？是否一直隐居？《潜夫论》三十余篇文章是否皆为在家乡隐居时所作？其隐居之前的早年行迹如何？以上史料虽对这些问题未有提及，然却透露了一个重要的线索，即王符曾与马融、窦章、张衡、崔瑗等人友善。王符的交游应该是我们进一步了解其行迹的突破口。我们详检史料，结合《潜夫论》文本，试对以上问题考辨如下。

一、王符与马融等人交游同时同地辨误

前辈研究者如刘文英、王鑫义等先生都据此来勾勒王符的生平事迹。另如邢静欣的硕士学位论文还据此勾勒并简单分析了王符的交游情况。① 一般认为，王符早年曾有游学京师洛阳的经历，而马融等四子正是在游学洛阳期间结识的。可以说，这些学者在王符生平研究中，导夫先路，居功至伟。然笔者详择史料，发现前人结论至少有两点值得商榷：

（1）王符与马融等四子的交游，当是在其早年游学洛阳期间，基本上定在永元十年之前，四人皆在洛阳之时。此说代表者为王鑫义先生。②

（2）王符早年结交的四子，或权贵世族，或地方著姓，但是在其后的仕途中，马融折节仕权贵，窦章以女得宠，皆为王符不齿，二人可能也不愿提携贫贱的王符。而张衡和崔瑗自身尚且难保，当然也无力援引王符。王符《潜夫论·交际》一篇，很可能蕴含他自己的交友经验，或者暗含对这些青年时期友人的讽刺。刘文英先生持此观点。③

这些研究者观点的成立，首先是主观认为王符与马融等四子交游同时，且必在洛阳。这里结论的得出，主要还是史籍记载产生的误会。笔者现将相关史料胪列如下：

《后汉书·王符传》：王符，字节信，安定临泾人也。少好学，有志操，与马融、窦章、张衡、崔瑗等友善。④

---

① 邢静欣：《王符〈潜夫论〉研究》，山东师范大学硕士学位论文，2008 年。

② 王鑫义：《关于王符游学洛阳及其师承问题的初步考察》，《安徽大学学报》（哲学社会科学版），1988 年第 1 期。

③ 刘文英：《王符评传》，南京：南京大学出版社，1998 年，第 20—25 页。

④ （南朝·宋）范晔：《后汉书》，北京：中华书局，1965 年，第 1630 页。

《后汉书·马融传》：马融字季长，扶风茂陵人也，将作大匠严之子。为人美辞貌，有俊才。①

《后汉书·崔瑗传》：瑗字子玉，早孤，锐志好学，尽能传其父业。年十八，至京师，从侍中贾逵质正大义，逵善待之，瑗因留游学，遂明天官、历数、《京房易传》、六日七分。诸儒宗之。与扶风马融、南阳张衡特相友好。初，瑗兄章为州人所杀，瑗手刃报仇，因亡命。会赦，归家。家贫，兄弟同居数十年，乡邑化之。②

《后汉书·张衡传》：张衡字平子，南阳西鄂人也。世为著姓。祖父堪，蜀郡太守。衡少善属文，游于三辅，因入京师，观太学，遂通《五经》，贯六艺。虽才高于世，而无骄尚之情。常从容淡静，不好交接俗人。③

《后汉书·窦章传》：章字伯向。少好学，有文章，与马融、崔瑗同好，更相推荐。④

把以上的材料排比，王符、崔瑗、窦章的传记中明确提到了几个人之间关系交好。而几人又同时以"好学"著称。所以研究者普遍将注意力关注到了"少"这个词上，加之崔瑗传记中提到其"年十八"就"至京师"，张衡也年少入京师。把以上所有信息综合，很容易就形成了这五子必然是在洛阳游学之时相互结下友谊的主观印象。然这样的结论，本身就带有很大的主观臆测的色彩，其明显的漏洞有三：①仔细考察这些史料，可知突出的重点是其皆年少好学，并未言及他们是年少结交。②除了张衡和崔瑗在大致十八九岁的时候来到京师洛阳外，另外几人皆没有明确记载，其行迹本身待考。③尽管此五子之间互有交往，但是如张衡与马融、张衡与窦章之间是否有交往，并未见明确记载。所以，将五子作为一个整体考察其交游状况，显然不客观。

基于以上的问题，我们认为，应该分别考察王符及其他四人的行迹，然后再确定其与王符交游的具体情况。王符与四子的交游，其一，不一定就是同时同地，即

① （南朝·宋）范晔：《后汉书》，北京：中华书局，1965 年，第 1953 页。
② （南朝·宋）范晔：《后汉书》，北京：中华书局，1965 年，第 1722 页。
③ （南朝·宋）范晔：《后汉书》，北京：中华书局，1965 年，第 1897 页。
④ （南朝·宋）范晔：《后汉书》，北京：中华书局，1965 年，第 821 页。

就交游年龄看，不一定为几人皆年少；就其地点而言，不一定在洛阳；就其交游具体情形来看，也不一定为几人同时。其二，重新考察王符与马融等人交游情况，我们可以重新勾勒王符早年行迹。其三，王符作《交际》篇，应该也没有对所交四子的讽刺。就此问题，我们现逐一考察。

二、王符早年游学及生平入洛考

我们要考察王符与其他四子的交游，首先要弄清王符自己的行迹。从现有的材料来看，马融等四人皆未有到过安定的记载。那么，王符要与其交往，只能是其自身有过游学或入洛的经历。因此，在开始分别考察马融等人之前，应该先根据相关材料对王符早年行迹做一合理推测和考辨。

首先，王符早年有过一段游学经历。东汉社会的游学风气盛行，王符"少好学"，那他应该在早年的时候确实离家游学，游学的方向应是向着当时一般士人热衷的京师洛阳。王符从安定出发去洛阳，只要向东一路，那就必然要经过三辅之地。所以他早年游学经三辅至洛阳，其间必有机缘与马融等人交往。至于王符开始游学的时间，在没有切实证据的情况下，我们主张将其暂定在其十七八岁之时，即和帝永元六年到七年（94—95）。这也符合汉代一般士子的游学年龄。

其次，关于王符入洛的问题。我们在王符的文章中可以发现相关信息。如《浮侈》篇中言："今察洛阳，浮末者什于农夫，虚伪游手者什于浮末。"结合文章中对权贵奢靡生活的详细铺排，若非亲眼目睹，自然难以写出，这也可以佐证王符曾经亲身到过洛阳。这可能就是王符第一次入洛。那王符到底几次入洛呢？

我们通过考察认为，王符隐居或在其三十岁之前，而第二次入洛，则在汉安帝永初五年（111）。理由是《后汉书·孝安帝纪》："三月，诏陇西徙襄武，安定徙美阳，北地徙池阳，上郡徙衙。"① 那王符是否此前回到了安定，他又是否处于徙民之列呢？答案是肯定的，原因有二：

其一，王符对边地战事非常了解，本年之前当在家乡安定。《潜夫论·边议》："羌始反时，计谋未善，党与未成，人众未合，兵器未备，或持竹木枝，或空手相附，草食散乱，未有都督，甚易破也。然太守令长，皆奴怯畏弱不敢击。故令虏遂乘胜上疆，

---

① （南朝·宋）范晔：《后汉书》，北京：中华书局，1965年，第216页。

破州灭郡，日长炎炎，残破三辅，覃及鬼方。"《潜夫论·实边》："前羌始叛，草创新起，器械未备，虏或持铜镜以象兵，或负板案以类楯，惶惧扰攘，未能相持。一城易制尔，郡县皆大炽。及百姓暴被狭祸，亡失财货，人哀奋怒，各欲报雠，而将帅皆怯劣软弱，不敢讨击，但坐调文书，以欺朝廷。实杀民百则言一，杀虏一则言百；或虏实多而谓之少，或实少而谓之多。""又放散钱谷，殚尽府库，乃复从民假贷，强夺财货。千万之家，削身无余，万民匮竭，因随以死亡者，皆吏所饿杀也。其为酷痛，甚于逢虏。寇钞贼虏，忽然而过，未必死伤。至吏所搜索剝夺，游踵涂地，或覆宗灭族，绝无种类；或孤妇女，为人奴婢，远见贩卖，至令不能自活者，不可胜数也。""且夫士重迁，恋慕坟墓，贤不肖之所同也。民之于徙，甚于伏法。伏法不过家一人死尔。诸亡失财货，夺土远移，不习风俗，不便水土，类多灭门，少能还者。代马望北，狐死首丘，边民谨顿，尤恶内留。虽知祸大，犹愿守其绪业，死其本处，诚不欲去之极。太守令长，畏恶军事，皆以素非此土之人，痛不着身，祸不及我家，故争郡县以内迁。至遣吏兵，发民禾稼，发彻屋室，夷其营壁，破其生业，强劫驱掠，与其内人，捐弃赢弱，使死其处。当此之时，万民怨痛，泣血叫号，诚愁鬼神而感天心。然小民谨劣，不能自达阙廷，依官吏家，迫将威严，不敢有挚。民既夺土失业，又遭蝗旱饥匮，逐道东走，流离分散，幽、冀、兖、豫，荆、扬、蜀、汉，饥饿死亡，复失太半。"由以上的叙述，可以肯定，王符不仅亲身经历了羌寇对边民的残害，同时还亲眼见证了东汉边地官员驱民内迁的暴行，这也就可以证明其当时必随流民内迁。

其二，王符对洛阳公卿畏战态度很了解。《潜夫论·救边》："前羌始反，公卿师尹咸欲捐弃凉州，却保三辅，朝廷不听。后羌遂侵，而论者多恨不从惑议。""乃者，边害震如雷霆，赫如日月，而谈者皆讳之，曰焱并窃盗。""今苟以己无惨怛冤痛，故端坐相仍，又不明修守御之备，陶陶闲澹，卧委天职。羌独往来，深入多杀，己乃陆陆，相将诣阙，谐辞礼谢，退云状，会坐朝堂，则无忧国哀民恳恻之诚，苟转相顾望，莫肯违止，日晏时移，议无所定，己且须后。后得小安，则恬然弃忘。旬时之闲，虏复为害，军书交驰，羽檄狎至，乃复怔忪如前。"很难想象，如果王符不是身处三辅之地而身在边远的安定，对朝廷这些官员的尸位素餐之状会有如此详细的了解。另外，我们发现，王符在本年所作的《劝将》篇中并未言及公卿主张弃边之事，其后元初二年作《救边》（详本章第三节）、元初三年作《边议》等文章则篇篇提及，正是因为本年入三辅之后进而入洛有所耳闻，痛愤不已所致。另外，王符对时政极为关注，其所著之文皆为批判时政之作。此年随郡迁美阳，当随即入洛，作文或冀为人君采用。

由这段分析可以得出结论，王符至少在羌汉战争爆发之前就已经回到了故乡安定，所以才会对羌乱之初的情形比较了解。据《后汉书·孝安帝纪》："（永初元年）先零种羌叛，断陇道，大为寇掠，遣车骑将军邓骘、征西校尉任尚讨之。"[①] 是年王符三十岁，其归乡隐居当在本年之前，然又不至于过早，或在其前一两年之内。此时王符游学已十年之久，对"当涂者更相荐引"的时风已经颇有了解，同时也尝尽"不得升进"之辛酸，所以愤然归故里。而一直到永初五年（111）朝廷迁安定至美阳，王符始随郡内迁。美阳，即今武功县，属咸阳治内，当为三辅之地。再据《后汉书·顺帝纪》："（永建四年）九月，复安定、北地、上郡归旧土。"[②] 可见，其二次归乡，当是永建四年（129）的事情。在这段时间内，关心时政的王符很可能由美阳再次入洛。

其后，王符或还有一次入洛的经历，据《后汉书·顺帝纪》："（永和六年）十月，徙安定居扶风，北地居冯翊。"[③] 同样，边境内迁，王符自然必在徙民之列。此年（141）王符随郡居扶风，亦为三辅之地，其同样有入洛的可能性。另据我们对王符《浮侈》等篇的作年考订（详见本章第三节），他应该必然在此年后到过洛阳。至于此次内迁后归乡的时间，史无明载，但必然应该在羌乱平息，即冲帝永嘉元年（145）之后。

据以上考证，我们认为，王符入三辅及至洛在其生平中大致有三个区间段。分别是：①早年游学期：和帝永元六年到七年之间（94—95）至延平元年（106）；②随郡第一次内迁时期：安帝永初五年（111）至永建四年（129）；③随郡第二次内迁时期：顺帝永和六年（141）至冲帝永嘉元年（145）以后。而这三个区间，正是确定王符与马融等人交游的基础。由此基本前提，接下来我们分别考察马融等四人的情况。

---

① （南朝·宋）范晔：《后汉书》，北京：中华书局，1965年，第207页。
② （南朝·宋）范晔：《后汉书》，北京：中华书局，1965年，第256页。
③ （南朝·宋）范晔：《后汉书》，北京：中华书局，1965年，第271页。

三、王符与马融等四人交游考略

（一）王符与马融的交游考略

我们先来看王符与马融的交游情况。研究者局限于王符与马融等几人同时交游的主观印象，所以强加牵附，而未深究马融早年行迹。如王鑫义先生认为："马融是将作大匠马严之子，其父既为京官，马融早年当随父母居洛阳。"[①]先生在考察过马融之父马严之死等情况后，认为马融在永元十年（98）之前在洛阳游学，这也就是得出王符与四子在此年之前结识的主要依据。于此，我们先需要考察马严的情况。马严乃马援的从子，"喜讥议，而通轻侠客"[②]。为此，马援还在征战沙场时，不远万里写书信警戒他不要因为"讥议"而招来杀身之祸。然马援的训诫，起初并没有对马严形成太大影响。据《后汉书·马严传》载：

> （建初）二年，拜陈留太守。严当之职，乃言于帝曰："昔显亲侯窦固误先帝出兵西域，置伊吾卢屯，烦费无益。又窦勋受诛，其家不宜亲近京师。"是时，勋女为皇后，窦氏方宠，时有侧听严言者，以告窦宪兄弟，由是失权贵心。严下车，明赏罚……后既为窦氏所忌，遂不复在位。及帝崩，窦太后临朝，严乃退居自守，训教子孙。[③]

由上可知，马严建初二年（77）为陈留太守时，就曾经参奏窦氏，因此而遭致窦氏的不满。建初六年（81）迁任将作大匠，次年（82）就免官。后来为窦氏一门的猜忌和构陷，就不复在位了。其后章帝驾崩，窦太后临朝时（88），更是"退居自守，训教子孙"。这显然是在窦氏的淫威之下感受到了政治斗争的残酷，其后处事也谨慎了许多。所以在窦太后当政的严峻情况下，马严自然不会留在洛阳，以免权臣侍罅隙而构陷。所以，我们认为，至少在窦太后临朝之后，马严已经回到了扶风，而马融自然也应在扶风。而且，可以推测，以马严处事之谨慎，也不会让年轻的马融早早只身赴洛阳，以免涉险。而马融本传对其早年行迹的记载也正好印证这一点。

---

① 王鑫义：《关于王符游学洛阳及其师承问题的初步考察》，《安徽大学学报》（哲学社会科学版），1988年第1期。

② （南朝·宋）范晔：《后汉书》，北京：中华书局，1965年，第844页。

③ （南朝·宋）范晔：《后汉书》，北京：中华书局，1965年，第861页。

本传载：

> 初，京兆挚恂以儒术教授，隐于南山，不应征聘，名重关西，融从其游学，博通经籍。①

可见，本传并未言及马融早年有游学洛阳的行迹。我们考察《后汉书》著录习惯，一般到过太学受业者，皆有记载。马融为汉代大儒，如果他真的有到过太学的经历，那范晔及各家著史时是不会遗漏的。我们认为，可能正是因为上述政治上避险的原因，马融早年并没有去洛阳太学，而是在其家乡扶风。正如研究者业已说明的，扶风本来就是西汉京畿之地，有着很深厚的文化渊源。而挚恂当时"名重关西"，马融自然就很早从其问道。至于马融从师挚恂的时间，当为永元十年（98）父丧释服之后。因为马融"博通经籍"，尚需多年勤学。"恂奇融才，以女妻之"的记载，也是马融成年之后的事情。

这样，王符要与马融结识，可能正是在其去京城洛阳的路上。如上所论，王符从安定出发去洛阳，向东行进就必然要经过三辅之地。可能王符在那里与马融结识。结识时间可能正是王符十七八岁始到三辅之时。

（二）王符与窦章的交游考略

考察王符与窦章的交游，同样先得考察窦章本人的行迹。然就上引窦章本传记载，其早年行迹并不明确。同理，我们需要先考察一下窦章一门的具体情况，从而搞清窦章的行迹。

东汉窦氏，也是将门望族，窦融因为在光武称帝的过程中立下汗马功劳，加之为人谦逊，所以深得光武帝的宠信。然其长子窦穆"质性顽钝"，窦融死后不久就因"赂遗小吏，郡捕系，与子宣俱死平陵狱，勋亦死洛阳狱"②。其后，据《后汉书》载：

> （建武）十四年，封勋弟嘉为安丰侯，食邑二千户，奉融后。和帝初，为少府。及勋子大将军宪被诛，免就国。嘉卒，子万全嗣。万全卒，子会宗嗣……万全少子章。③

---

① （南朝·宋）范晔：《后汉书》，北京：中华书局，1965年，第1953页。
② （南朝·宋）范晔：《后汉书》，北京：中华书局，1965年，第808页。
③ （南朝·宋）范晔：《后汉书》，北京：中华书局，1965年，第809页。

可见，窦穆死后，由其次子窦嘉奉窦融之后，袭为安丰侯，在窦宪被诛杀之后，"免就国"，也就是回到了当时"安丰侯"的治所，即六安。窦嘉卒，子万全嗣安丰侯。窦章作为万全的少子，受到窦氏一门重罪株连，必然不能留在京城洛阳，而是随其父万全回到封地六安。《后汉书·章帝纪》："（元和二年）改庐江为六安国，江陵复为南郡。"①庐江，即今安徽合肥庐江县。庐江县在东南，王符则从西北经三辅至洛阳，两人自不可能相见。据《后汉书·窦宪传》，窦宪被杀在永元四年（92），再据史料：

后和熹邓后临朝，永初三年，诏诸窦前归本郡者与安丰侯万全俱还京师。②

这样，从永元四年（92）离开，一直到永初三年（109）的时候，窦章才有可能随其父回到洛阳。所以，王符与窦章结交至少是在公元109年以后的事情。再据《窦章传》："永初中，三辅遭羌寇，章避难东国，家于外黄。居贫，蓬户疏食，躬勤孝养，然讲读不辍。"章怀太子注曰："外黄，县，属陈留郡，故城在今汴州雍丘县东。"③再据《后汉书》卷五《孝安帝纪》："三月，南单于降。先零羌寇褒中，汉中太守郑勤战殁。徙金城郡都襄武。"④按，永初四年羌寇褒中，褒中属三辅之地，窦章避居当在是年。另，窦章本传载"顺帝初，章女年十二，能属文，以才貌选入掖庭，有宠，与梁皇后并为贵人。擢章为羽林郎将"。章怀太子注曰："《续汉志》曰：羽林郎秩二百石，无员，常宿卫侍从也。"⑤另，据《后汉书·顺帝梁皇后纪》："永建三年，与姑俱选入掖庭，时年十三，相工茅通见后，惊，再拜贺曰：'此所谓日角偃月，相之极贵，臣所未尝见也。'太史卜兆得寿房，又筮得《坤》之《比》，遂以为贵人。"⑥按，窦章本传言其女与梁皇后同为贵人，其被选入宫当亦在永建三年（128）。章由是得宠，擢为羽林郎将。可见，从窦章行迹来看，其与王符得见，只能是在洛阳，而王符永建四年已随郡回乡，两人交往必在永建三年到四年之间，

---

① （南朝·宋）范晔：《后汉书》，北京：中华书局，1965年，第152页。
② （南朝·宋）范晔：《后汉书》，北京：中华书局，1965年，第820页。
③ （南朝·宋）范晔：《后汉书》，北京：中华书局，1965年，第821—822页。
④ （南朝·宋）范晔：《后汉书》，北京：中华书局，1965年，第215页。
⑤ （南朝·宋）范晔：《后汉书》，北京：中华书局，1965年，第822页。
⑥ （南朝·宋）范晔：《后汉书》，北京：中华书局，1965年，第438页。

是年王符五十一岁。窦章"谦虚下士。收进时辈，甚得名誉"①，两人此年交往也实属可能。

（三）王符与崔瑗的交游考略

据现存史料，崔瑗也并没有到过陇右安定，也未见到过三辅之地的记载，所以王符与崔瑗的结交之地，最可能是在洛阳。崔瑗"年十八，至京师，从侍中贾逵质正大义"。再据《后汉书》本传，崔瑗汉安二年卒，年六十六，所以其生年为建初三年（78），那其年十八当为永元七年（95），王符与其结交当是在到达洛阳游学之后。然考虑到崔瑗勤学为"诸儒"宗之，也需要一些时间，一般研究者都认为崔瑗在洛阳停留当有五到六年时间，所以王符可能在永元七年或八年与之结交。

（四）王符与张衡的交游考略

据上引《后汉书·张衡传》可知：张衡游学曾经到过三辅之地，其后才到洛阳。张震泽先生的《张衡年表》认为，张衡应该是永元八年到洛阳，而永元十二年鲍德为南阳太守，张衡为主薄②，其时应该随鲍德到南阳。我们将王符游学时间暂定在其十七八岁之时，则张衡游三辅在永元五年（93）。据此，王符或无缘在三辅之地认识张衡，其结交当为张衡在洛阳的五年之内，这应该就是两人早年的交往情况。张衡本人"虽才高于世，而无骄尚之情。常从容淡静，不好交接俗人"③，而王符也"有志操"，所以两人建立了深厚的友谊。

另外，王符与张衡在中年时期应该还有来往。据以上所考，王符在三辅及入洛的第二时间段当在安帝永初五年（111）至永建四年（129）。此时王符当与张衡有来往，据《昭明文选》卷二二，颜延年《车驾幸京口三月三日侍游曲阿后湖上作一首》："神御出瑶轸，天仪降藻舟"句下，注曰："瑶轸，玉辂也，藻舟，画舟也。王符《羽猎赋》曰：'天子乘碧瑶之雕轸，建曜天之华旗。'"④另据《张衡诗文校注》，张衡也有《羽猎赋》一篇，张震泽先生的注释（一）说："《后汉书·安帝纪》：延光二年（公元一二三年）'十一月甲辰，校猎上林苑'。此赋当作于延光二年或略后，时衡年

① （南朝·宋）范晔：《后汉书》，北京：中华书局，1965年，第822页。
② （汉）张衡著、张震泽校注：《张衡诗文校注》，上海：上海古籍出版社，1986年，第380—381页。
③ （南朝·宋）范晔：《后汉书》，北京：中华书局，1965年，第1897页。
④ （梁）萧统著、（唐）李善注：《昭明文选》，北京：中华书局，1977年，第317—318页。

四十六或四十七。衡素主张礼乐节俭，反对浮华奢泰，而此赋残存文字乃铺张校猎之盛，盖下文当有切谏之语，并残去不存也。"① 我们再将上引王符"天子乘碧瑶之雕轸，建曜天之华旗"的文字与张衡《羽猎赋》中的残句"乘瑶珠之雕轩，建辉天之华旗"相对照，更是可以看出应该是两人同题相和之作，当作于同时。这恐怕也与王符反对奢侈浮华的主张是相近的。

四、与马融等四子的交游对王符的影响

一个人的交游情况，完全可以体现他自身的性格和修养。由于王符"耿介不同于俗"的性格，除晚年曾经对他"屣履出迎"的皇甫规外，其交游情况大致如上。但正是与这四人的交游，对其后王符的思想产生了巨大的影响。

（一）四子的学养和志节对王符的影响

首先，从学养方面来看，四子都是早年"好学"之士，且博学多闻。马融"博通经籍"，后为东汉大儒；张衡"通《五经》，贯六艺"，"才高于世"；崔瑗"锐志好学"，在洛阳勤学之后更是"诸儒尊之"；窦章也是"少好学，有文章"。我们就王符《赞学》篇来看，以他对勤学者的推崇，在游学过程中遇到这些小有名气的同辈学人，自然乐于与之交往，而王符也在与这些人的交流和切磋中增进了自己的学识。

其次，从个人志节的养成来看，王符虽然早年"有志操"，但是四子当在王符其后志节的进一步形成方面产生了一定的砥砺作用。在四子之中，张衡"常从容淡静，不好交接俗人。永元中，举孝廉不行，连辟公府不就"。崔瑗在手刃仇人后，归家隐居，"兄弟同居数十年，乡邑化之"，其为人品节可见一斑。马融虽然后来折节仕邓骘，但是在一开始受到征召时，"不应命，客于凉州武都，汉阳界中"，颇能表现出儒者气节。应该说，王符与这些人的交往，对于他其后不慕荣利，隐居著书，在人生道路的选择上，还是产生了一定的影响。

（二）关于王符曾经受到京房《易》思想的影响

王符在《赞学》篇中说："景君明经年不出户庭"，赞扬京房的好学；又在《考

---

① （汉）张衡著、张震泽校注：《张衡诗文校注》，上海：上海古籍出版社，1986 年，第 264 页。

绩》篇中说："先师京君，科察考功，以遗贤俊，太平之基，必自此始，无为之化，必自此来也"，推崇京房提出的考功措施。王符将京房称为"先师"，而颜师古的解释为"先学之师也"①。且王符曾与崔瑗结交于洛阳，而崔瑗当时又"从侍中贾逵质正大义，逵善待之，瑗因留游学，遂明天官、历数、《京房易传》、六日七分"。据此，王鑫义先生认为当时太学中京房《易》被列为博士，所以"他（王符）确实曾从今文经师治京氏《易》"②。作为佐证，王先生认为王符的思想"还保留着谶纬迷信的残破框架"，似乎王鑫义先生认为王符《易》学思想受到了京房《易》的影响。其实不然，我们认为：王符曾在洛阳结交崔瑗，而崔瑗也确实治京房《易》，王符甚至还有可能通过崔瑗向其师贾逵了解到一些相关的情况。在学习过程中，正是从崔瑗或贾逵那里，对京房的"科查考功"思想及具体措施有较深入了解。王符一则对京房勤学的态度赞赏，一则对其推行"科查考功"的主张推崇，称其为"先师"自是很正常的事情。至于王符的《易》学思想，却恐怕与京房《易》学无涉。京房《易》学虽然现在难见其全豹，但是在史籍中还是有一些记载。据笔者统计，《汉书》中征引京房《易传》74条，其中全部以阴阳灾异之说来解《易》，试略举几例：

> 京房《易传》曰："君不思道，厥妖火烧宫"。③

> 京房《易传》曰："颛事有知，诛罚绝理，厥灾水，其水也，雨杀人以陨霜，大风天黄……厥水流入国邑，陨霜杀叔草。"④

> 京房《易传》曰："行不顺，厥咎人奴冠，天下乱，辟无适嫡，妾子拜。又曰：君不正，臣欲篡，厥妖狗冠出朝门。"⑤

> 京房《易传》曰："有始无终，厥妖雄鸡自啮断其尾。"⑥

京房《易》师承焦延寿，其说"其说长于灾变，分六十四卦，更直日用事，以

---

① （汉）班固著、（唐）颜师古注：《汉书》，北京：中华书局，1964年，第1969页。
② 王鑫义：《关于王符游学洛阳及其师承问题的初步考察》，《安徽大学学报》（哲学社会科学版），1988年第1期。
③ （汉）班固著、（唐）颜师古注：《汉书》，北京：中华书局，1964年，第1329页。
④ （汉）班固著、（唐）颜师古注：《汉书》，北京：中华书局，1964年，第1342页。
⑤ （汉）班固著、（唐）颜师古注：《汉书》，北京：中华书局，1964年，第1367页。
⑥ （汉）班固著、（唐）颜师古注：《汉书》，北京：中华书局，1964年，第1369页。

风雨寒温为候，各有占验"。但是我们反观王符对《易》学思想的理解，却丝毫看不出以阴阳灾异解《易》的趋势。王符《潜夫论》明引《周易》经传共 62 次，但是基本上都是借《易》阐释具体的政见，并未见阴阳灾异之说。也试举几例：

《遏利》：《易》曰："天道亏盈以冲谦。"故以仁义□于彼者，天赏之于此；以邪取于前者，衰之于后。

《思贤》：《易》称"其亡其亡，系于苞桑。"是故养寿之士，先病服药；养世之君，先乱任贤，是以身常安而国永永也。

《忠贵》：《易》曰："德薄而位尊，智小而谋大，力少而任重，鲜不及矣。"是故德不称其任，其祸必酷；能不称其位，其殃必大。

《三式》：《易》曰："鼎折足，覆公餗，其刑渥。凶。"此言公不胜任，则有渥刑也。

王符思想中确实有一些天命论的成分，但是就其《易》学思想来说，王符没有接受京房《易》学阴阳灾异的思想。《周易》作为一门精深的学问，王符从其中吸取的君子行事之道及辩证法思想是其主要部分。

五、王符《交际》篇暗讽友人辨

王符通过与以上几位东汉儒学之士的交往，丰富了自己的学识，砥砺了自己的节操，可能其思想中诸如京房"科查考功"的思想，正来自于与这些友人的交流。而王符个人高尚的品节，也可以从这些名士的交友原则中得到印证。然就其交游而言，还有一个问题尚待简要讨论，即：是否正如一些研究者认为的，这些王符早年所交之友，中途变节，不愿荐引王符，最终导致其终身不仕？而《潜夫论·交际》是否含有对这些人的讽刺？

我们认为，王符在对现实社会中交友之道的指责中，恐怕没有包含对其早年友人的暗讽。先就马融的情况来看，其行迹上确有为正士不齿的污点，先是折节事邓氏，后又"惩于邓氏，不敢复违忤势家，遂为梁冀草奏李固，又作大将军《西第颂》"①。但是，其身上还是有一些为王符赞同之处。如其本传载：

> （永初）四年，拜为校书郎中，诣东观典校秘书。是时邓太后监朝，骘兄弟辅政。而俗儒世士，以为文德可兴，武功宜废，遂寝蒐狩之礼，息战陈之法，故猾贼从横，乘此无备。融乃感激，以为文武之道，圣贤不坠，五才之用，无或可废。元初二年，上《广成颂》以讽谏。②

面对权倾朝野的外戚邓氏，曾经作文讽谏。另外，在阳嘉二年，西羌叛乱后，也曾"上疏乞自效"③，表示希望带兵出征，平定叛乱。就这些举动而言，其人格还是有其可取之处，也与王符的主张类似。再就其历任官职而言，由于邓氏和梁氏的先后专权，基本上皆是担任"校书郎中"等闲职，其自身尚且难保，援引王符更是有心无力。

而就张衡的情况来看，正如研究者指出的，因为他"不慕当世"，一直潜心于天文历算，虽然担任多几次太史令，但是由于上疏揭露宦官专权，"宦官惧其毁己，皆共目之"④，所以一直受到嫉恨和排挤。崔瑗的情况也是一样，他仕途坎坷，"年四十余，始为郡吏"⑤。其后虽得窦章举荐，然不久便被杜乔诬陷，郁郁而终。确实两人不可能有机会举荐王符。

窦章的情况似乎好些，顺帝初，他因其女被选为贵人，"擢章为羽林郎将，迁屯骑校尉"⑥。但是窦章并没有如论者所言骄横。相反，"章谦虚下士，收进时辈，甚得名誉"。王符在《潜夫论》中批判的外戚权贵，当是指如窦章、邓骘等因皇帝宠幸而骄横跋扈的大族外戚，而窦章身处梁氏专权之际，往往"推心待之，故得免于患"，其谨慎保身尚且不及，遑论娇贵。并且，如上所论，他还在顺帝末年举荐过当时的老友崔瑗。可见并不是中途捐弃之徒。王符之所以没有得到其举荐，其中确实有原因，或与王符"耿介"之性格有关，当与窦章人品或外戚的身份无涉。

---

① （南朝·宋）范晔：《后汉书》，北京：中华书局，1965年，第1954页。
② （南朝·宋）范晔：《后汉书》，北京：中华书局，1965年，第1972页。
③ （南朝·宋）范晔：《后汉书》，北京：中华书局，1965年，第1971页。
④ （南朝·宋）范晔：《后汉书》，北京：中华书局，1965年，第1914页。
⑤ （南朝·宋）范晔：《后汉书》，北京：中华书局，1965年，第1722页。
⑥ （南朝·宋）范晔：《后汉书》，北京：中华书局，1965年，第822页。

反观王符《潜夫论》所讨论社会交际问题，正是当时士人非常关心的社会伦理问题。其时专论交友之道的文章，尚有朱穆的《崇厚论》、《绝交论》，刘梁的《破群论》、《辨和同论》等。从王符《交际》篇的文体特征来看，主要是注重对交际活动中畸形现状的揭示和交际原则的阐释。其交际理论是其善政伦理的一个有机组成部分，是对交际这一社会现象的认识。《潜夫论·交际》篇的写作，可能有王符自身交友经验的总结，但是应该与马融等四位友人无关。据以上分析，若王符真借《交际》篇，暗含对马融等人的指责，无乃责友过苛乎？

综上所述，我们通过对王符与马融等四人交际情况的考察，认为：王符与马融等人的交游，并非同时同地。与马融的交游或许当在最初游学三辅之地时，时年十七八岁；而王符与窦章的交往，当在永建三年（128），结识地在洛阳。与崔瑗的交往当是早年二人同在洛阳期间。通过崔瑗，王符或得以向京师大儒贾逵请教，并从他们那里了解到京房勤学之事迹及"科查考功"的思想及措施，并对其大加赞赏。与张衡的结识，在其洛阳游学期间，最晚不会晚于永元十二年。两人结下深厚的友谊，一直到王符四十六岁的时候，还与张衡同题作《羽猎赋》讽谏君主的奢靡。综合以上情况，我们可以大致勾勒王符行迹如下：王符早年经三辅游学洛阳，在洛阳至少停留十年之久，其回乡隐居著书，当是三十岁左右的事情。其后随郡内迁两次，分别是安帝永初五年（111）至永建四年（129）和顺帝永和六年（141）至冲帝永嘉元年（145）以后。正是因为内迁使得王符对东汉时政有了及时的了解，而王符也"中心时有感"，从而陆续写作了三十几篇政论，最后结集成为让他享誉百代的《潜夫论》。同时，这也就明确说明，史传中言王符"隐居著书"的说法，并不确切。

第三节　《潜夫论》成书时间考

《潜夫论》作年，我们难以确考，但在其论证过程中，却留有些许的蛛丝马迹。顺此，我们结合相关史料，通过对其文本的仔细考察，大致可以推断《潜夫论》大部分篇目的写作时间及全书编订时间。具体考辨如下。

一、《劝将》、《救边》、《边议》、《实边》作年考辨

《潜夫论》中《劝将》等四篇文章，是王符针对东汉的羌乱而作的系列论文。所以我们将其作为一个单元来考察。

首先，四篇文章针对羌乱及朝廷的平叛而作，但东汉的羌乱并非一次。考东汉的羌乱，前后较大的战争大致有五次：第一次是章帝建初二年（77）到和帝永元十三年（101）；第二次是从安帝永初元年（107）到元初五年（118）；第三次是从顺帝永和四年（139）到冲帝永嘉元年（145）；第四次是从桓帝延熹元年（159）到灵帝建宁二年（169）；第五次是从灵帝中平元年（184）到献帝建安十九年（214）。① 要考定王符这几篇文章的作年，首先要确定王符所指为哪一次羌乱。《四库全书总目提要》的作者认为："惟桓帝时，皇甫规、段颎、张奂诸人屡与羌战，而其《救边》、《边议》二篇乃以避寇为憾。"② 显然，其认为王符所指是第四次羌乱。其实不然，我们认为，王符在《劝将》等篇明显是第二次羌乱而作，即针对安帝永初元年到元初五年羌乱的情况而发。理由如下：

第一，《后汉书》的作者范晔认为是安帝年间的羌乱。据《后汉书·西羌传》："安帝永初元年夏，遣骑都尉王弘发金城、陇西、汉阳羌数百千骑征西域，弘迫促发遣，群羌惧远屯不还，行到酒泉，多有散叛。诸郡各发兵徼遮，或覆其庐落。于是勒姐、当煎大豪东岸等愈惊，遂同时奔溃。麻奴兄弟因此遂与种人俱西出塞。先零别种滇零与钟羌诸种大为寇掠，断陇道。时羌归附既久，无复器甲，或持竹竿木枝以代戈矛，或负板案以为楯，或执铜镜以象兵，郡县畏懦不能制。冬，遣车骑将军邓骘，征西校尉任尚副，将五营及三河、三辅、汝南、南阳、颍川、太原、上党兵合五万人，屯汉阳。"③ 我们再看王符的相关描述，其《实边》篇曰："前羌始叛，草创新起，器械未备，虏或持铜镜以象兵，或负板案以类楯，惶惧扰攘，未能相持。"

又，《后汉书·西羌传》："羌既转盛，而二千石、令、长多内郡人，并无守战意，

---

① 此统计采用马长寿先生的说法。马长寿：《氐与羌》，上海：上海人民出版社，1984年，第111页。

② （清）永瑢等：《四库全书总目提要》，《万有文库》本，第18册，上海：商务印书馆，民国二十四年，第11页。

③ （南朝·宋）范晔：《后汉书》，北京：中华书局，1965年，第2886页。

皆争上徙郡县，以避寇难。朝廷从之，遂移陇西徙襄武，安定徙美阳，北地徙池阳，上郡徙衙。百姓恋土，不乐去旧，遂乃刈其禾稼，发彻室屋，夷营壁，破积聚。时连旱蝗饥荒，而驱蹴劫略，流离分散，随道死亡，或弃捐老弱，或为人仆妾，丧其太半。"①王符《实边》言："且夫士重迁，恋慕坟墓，贤不肖之所同也。民之于徙，甚于伏法。伏法不过家一人死尔。诸亡失财货，夺土远移，不习风俗，不便水土，类多灭门，少能还者。代马望北，狐死首丘，边民谨顿，尤恶内留。虽知祸大，犹愿守其绪业，死其本处，诚不欲去之极。太守令长，畏恶军事，皆以素非此土之人，痛不着身，祸不及我家，故争郡县以内迁。至遣吏兵，发民禾稼，发彻屋室，夷其营壁，破其生业，强劫驱掠，与其内人，捐弃羸弱，使死其处。当此之时，万民怨痛，泣血叫号，诚愁鬼神而感天心。然小民谨劣，不能自达阙廷，依官吏家，迫将威严，不敢有挚。民既夺土失业，又遭蝗旱饥匮，逐道东走，流离分散，幽、冀、兖、豫，荆、扬、蜀、汉，饥饿死亡，复失太半。"

把以上两段史料与王符的描述相对照，很明显能发现两者有惊人的相似之处，甚或范晔正是根据王符的记录来描述这段悲惨的历史的。这就说明，范晔认为王符描述的正是安帝年间羌乱的情形。范晔距离王符所处的时代较近，且其见到的《潜夫论》版本当较为完整，所见史料也比我们现在要丰富得多。所以，范晔之说，当为可信。

其次，王符对朝廷治羌政策的描述，与安帝朝极为相符。王符在其《救边》篇曰："前羌始反，公卿师尹咸欲捐弃凉州，却保三辅，朝廷不听。后羌遂侵，而论者多恨不从惑议。余窃笑之，所谓嫁亦悔，不嫁亦有悔者尔，未始识变之理。"据《后汉书·庞参传》：

> 四年，羌寇转盛，兵费日广，且连年不登，谷石万余。参奏记于邓骘曰："比年羌寇特困陇右，供徭赋役为损日滋，官负人责数十亿万……参前数言宜弃西域，乃为西州士大夫所笑。今苟贪不毛之地……徭役烦数，休而息之。此善之善者也。"骘及公卿以国用不足，欲从参议，众多不同，乃止。②

我们将庞参这里给邓骘的奏言与王符的批判之言相比较，两者相互对应。从庞

---

① （南朝·宋）范晔：《后汉书》，北京：中华书局，1965年，第2888页。
② （南朝·宋）范晔：《后汉书》，北京：中华书局，1965年，第1687页。

参"为西州士大夫所笑"之言来看，或者所指正是王符。这也足以证明王符所言为安帝时的羌乱。

综合以上两点，我们可以肯定，王符的《劝将》、《救边》、《边议》、《实边》四篇文章所作，当是针对东汉第二次羌乱，即安帝朝羌乱所言。明乎此，我们就可以进一步根据这四篇文章中的相关信息考订其具体写作时间。

（1）《劝将》篇作年考订。《劝将》曰："军起以来，暴师五年，典兵之吏，将以千数，大小之战，岁十百合，而希有功。"查《后汉书·安帝纪》："（永初元年）先零种羌叛，断陇道，大为寇掠，遣车骑将军邓骘、征西校尉任尚讨之。"[①]结合上引《西羌传》相关记载，可知永初元年羌乱始起，东汉朝廷派邓骘、任尚征讨，王符言"军起以来，暴师五年"，则由永初元年顺推五年，可知本文作于永初五年（111）无疑。

（2）《救边》篇作年考订。《救边》："若此以来，出入九载，庶曰式臧，覆出为恶，佪佪溃溃，当何终极！"按，此言"九载"，东汉自永初元年与羌作战，顺推九年，当知此篇作于元初二年（115）无疑。另据《后汉书·安帝纪》："冬十月，遣中郎将任尚屯三辅。诏郡国中都官系囚减死一等，勿笞，诣冯翊、扶风屯，妻子自随，占著所在；女子勿输。亡命死罪以下赎，各有差。其吏人聚为盗贼，有悔过者，除其罪。乙未，右扶风仲光、安定太守杜恢、京兆虎牙都尉耿溥与先零羌战于丁奚城，光等大败，并没。左冯翊司马钧下狱，自杀。"[②]此年大败，屯兵三辅，不敢轻进，置边民生死于不顾。王符有感而发。

（3）《边议》、《实边》篇作年考订。《边议》曰："故令虏遂乘胜上强，破州灭郡，日长炎炎，残破三辅，罩及鬼方。若此已积十岁矣。百姓被害，迄今不止。"《实边》曰："羌反以来，户口减少，又数易太守，至十岁不得举。"按，两文皆言"十岁"，从永初元年（107）对羌作战，顺推十年，当知这两篇文章作于元初三年（116）无疑。

二、《述赦》篇作年考辨

《述赦》的写作时间，也可做粗略的考证。王符这篇文章批判的是汉代社会经

---

① （南朝·宋）范晔：《后汉书》，北京：中华书局，1965年，第207页。
② （南朝·宋）范晔：《后汉书》，北京：中华书局，1965年，第224页。

常性的赦免导致的社会法制混乱。汉代社会的赦免令分两种：一种是全国性的大赦，另一种是地区性的特赦。前者一般是新皇继位或加元服时实行，后者一般是平息部分地区的叛乱后，采取的安抚措施。赎则是汉代社会中用钱或粟进行赎罪的一种方式。可以说，赦和赎都是封建统治的一种权宜之计，都是在王朝新建或大乱之后，与民更始的特殊政策。但是在东汉，这些政策却变成一种经常性的措施，因此当时的知识分子，不仅是王符，后来的荀悦和崔寔都对此问题有所批判。我们可以对东汉的赦赎政策做如下的统计，以见其频繁之状：

东汉帝王	在位年数	赦令	赎令
光武帝	三十三	十三	一
明帝	十八	六	四
章帝	十三	三	三
和帝	十七	六	二
殇帝	一		
安帝	十九	十三	三
北乡侯	十月余	一	
顺帝	十九	八	三
冲帝	一		
质帝	一	二	
桓帝	二十一	十四	一
灵帝	二十二	二十	五
献帝	三十一	八	

由上表可以看出，光武帝因为是新建王朝，所以为"与民更始"而大行赦赎之政策是完全可以理解的。这种情况到章帝、和帝时已经有了减少的趋势。而到安帝时，这一政策明显开始频繁。我们再来将安帝到顺帝时期的赦赎具体情况统计如下表：

年号	赦令时间	赦令性质	赦令原因	赎令时间	赎令
永初元年（107）	春正月	大赦天下	改元	九月	丙戌，诏死罪以下及亡命赎，各有差。
	六月	赦除诸羌相连结谋叛逆者罪。	羌叛		
永初三年（109）	春正月	大赦天下	皇帝加元服		
永初四年（110）	四月	大赦天下	六州蝗		
永初五年（111）	三月	赦凉州河西四郡	羌叛		
永初六年（112）	六月	大赦天下	豫章、员溪、原山崩		
元初元年（114）	四月	大赦天下	二月己卯，日南地坼。三月癸酉，日有食之。		
元初二年（115）				十月	诏郡国中都官系囚减死一等……亡命死罪以下赎，各有差。
元初三年（116）	三月	赦苍梧、郁林、合浦、南海吏人为贼所迫者。	蛮夷反叛		
元初四年（117）	二月	大赦天下	日有食之		
永宁元年（120）	四月	大赦天下	立皇子保为皇太子，改元永宁		
建光元年（121）	二月	大赦天下	不详		
建光元年（121）	七月	大赦天下	改元		
延光元年（122）	三月	大赦天下	改元		
延光三年（124）				九月	诏郡国中都官死罪系囚减罪一等……其右趾以下及亡命者赎，各有差。
延光四年（125）	六月	大赦天下	北乡侯即位		
永建元年（126）	正月	大赦天下	顺帝即位		
永建四年（129）	正月	大赦天下	不详		

由此表我们可以看出，东汉社会的赦赎政策从安帝朝开始几乎年年有。特别是在建光、延光年间，一年之内竟有两次全国大赦。这样就造成了国家法律体系的严重破坏。其后汉代诸帝的大赦政策也是极其频繁。这就是王符批判的汉代赦赎制度。我们认为，王符对安帝朝的数赦就非常不满，一直到北乡侯、顺帝执政，仍然是年年大赦。王符此文所作，当是针对顺帝所言。据《后汉书·顺帝纪》：

> 永建元年春正月甲寅，诏曰："先帝圣德，享祚未永，早弃鸿烈……其大赦天下。赐男子爵……勉修厥职，以康我民。"①

> 四年春正月丙寅，诏曰："朕托王公之上，涉道日寡，政失厥中，阴阳气隔，寇盗肆暴，庶狱弥繁，忧悴永叹，疢如疾首。《诗》云：君子如祉，乱庶遄已。三朝之会，朔旦立春，嘉与海内洗心自新。其赦天下。从甲寅赦令已来复秩属籍，三年正月已来还赎。其阎显、江京等知识婚姻禁锢，一原除之。务崇宽和，敬顺时令，遵典去苛，以称朕意。"②

而王符《述赦》篇曰："若诚思畏盗贼多而奸不胜故赦，则是为国为奸宄报也。""今不显行赏罚以明善恶，严督牧守以擒奸猾，而反数赦以劝之，其文常曰：'谋反大逆不道诸犯，不当得赦皆除之，将与士大夫洒心更始。'岁岁洒之，然未尝见奸人冗吏，有肯变心悔服称谲者也。"我们同样将顺帝在诏书中提到的"与人更始"、"嘉与海内洗心自新"与王符的"洒心更始"相对照，再将顺帝诏书的"寇盗肆暴，庶狱弥繁"与王符的"畏盗贼多而奸不胜故赦"相对照，显然两者的说法是对应的。王符所指当是针对顺帝的诏书所言。然王符作《述赦》篇当在顺帝发诏之后不久。且王符言"其文常曰"，显然不是第一次发诏，所以当在永建四年顺帝发诏之后，安帝正月下诏，王符当在本年即作《述赦》以讽之，所以其《述赦》篇可以基本确定在永建四年（129）前后。

---

① （南朝·宋）范晔：《后汉书》，北京：中华书局，1965年，第252页。
② （南朝·宋）范晔：《后汉书》，北京：中华书局，1965年，第256页。

三、《考绩》、《论荣》、《贤难》、《明暗》、《潜叹》、《实贡》篇作年考辨

《考绩》篇是王符专门就汉代察举制度之虚伪所发的专论。相似的论述，又见于《论荣》、《贤难》、《明暗》、《潜叹》、《实贡》篇。由于这些篇目所写的内容相近，涉及的问题皆是察举制度中存在的权门请托，以位命贤的问题。所以其作年大致应该相差不远。其中，《考绩》篇的作年大致可以做推测。《考绩》篇曰："圣汉践祚，载祀四八。"而汉代开国在前206年，"载祀四八"即三百二十年，顺推王符此文作年当在安帝元初元年，即114年。但由于"四八"当是王符举其概数而言，我们并不好断下结论其作年为何，然其作于安帝延光三年，即124年前后的可能性较大，且最迟不当晚于顺帝阳嘉新政（132）。

以上推论，我们的根据是东汉社会的察举制度变迁史。东汉社会前期，察举制度日益败坏，然到顺帝时期，察举制本身出现了一个重大变化，即阳嘉新政（132）的实行。据阎步克先生的研究："在阳嘉新制之前，汉代的岁举诸科——茂才、尤异、孝廉、廉吏，皆无考试之法，尤异、廉史科重在功次吏能，本来与考试关系不大。茂才、孝廉意在取士，这在开始主要依赖于举主的观察了解，由举主将被举者的'行、义、年'等书于举状之上，至中央后由有司覆察，无问题即加委任。"[①]这样，举主在整个察举过程中的作用就显得尤为重要，举主本人的德性直接决定了人才选拔的质量。可以说，这种人才选拔制度本身存在很大的主观性和随意性。由于吏治的腐败，很多朝廷官员请托权门，虚假称誉，导致了整个的察举制度存在很大的弊端和漏洞，选举不实的现象时有发生。这一情况，正是王符在以上几篇论人才选拔的相关文章中反映的史实。但是阳嘉新政之后，东汉的察举制度日益法制化。这主要表现在两点：

其一，阳嘉新政实行"诸生试家法，文吏课笺奏"的严格考试制度。也就是说，举荐制度中主观的人为因素降低，通过严格的考试制度，即使是"孝廉"、"茂才"等因声誉卓著而被地方推荐的人才，也要经过必要的考试制度来核实其实际才能。据《后汉书·左雄传》："雄又上言：'郡国孝廉，古之贡士，出则宰民，宣协风教。若其面墙，则无所施用。孔子曰：四十不惑，《礼》称'强仕'。请自今孝廉年不

---

① 阎步克：《察举制度变迁史稿》，北京：中国人民大学出版社，2009年，第61页。

满四十，不得察举，皆先诣公府，诸生试家法，文吏课笺奏，副之端门，练其虚实，以观异能，以美风俗。有不承科令者，正其罪法。若有茂才异行，自可不拘年齿。'帝从之，于是班下郡国。"① 这样，人才荐举的客观因素得到了加强，选举不实的现象得到了有效遏制。

其二，举主选举不实，必须受到相应的责罚。阳嘉二年，据《后汉书·胡广传》："以举吏不实，免。"② 又，《左雄传》："明年（阳嘉二年），有广陵孝廉徐淑，年未及举，台郎疑而诘之。对曰：'诏书曰：有如颜回、子奇，不拘年齿，是故本郡以臣充选。'郎不能屈。雄诘之曰：'昔颜回闻一知十，孝廉闻一知几邪？'淑无以对，乃遣却郡。于是济阴太守胡广等十余人皆坐谬举免黜。"③ 这样，朝廷严格执行察举制度中对举主的赏罚制度，也降低了举主主观因素造成选举虚伪的可能性。

可以说，通过阳嘉新政的实行，东汉社会的察举制度得到了加强，人才选举的质量也得到了保证。我们反观王符的《考绩》篇主张，与阳嘉新政的基本主张并无太大差异。如王符言：

> 凡南面之大务，莫急于知贤；知贤之近途，莫急于考功。功诚考则治乱暴而明，善恶信则直贤不得见障蔽，而佞巧不得窜其奸矣。
>
> 古者诸侯贡士，一适谓之好德，载适谓之尚贤，三适谓之有功，则加之赏。其不贡士也，一则黜爵，载则黜地，三黜则爵土俱毕。附下罔上者死，附上罔下者刑，与闻国政而无益于民者斥，在上位而不能进贤者逐。其受事而重选举，审名实而取赏罚也如此。故能别贤愚而获多士，成教化而安民氓。

王符此言正是主张对被推举之人才及举主要进行严格的考察，虽然王符并没有如左雄一样提出考试制度，但是基本主张还是要对被举之人的才干进行核实。而被举之人的名实是否相符，将与举主的赏罚紧密联系。前引史料已言左雄新政得以实施且"班下郡国"，即便王符隐处陇右，但以其对时局的关注，对此事不当不知。若王符此文作于阳嘉新政之后，将变成对新政内容的重复。所以其必写于阳嘉新政提出并实行之前，也可见王符对选举制度所提出的可行性意见具有前瞻性。另外，

---

① （南朝·宋）范晔：《后汉书》，北京：中华书局，1965年，第2020页。

② （南朝·宋）范晔：《后汉书》，北京：中华书局，1965年，第2073—2074页。

③ （南朝·宋）范晔：《后汉书》，北京：中华书局，1965年，第2020页。

我们还有一条佐证，可知《考绩》篇作年当与《述赦》篇作年相近。《考绩》曰："圣汉践祚，载祀四八，而犹未者，教不假而功不考，赏罚稽而赦赎数也。"王符这里提到"赦赎数"，正说明其作年当在安帝年间。

由此，可以大致推断，《潜夫论》中《考绩》、《论荣》、《贤难》、《明暗》、《潜叹》、《实贡》作年当在阳嘉新政之前，且具体当与《述赦》篇作年相近，以安帝延光元年（124）前后为可能性最大。

四、《浮侈》、《本政》、《思贤》、《忠贵》篇作年考辨

首先，《浮侈》、《本政》、《思贤》三篇文章在《潜夫论》中排列在不同的卷目。然三者却有相似的论述，即皆有对现实中外戚擅权的批判。分别为：

> 《思贤》：自春秋之后，战国之制，将相权臣，必以亲家。皇后兄弟，主婿外孙，年虽童妙，未脱桎梏，由藉此官职，功不加民，泽不被下而取侯，多受茅土，又不得治民效能以报百姓，虚食重禄，素餐尸位，而但事淫侈，坐作骄奢，破败而不及传世者也。

> 《本政》：今世得位之徒，依女妹之宠以骄士，藉亢龙之势以陵贤，而欲使志义之士，匍匐曲躬以事己，毁颜谄谀以求亲，然后乃保持之，则贞士采薇冻馁，伏死岩穴之中而已尔，岂有肯践其阙而交其人者哉！

> 《浮侈》：今京师贵戚，衣服、饮食、车舆、文饰、庐舍，皆过王制，僭上甚矣。从奴仆妾，皆服葛子升越，筩中女布，细致绮縠，冰纨锦绣。犀象珠玉，虎魄玳瑁……箕子所唏，今在仆妾。富贵嫁娶，车軿各十，骑奴侍僮，夹毂节引。富者竞欲相过，贫者耻不逮及。

外戚擅政，是东汉社会重要的特征，也是皇权衰微的主要原因之一。东汉外戚擅权几乎是延续不断的，先后有窦氏、邓氏、阎氏、梁氏四家。其中窦氏集团秉政以窦宪为代表，然其专权仅有四年之久，且其时王符尚年少，其文章所指显然非窦氏。阎氏太后及其兄阎显专权则在北乡侯时期，然总共只有九个月，王符著文批判的可能性也不大。排除了窦氏、阎氏，所剩就只有邓氏、梁氏两家，那王符批判的到底

是哪家呢？首先，我们认为，王符所指为邓氏和熹太后及大将军邓骘的可能性不大，理由如下。

（一）王符对和熹等太后评价很高，持肯定态度

《志氏姓》曰："后汉新野邓禹，以佐命元功封高密侯。孙太后绥性慈仁严明，约敕诸家莫得权，京师清净，若无贵戚；勤思忧民，昼夜不怠。是以遭羌兵叛，大水饥匮，而能复之，整平丰穰。太后崩后，群奸相参，竞加谮润，破坏邓氏，天下痛之。"可见，在王符看来，邓太后实际上是东汉内忧外患之时，力挽狂澜的人物，于汉室有功而无过。

（二）《思贤》、《本政》篇言及外戚，都批判其"陵贤""骄士"，与邓氏家族的亲贤举士的实际情况不符

邓氏家族是东汉外戚中唯一能做到严于律己的权贵之家。据《后汉书·邓骘传》："自祖父禹教训子孙，皆遵法度，深戒窦氏，检敕宗族，阖门静居。骘子侍中凤，尝与尚书郎张龛书，属郎中马融宜在台阁。又中郎将任尚尝遗凤马，后尚坐断盗军粮，槛车征诣廷尉，凤惧事泄，先自首于骘。骘畏太后，遂髡妻及凤以谢，天下称之。"[1]邓氏家族家风可见一斑。又载："时，遭元二之灾，人士荒饥，死者相望，盗贼群起，四夷侵畔。骘等崇节俭，罢力役，推进天下贤士何熙、祋讽、羊浸、李郃、陶敦等，列于朝廷；辟杨震、朱宠、陈禅，置之幕府，故天下复安。"[2]可见，邓氏虽擅权，但是却有奖进贤能之功，与王符所批判的"藉亢龙之势以陵贤"完全不符。

（三）和熹太后的很多主张与王符相近

如邓太后禁止奢华，且严律家属。《后汉书·顺烈邓皇后纪》："方国贡献，竞求珍丽之物，自后即位，悉令禁绝，岁时但供纸墨而已。帝每欲官爵邓氏，后辄哀请谦让，故兄骘终帝世不过虎贲中郎将。"[3]另如和熹邓太后不喜淫祀，这与王符的主张相同。王符《卜列》篇说："且圣王之立卜筮也，不违民以为吉，不专任以

---

① （南朝·宋）范晔：《后汉书》，北京：中华书局，1965年，第616页。

② （南朝·宋）范晔：《后汉书》，北京：中华书局，1965年，第614页。

③ （南朝·宋）范晔：《后汉书》，北京：中华书局，1965年，第421页。

断事。""圣人甚重卜筮，然不疑之事，亦不问也。其敬祭祀，非礼之祈，亦不为也。"
而《后汉书·孝和孝殇帝纪》："夏四月庚申，诏罢祀官不在祀典者。"章怀太子注曰：
"《东观记》曰：'邓太后雅性不好淫祀。'"① 如此，邓太后当政在很多问题上的
主张，当与王符的认识相同，王符必不至非议。

由以上几点我们可以明确看出邓氏家族在东汉外戚中，虽然秉权执政，但是于
整个王朝有匡济之功而无僭越之心，当不是王符批判的目标。王符所指的外戚，以
梁冀家族为是的可能性极大。理由有四：

第一，梁冀秉政之后，擅权专断，残害正直之士。早在梁冀顺帝永和元年（136）
尚未河南尹时，辟崔琦入府，崔琦就作《外戚箴》以讽，其辞有曰："晋国之难，
祸起于丽。惟家之索，牝鸡之晨。专权檀爱，显己蔽人。"② 另据《梁冀传》载梁冀
当时骄横跋扈之状曰："专擅威柄，凶恣日积，机事大小，莫不咨决之。宫卫近侍，
并所亲树。禁省起居，纤微必知。百官迁召，皆先到冀门笺檄谢恩，然后敢诣尚书。"③
另外，在梁冀秉政期间，曾构陷枉杀朝廷正直之士李固、杜乔，为天下人公愤。而
这正与王符所言"藉亢龙之势以陵贤"相合。

第二，梁冀专权后奢侈成性，骄横僭主，与王符《奢侈》篇对贵戚的批判相合。
据《后汉书·梁冀传》："冀乃大起第舍，而寿亦对街为宅，殚极土木，互相夸竞。
堂寝皆有阴阳奥室，连房洞户。柱壁雕镂，加以铜漆，窗牖皆有绮疏青琐，图以云
气仙灵。台阁周通，更相临望；飞梁石蹬，陵跨水道。金玉珠玑，异方珍怪，充积
臧室。远致汗血名马……又起菟苑于河南城西，经亘数十里，发属县卒徒，缮修楼观，
数年乃成。"④

第三，王符《浮侈》篇批判的厚葬之风，当是安帝朝以后之事。《浮侈》篇曰："子曰：
'古之葬者，厚衣之以薪，葬之中野，不封不树，丧期无时：后世圣人易之以棺椁'，
桐木为棺，葛采为缄，下不及泉，上不泄臭。后世以楸梓槐柏杶樗，各取方土所出，
胶漆所致，钉细要，削除铲靡，不见际会，其坚足恃，其用足任，如此可矣……东
至乐浪，西至敦煌，万里之中，相竞用之。此之费功伤农，可为痛心。"胡适先生

---

① （南朝·宋）范晔：《后汉书》，北京：中华书局，1965 年，第 196 页。
② （清）严可均辑：《全上古三代秦汉三国六朝文》，北京：中华书局，1958 年，第 720 页。
③ （南朝·宋）范晔：《后汉书》，北京：中华书局，1965 年，第 1183 页。
④ （南朝·宋）范晔：《后汉书》，北京：中华书局，1965 年，第 1181—1182 页。

曾对东汉的厚葬之风有专门的研究。先生曰："三年之丧在西汉晚年还是绝稀有的事。光武以后，不准官吏丁忧，此制更无法行了……安帝以后，三年之丧已成为选举的一种资格，故久而久之，渐成为一种风俗。"[1]据此，由于丧葬和守孝已经成为入仕的一种必要条件，社会上厚葬之风的兴起就是一种必然的事情，这种风气的形成，尚需一段时日，至梁冀擅政其弊俗为甚。

第四，王符《浮侈》篇批判京师洛阳及梁冀之骄横，与王符行迹相符。《浮侈》篇曰："今举世舍农桑，趋商贾，牛马车舆，填塞道路，游手为巧，充盈都邑，治本者少，浮食者众。商邑翼翼，四方是极。今察洛阳，浮末者什于农夫，虚伪游手者什于浮末。是则一夫耕，百人食之，一妇桑，百人衣之，以一奉百，孰能供之？天下百郡千县，市邑万数，类皆如此，本末何足相供？则民安得不饥寒？"可见，王符对京师洛阳之情状极为了解，且上述贵戚之家的奢华生活，若王符身处边地陇右，是很难有切实感受且有此具体描述的。查《后汉书》卷六《顺帝纪》："（永和六年）十月，徙安定居扶风，北地居冯翊。"[2]王符虽然隐居，当也在边地徙民之列。扶风，地处三辅，距洛阳为近，此时或王符曾到洛阳，或有耳闻，对洛阳奢侈之风自有相当了解。

因此，王符在其《本政》等三篇文章中批判的外戚当时指梁冀等人。进而我们推论，《忠贵》篇作年当也与《浮侈》等篇相距不久。《忠贵》篇是王符针对臣道而发的专论，他在作品中要求为人臣子应该做到"忠"。值得注意的是，该文中大量的篇幅批判了朝臣之中秉政者擅权僭主之事。其文曰：

> 当吕氏之贵也，太后称制而专政，禄、产秉事而握权，擅立四王，多封子弟，兼据将相，外内磐结，自以虽汤、武兴，五霸作，弗能危也。于是废仁义而尚威虐，灭礼信而务谲诈。海内怨痛，人欲其亡，故一朝摩灭而莫之哀也。霍氏之贵，专相幼主，诛灭同僚，废帝立帝，莫之敢违……自以我密，人莫之知，皇天从上鉴其奸，神明自幽照其态，岂有误哉！

王符这段批判，虽然所指皆是汉朝前代僭越专权的外戚，然其所指当是现实。据后汉书·冲帝纪："建康元年立为皇太子，其年八月庚午，即皇帝位，年二岁。

---

① 胡适：《三年丧服的逐渐推行》，《武大文哲季刊》，1930 年第 1 卷第 2 期，第 413—414 页。
② （南朝·宋）范晔：《后汉书》，北京：中华书局，1965 年，第 271 页。

尊皇后曰皇太后。太后临朝。"① 以此为标志，梁氏家族把持朝政就此拉开了序幕。就前论梁冀的暴行，王符显然是含沙射影对梁氏的讽刺，只是其语气较为含蓄罢了。所以其作年当也在永和六年亲眼目睹梁氏专横之后，当与《浮侈》等篇作年相近。

综合以上考辨，我们认为，王符在《思贤》、《本政》、《浮侈》、《忠贵》篇中对外戚专权，浮侈僭主，贤人受难的批判，当是作于梁冀擅政之时。具体时间当定在永和六年（141）随郡内迁后不久，或即在汉安元年、二年（142—143）前后。

五、《班禄》、《三式》、《爱日》、《断讼》、《衰制》篇作年推测

《班禄》、《三式》、《爱日》、《断讼》、《衰制》五篇文章，其作年当以相近为是。我们之所以做出如此推测，主要是根据其篇章内容。这五篇文章具有明显的前后勾连关系。具体为：

> 《三式》：昔宣皇帝兴于民间，深知之，故常叹曰：'万民所以安田里无忧患者，政平讼治也。与我共此者，其惟良二千石。'""今者刺史、守相，率多怠慢，违背法律，废忽诏令，专情务利，不恤公事。细民冤结，无所控告，下土边远，能诣阙者，万无数人，其得省治，不能百一。郡县负其如此也，故至敢延期，民日往上书。

> 《爱日》：今则不然。万官挠民，令长自炫，百姓废农桑而趋府庭者，非朝晡不得通，非意气不得见，讼不讼辄连月日，举室释作，以相瞻视，辞人之家，辄请邻里应对送馈，比事讫，竟亡一岁功，则天下独有受其饥者矣，而品人俗士之司典者，曾不觉也。郡县既加冤枉，州司不治，令破家活，远诣公府。公府不能照察真伪，则但欲罢之以久困之资，故猥说一科，令此注百日，乃为移书，其不满百日，辄更造数，甚违邵伯讼棠之义。此所谓诵诗三百，授之以政，不达，虽多亦奚以为者也。

> 今自三府以下，至于县道乡亭，及从事督邮，有典之司，民废农桑而守之，辞讼告诉，及以官事应对吏者，一人之，日废十万人，人复下计之，一人有事，

---

① （南朝·宋）范晔：《后汉书》，北京：中华书局，1965年，第275页。

二人获饷，是为日三十万人离其业也。以中农率之，则是岁三百万口受其饥也。

《断讼》：非唯细民为然，自封君王侯贵戚豪富，尤多有之。假举骄奢，以作淫侈，高负千万，不肯偿责。小民守门号哭啼呼，曾无怵惕惭怍哀矜之意。苟崇聚酒徒无行之人，传空引满，啁啾骂詈，昼夜鄂鄂，慢游是好。或殴击责主，入于死亡，群盗攻剽，劫人无异。虽会赦赎，不当复得在选辟之科，而州司公府反争取之。且观诸敢妄骄奢而作大责者，必非救饥寒而解困急，振贫穷而行礼义者也，咸以崇骄奢而奉淫湎尔。

从以上的文字考察，三篇文章皆提到了由于官员的尸位素餐导致社会的诉讼繁多，严重影响劳动生产的现象。从对这些现象的描述来看，内容上存在很大的相似性。且《爱日》篇的写作可以看成是对《三式》篇批判的现实所导致的结果的集中阐释，而《断讼》篇的写作则是对《爱日》篇揭露的社会问题提出的解决方案。可以说这三篇文章应该是系列论文。看来，王符将其编在一处并非毫无根据。且无论我们以上的推测是否成立，这三篇文章的作年当不至相距很远，或在相近的一两年之内。也就是说，如果我们可以对此三篇文章中的任何一篇写作时间做出合理的推测，其他两篇的作年也大致可以确定。同时，我们认为，此三篇文章的作年当与《述赦》、《考绩》相距不远。这同样可以通过对这些文章内容的考察来佐证。

首先，如上所论，《三式》等三篇文章反映的社会诉讼频繁，法治混乱，主要的原因就在于官员的不作为。而这种不作为的根本原因还是朝廷官员所用非人，选举失实。这一点，我们可以从《三式》篇找到证据。其文有言："诏书横选，犹乃特进。""今虽未使典始治民，然有横选，当循王制，皆使贡士，不宜阙也。"汪继培笺注曰："'横选特进'犹云'特拜横拜'也。"另据《后汉书·左雄传》云："特选横调，纷纷不绝。"[1] 又，《杨秉传》云："秉与司空周景上言：'内外吏职，多非其人，自顷所征，皆特拜不试。'"又云："时郡国计吏多留拜为郎……宜绝横拜，以塞觊觎之端。'"[2]《李固传》云："先是，周举等八使案察天下，多所劾奏，其中并是宦者亲属，辄为请乞，诏遂令勿考。又旧任三府选令史，光禄试尚书郎，

---

① （南朝·宋）范晔：《后汉书》，北京：中华书局，1965年，第2017页。

② （南朝·宋）范晔：《后汉书》，北京：中华书局，1965年，第1772页。

时皆特拜，不复选试。"① 可见，王符所作的分析，正是指出了诉讼繁民的根本原因就在于选举失实，这正是左雄等人提出阳嘉新政的现实原因。这就基本可以佐证《三式》等三篇作年当也在阳嘉新制，选举考核之制加强之前。

其二，从《三式》篇提出的改进选举的主张来看，与《考绩》篇所言极为相近。《三式》曰："先王之制，继体立诸侯，以象贤也。子孙虽有食旧德之义，然封疆立国，不为诸侯，张官置吏，不为大夫，必有功于民，乃得保位，故有考绩黜刺九锡三削之义。""今列侯年卅以来，宜皆试补长吏墨绶以上，关内侯补黄绶，以信其志，以旌其能。其有韩侯、邵虎之德，上有功于天子，下有益于百姓，则稍迁位益土，以彰有德。其怀奸藏恶尤无状者，削土夺国，以明好恶。"这里王符明确提到了"考绩"，且从内容上看，与《考绩》篇提出的对举主应该实行严格的赏罚以保证选举真实的主张是相印的。

据以上两点的分析，我们认为，《三式》、《爱日》、《断讼》三篇的作年当与《考绩》篇为相近，且必作于阳嘉元年之前。就其内容看，将其系于《考绩》篇作年前后为是。

连类而及似乎可以确定其作年的文章尚有《班禄》篇，其文曰："乃惟慎贡选，明必黜陟，官得其人，人任其职；钦若昊天，敬授民时。"从其"惟慎贡选，明必黜陟"的主张，显然是与《考绩》篇相应，而"钦若昊天，敬授民时"则是与《爱日》篇的观点相合。另，《班禄》又言："君又骤赦以纵贼，民无耻而多盗窃。"这也可与我们前文提出的《考绩》篇与《述赦》篇作年相近的观点相发明。所以，《班禄》篇与《三式》、《考绩》当作于同一时间段当也是合理的推论。

又，《衰制》篇在《潜夫论》中主要阐释的是法治的思想，其主张也主要是希望针对社会现实，通过严明法治来达到治政。而《三式》等篇皆言诉讼之事，正有很多法治的相关内容。且《三式》等文与《述赦》作年又相近，我们推论，《衰制》当是王符论述法治的系列文章之一，其作年也与上论《三式》、《述赦》等作年相距不远。

---

① （南朝·宋）范晔：《后汉书》，北京：中华书局，1965 年，第 2082 页。

六、《卜列》、《巫列》、《相列》、《梦列》、《五德志》、《志氏姓》作年推测

《卜列》等四篇文章，是王符针对东汉社会的淫祀之风而作的专题论文，四篇各以一专题进行论述，当成一系列，且其作年当为相近。我们发现这四篇文章写作的缘起，似乎可以从《浮侈》篇中找到答案。《浮侈》篇曰：

> 今多不修中馈，休其蚕织，而起学巫祝，鼓舞事神，以欺诬细民，荧惑百姓。妇女羸弱，疾病之家，怀忧愤愤，皆易恐惧，至使奔走便时，去离正宅，崎岖路侧，上漏下湿，风寒所伤，奸人所利，贼盗所中，益祸益崇，以致重者不可胜数。或弃医药，更往事神，故至于死亡，不自知为巫所欺误，乃反恨事巫之晚，此荧惑细民之甚者也。

王符在本篇批判了民间迷信思想横行，淫祀泛滥成灾，而从《卜列》等四篇文章的写作来看，正是对此现象所作的正本清源式的阐释。王符在这四篇文章中分别系统阐释了"卜"、"巫"、"相"、"梦"四种民间信仰的渊源及其形成，并且对民众提出了针对性的劝谏。显然，王符作这四篇文章是针对《浮侈》篇中描述的现象所作的论述，通过这四篇文章，王符希望能给民众及统治者提供一种对待卜筮等民间信仰的合理态度及措施，其具体内容正是对《浮侈》篇的补充论证。所以，其写作时间当在《浮侈》篇之后，但不至于太晚。

而根据文章的内容再加分析，《志氏姓》与《五德志》的作年当在《卜列》等四篇文章之后不久，也为同一时期的作品。据《卜列》曰："亦有妄传姓于五音，设五宅之符第，其为诬也甚矣！五帝右据行气，以生人民，载世远，乃有姓名敬民。名字者，盖所以别众狠而显此人尔，非以纪五音而定刚柔也。今俗人不能推纪本祖，而反欲以声音言语定五行，误莫甚焉。"王符《志氏姓》的写作正是针对民间多"不能推纪本祖"而导致的迷信思想泛滥而发。其文章同样是对姓氏问题的一种正本清源的梳理。通过这种梳理，王符要达到的目的正是希望对民间姓氏迷信做一种客观的解释，以正视听。所以其作年当在《卜列》篇写作之后不久。

以上推论可以找到的一条佐证是，《志氏姓》曰："后汉新野邓禹，以佐命元功封高密侯。孙太后绥性慈仁严明，约敕诸家莫得权，京师清净，若无贵戚；勤思

忧民，昼夜不怠。是以遭羌兵叛，大水饥馑，而能复之，整平丰穰。太后崩后，群奸相参，竞加潜润，破坏邓氏，天下痛之。"然据《后汉书·安帝纪》："（建光元年）三月癸巳，皇太后邓氏崩。丙午，葬和熹皇后……五月庚辰，特进邓骘及度辽将军邓遵，并以谮自杀。"章怀太子注曰："乳母王圣与中黄门李闰等诬告尚书邓访等谋废立，宗族皆免官，骘与遵皆自杀。"①据此，邓太后驾崩在建光元年（121），随后，邓氏家族受到安帝乳母王圣及宦官李闰等人的构陷，最终邓骘兄弟自杀。另据《后汉书·顺帝纪》："永建元年春正月甲寅，诏曰：'先帝圣德，享祚未永，早弃鸿烈。奸慝缘间，人庶怨诉，上干和气，疫疠为灾。朕奉承大业，未能宁济。盖至理之本，稽弘德惠，荡涤宿恶，与人更始。其大赦天下。赐男子爵，人二级，为父后、三老、孝悌、力田人三级，流民欲自占者一级；鳏、寡、孤、独、笃癃、贫不能自存者粟，人五斛；贞妇帛，人三匹。坐法当徙，勿徙；亡徒当传，勿传。宗室以罪绝，皆复属籍。其与阎显、江京等交通者，悉勿考。勉修厥职，以康我民。'"②可见，一直到永建元年（126），顺帝即位大赦，邓氏家族才得到平反。而王符此处为邓氏鸣不平，当是永建元年以后的事情。从而可以推定，《志氏姓》的作年也在永建元年之后，而这也可为我们前文推论其作年在《浮侈》篇之后的说法提供一些佐证。

另，《五德志》的作年当与《志氏姓》同时，据《志氏姓》言："故略观世记，采经书，依国土，及有明文，以赞贤圣之后，班族类之祖，言氏姓之出，序此假意二篇，以贻后贤今之焉也。"彭铎先生对此下按语说："此二篇记历代兴亡之迹，借以劝诫，故云'序此假意二篇，以贻后贤今之焉也。'"③这里的"二篇"，指的当是《志氏姓》和《五德志》两篇文章，可见其写作动机相同，作年当在同时。

七、其他篇目的作年考略

以上，我们联系相关史实，对王符《潜夫论》中大部分篇目的写作时限做了推断和考辨，在未作系年的其余篇目中，似乎也可找到部分线索。

① （南朝·宋）范晔：《后汉书》，北京：中华书局，1965年，第233页。
② （南朝·宋）范晔：《后汉书》，北京：中华书局，1965年，第252页。
③ （汉）王符著、（清）汪继培笺、彭铎校正：《潜夫论笺校正》，北京：中华书局，1985年，第464页。

先看《交际》篇。王符的《交际》篇是针对社会上畸形的交际伦理进行的批判，然此篇的写作当并非空穴来风，很可能与当时社会上的批判思潮有很大关系。前考王符当在永和六年随郡内迁，然朱穆在桓帝建和三年（149）作《崇厚论》、《绝交论》、《与刘伯宗绝交书》及诗①，刘梁亦作《破群论》、《辨和同论》。而王符的《交际》篇写作很可能就是在这一风气之下写作的，其作年也与之相近。

另，《赞学》篇基本不涉及社会治政的现实问题，所言皆是传统儒家对学习重要性的理论阐释，当并非"志意蕴愤"之作，应该为王符早年所作。《务本》、《遏利》两篇作年不可详考，但其作年也应该不至于太晚。《本训》、《德化》两篇是王符对自己的治道哲学基础和总体方针的集中阐释，具有总结性质。然考之内容，《德化》篇又是对《本训》思想的运用与阐释，其作年又在《本训》之后，然两篇皆是王符治道思想的总结性篇目，当作于成书前不久。另，《潜叹》篇作年亦难以确考，然当为王符隐居论学之作，当作于晚年。

综上所考，我们可以对《潜夫论》大致编订时间做一推测。古人著书，自序写作当在最后，也是其著作编订之年的重要依据。据《叙录》言："今又丘荒，虑必生心。"所谓"又"当是指安定第二次内迁之后而言。王符所言"虑必生心"，应有再次主张实边之意。然王符此论提出，必在东汉第三次羌乱结束即冲帝永嘉元年（145）之后。参以上论王符《交际》篇作年，又必在建和三年（149）之后，然也不至太晚。所以《潜夫论》的编订，应在桓帝和平元年到元嘉元年之际。如此，到延熹六七年间王符拜访皇甫规，其著作已经流传十几年之久，王符也得以小有声名，而皇甫规也自"素闻符名"。

---

① 陆侃如：《中古文学系年》（上），北京：人民文学出版社，1985 年，第 198 页。

第二章 《潜夫论》版本考索

唐前文献提及《潜夫论》，仅见范晔《后汉书》和刘勰《文心雕龙》等几处，可见其影响在唐前并不是很大，流传也不很广泛。唐代大文学家韩愈著《后汉三贤赞》对王符进行揄扬，其后王符名声始震，为后世历代士子所推崇。而《潜夫论》也得以在这一风气之下受到越来越多的重视，在广为刊刻的情况下，文字也出现了很多差异。我们本节所要解决的问题就是，通过对现有文献中辑录的《潜夫论》佚文的辨析，推测明代以前《潜夫论》的版本及流传情况。同时，根据历代著录及公私藏书家题记、序跋，并充分利用现存各种《潜夫论》版本，辨析其文字异同，勾勒《潜夫论》在明清的版本流传谱系。通过这些考辨和梳理，力求对《潜夫论》的版本及流传情况有一个较为全面的认识。而这，也是我们进一步研究《潜夫论》的重要文献基础。

第一节 《潜夫论》明前版本情况辨析

《潜夫论》版本文献缺失情况严重，尤其是对其明代以前的情况我们所知甚少。现在能见到的最早《潜夫论》版本记载，是元代大通年间刻本以及明代的一些翻刻、影钞宋本。但据各家著录，皆有残缺、讹误。我们从《史记索隐》、《意林》、《元和姓纂》、《太平御览》等书中，共辑出《潜夫论》佚文十余条。这些佚文，均不见于今存各本《潜夫论》。诚然，由于引书者的疏略，这些佚文存在一些讹误，我们此处一并勘正。但同时，通过对这些佚文的辨析，我们可以大致了解《潜夫论》明代以前的版本和流传情况及其内在原因。

一、《潜夫论》佚文辨析

（1）唐司马贞《史记索隐》引：

王符云："太上皇名煓。"①

又见宋洪迈《容斋随笔·三笔》卷九：

汉高祖父母姓名。汉高祖父曰太公，母曰媪，见于史者如是而已。皇甫谧、王符始撰为奇语云：太公名执嘉，又名煴。媪姓王氏。②

另，明陈士元《名疑》卷三：

皇甫谧、王符等云太公名执嘉，一云名煴，字执嘉。③

按，三处引文，皆言王符曾提及汉高祖父名，当为《潜夫论》佚文，"煓"和"煴"为文献流传中形近而讹，应从司马贞《索隐》为"煓"。

（2）唐林宝《元和姓纂》卷二：

《潜夫论》：楚公族有舒坚文叔为大夫。④

该文从文义看，当为《志氏姓》佚文。

（3）唐马总《意林》卷三：

《潜夫论》：仁义不能月升，财帛而欲日增，余所恶也。⑤

此段佚文属《潜夫论》无疑，然所属具体篇目，尚待考。王仁俊《玉函山房辑佚书续编三种·经籍佚文》曾将其辑出，并加按语云："周君注：此节元书无，疑正论之错简。"⑥张觉先生曾认为"根据其引文次序及文义，此条或当为《赞学》之

① （汉）司马迁：《史记》，北京：中华书局，1959年，第342页。
② （宋）洪迈：《容斋随笔》，上海：上海古籍出版社，1978年，第520页。
③ （明）陈士元：《名疑》，光绪十七年三余堂刻湖北丛书本。
④ （唐）林宝撰，郁贤皓、陶敏整理：《元和姓纂》（第一册），北京：中华书局，1994年，第223页。
⑤ （唐）马总：《意林》卷三，上海涵芬楼影印武英殿聚珍版，四部丛刊本。
⑥ （清）王仁俊：《玉函山房辑佚书续编三种·经籍佚文》，上海：上海古籍出版社，1989年，第456页。

佚文，当紧接于原文'迈其德也'之后。"①

然我们认为，张先生的说法恐难成立。我们先引《赞学》篇相关文字：

> 是故君子之求丰厚也，非为嘉馔、美服、淫乐、声色也，乃将以底其
> 道而迈其德也。

本段文字王符论学习之目的，但以上一段佚文很明显将"仁义不能月升"和"财帛而欲日增"形成对举，突出的重点是实行仁义，与此处论学殊不类。将其置于此处，与后文"夫道成于学而藏于书，学进于振而废于穷"也无法衔接。所以，我们认为，此段佚文当另觅其位。我们考《遏利》篇全文所言多见"德义"与"财"对举，此段佚文恐属该篇。

（4）唐马总《意林》卷三：

> 《潜夫论》曰：扁鹊治病，审闭结而通郁滞，虚者补之，实者泻之。犹边境犬羊，不可久荒以开敌心。②

今本《潜夫论·实边》：

> 夫土地者，民之本也，诚不可久荒以开敌心。且扁鹊之治病也，审闭结而通郁滞，虚者补之，实者泻之，故病愈而名显。

据汪继培的笺注曰："'开敌心'旧作'开垦'，据《意林》改。"③按，《意林》为唐代文献，比汪继培所据的元明刻本为早，其文献的可靠性更强。所以，"犹边境犬羊"五字当为《实边》佚文，其文义与文章主题正合。且就文字前后衔接言，马总的引文也要优于汪笺。

（5）唐马总《意林》卷三：

> 一宅，同姓相代，或吉或凶，一官，同姓相代，或迁或免，成康居之而兴，幽厉居之而衰，吉凶兴衰在人，不由宅矣。师旷曰：赤色不寿。姓大者易灭。姓或有因官、因号、因居、因地者，司马、司徒、中行、下军，因官也；东门、

---

① 张觉：《潜夫论校注》，长沙：岳麓书社，2008 年，第 653 页。

② （唐）马总：《意林》卷四，上海涵芬楼影印武英殿聚珍版，四部丛刊本。

③ （汉）王符著、（清）汪继培笺、彭铎校正：《潜夫论笺校正》，北京：中华书局，1985年，第285页。

西都、南宫、北郭，因居也；三乌、五鹿、青牛、白马，因地也。^①

今本《潜夫论·卜列》：

> 俗工又曰："商家之宅，宜西出门。"此复虚矣。五行当出乘其胜，
> 入居其陬乃安吉。商家向东入，东入反以为金伐木，则家中精神日战斗也。
> 五行皆然。又曰："宅有宫商之第，直符之岁。"既然者，于其上增损门
> 数，即可以变其音而过其符邪？今一宅也，同姓相代，或吉或凶；一官也，
> 同姓相代，或迁或免；一官也，成、康居之日以兴，幽、厉居之日以衰。
> 由此观之，吉凶兴衰，不在宅明矣。

今本《潜夫论·志氏姓》：

> 王氏、侯氏、王孙、公孙，所谓爵也；司马、司徒、中行、下军，所
> 谓官也；伯有、孟孙、子服、叔子，所谓字也；巫氏、匠氏、陶氏，所谓事也；
> 东门、西门、南宫、东郭、北郭，所谓居也；三乌、五鹿、青牛、白马，
> 所谓志也。

比较以上文字，《意林》中言姓氏的一段与《志氏姓》很相似，似乎马总是将不相干的两段文字抄到了一起。其实不然，我们发现：首先，《意林》作为对子书言论的摘抄，其体例为不相连的两段文字，一定会空格隔开。但这里没有，说明马总见到的文献正是如此。第二，我们可以从这段引文的文义上来考察。就"一宅，同姓相待"之前的文字，皆是王符批驳汉代术数将姓氏与五行及五音相配合来判定吉凶的荒谬说法。"姓"，正是王符论证的核心问题。在批驳了错误的观点之后，王符正应该正本清源，说明"姓氏"的来历。这样，马总引文中"姓大者易灭"一段也就是顺理成章。因此，可以肯定其为此处佚文。另，虽然此处文字与《志氏姓》文字相似，但王符两篇文章中出现相似文字，本属正常现象，怀疑正因为这个原因，该段佚文被后人所误删。

（6）唐令狐德棻等《周书·乐运传》卷四十乐运奏章中引：

---

① （唐）马总：《意林》卷三，上海涵芬楼影印武英殿聚珍版，四部丛刊本。

王符著论，亦云："赦者，非明世之所宜。"大尊岂可数施非常之惠，以肆奸宄之恶乎？帝亦不纳。①

又，唐李延寿《北史》卷六十二引：

王符著论，亦云："赦者，非明世之所宜有。"大尊岂可数施非常之惠，以肆奸宄之恶乎？帝亦不纳。②

这句《潜夫论》佚文又见宋郑樵《通志》及明杨士奇《历代名臣奏议》等，但不见于今本各版《潜夫论》，且不见于《群书治要》及《后汉书》本传引文。考虑到现传各本《潜夫论》均有残缺，而《群书治要》和《后汉书》引文皆为节录文字。所以，据文义，可断定为《述赦》篇佚文。

（7）宋罗愿《尔雅翼》卷二十八引：

王符称：世俗画龙之状，马首蛇尾，又有三停九似之说，谓自首至膊，膊至腰，腰至尾，皆相停也。九似者，角似鹿，头似驼，眼似鬼，项似蛇，腹似蜃，鳞似鱼，爪似鹰，掌似虎，耳似牛。头上有物如博山，名尺木。龙无尺木不能升天，其为性麤猛而畏铁，爱玉及空青，而嗜烧燕肉，故尝食燕者不可渡海。又言：蛟龙畏楝叶、五色丝。③

又，明冯复京《六家诗名物疏》卷二十五：

《尔雅翼》云：王符称：世俗画龙，马首蛇尾，将雨则吟，其声如夏铜盘旋，能发众香，其嘘气成云，反因云蔽身。故不可见。又言：蛟龙畏楝叶、五色丝。④

又，清陈大章《诗传名物集览》卷六：

《尔雅翼》：王符称：世俗画龙，马首蛇尾，将雨则吟，其声如夏铜盘旋，

① （唐）令狐德棻等：《周书》，北京：中华书局，1971年，第722页。
② （唐）李延寿：《北史》，北京：中华书局，1974年，第2220页。
③ （宋）罗愿：《尔雅翼》卷三，《丛书集成初编》本，上海：商务印书馆，1935年，第297页。
④ （明）冯复京：《六家诗名物疏》卷六，《景印文渊阁四库全书》第80册，台湾商务印书馆股份有限公司，2008年，第292页。

能发众香，其嘘气成云，反因云蔽身，故不可见。①

此两者为二次引用文献，然又见明代卢之颐《本草乘雅半偈》卷一：

> 王符称：世俗画龙之状，马首蛇尾。又有三停九似之说，谓自首至膊，
> 膊至腰，腰至尾，皆相停也。九似者，角似鹿，头似驼，眼似鬼，项似蛇，
> 腹似蜃，鳞似鱼，爪似鹰，掌似虎，耳似牛也。或曰：龙无耳，故以角听。
> 又云：骊龙之睟，见千里纤芥。《论衡》云：龙头上有骨，如博山形。名
> 曰尺木，无尺木者，不能升天，其为性麤猛而畏铁，爱玉及空青，而嗜燕，
> 故食燕人不可渡海。又曰：蛟龙畏楝叶及五色线。②

比较这些文献，罗愿的引文似乎有《论衡》文字掺杂，可能存在混淆两者的情况。
相似的材料见于《论衡·龙虚》：

> ①《山海经》言四海之外，有乘龙蛇之人。世俗画龙之象，马首蛇尾。
> 由此言之，马蛇之类也。③

> ②短书言龙无尺木，无以升天。又曰升天，又言尺木，谓龙从木中升
> 天也。④

从文字上来看，这段《潜夫论》佚文与《论衡》文字十分相似。然并不能据此断定"王
符"为"王充"之误。原因是：

1）《本草乘雅半偈》先言王符，后言《论衡》。若"王符"为"王充"之误，
则卢之颐不必再言《论衡》。

2）《本草乘雅半偈》四次引《论衡》文字，皆作"《论衡》曰"而不作"王充称"，
可见其所引必为两书。

3）这段标为王符所言的佚文，将其与今本《论衡》相似文献比较，其中仅第
①句有部分相同。其余文字都不见于今本《论衡》。第②句虽然卢之颐明言来自《论

---

① （清）陈大章：《诗传名物集览》卷六，三余堂刻《湖北丛书》本，光绪十七年。
② （明）卢之颐：《本草乘雅半偈》，北京：人民卫生出版社，1986年，第59—60页。
③ 黄晖：《论衡校释》，北京：中华书局，1990年，第285页。
④ 黄晖：《论衡校释》，北京：中华书局，1990年，第289页。

衡》，但这句恰是王充引用来作为批驳对象的文字，不能作为王充的观点引用。且王充言明其说法来自"短书"，即当时子书中的说法。那完全有可能是王符在论述中引用了同一材料，且就文字情况来看，比王充的引用还更加详细具体。

所以，就此分析，加之王符《潜夫论》论述中经常广征博引，记录了大量诸子材料的情况来看，我们不能排除其为王符《潜夫论》佚文。唯其该属何篇尚难确定。

（8）宋罗泌《路史》卷三十九引：

> 王符氏论阴阳巫祝之说曰：贤人君子，秉心正直，可与言也。世俗小人，丑妾婢妇，浅陋愚憨，渐染既成。又数扬精而破胆矣。今不顺其精诚所向，而强之以其所畏，直亦增病尔。是犹羸病之人且畏蝼蚁，而欲俾之观虎，其与怖而死者又速矣。①

今本《潜夫论·卜列》该段文字为：

> 此谓贤人君子秉心方直，精神坚固者也。至如世俗小人，丑妾婢妇，浅陋愚蕙，渐染既成，又数扬精破胆。今不顺精诚所向，而强之以其所畏，直亦增病尔。何以明其然也？夫人之所以为人者，非以此八尺之身也，乃以其有精神也。人有恐怖死者，非病之所加也，非人功之所辜也。然而至于遂不损者，精诚去之也。孟贲狎猛虎而不惶，婴人畏蝼蚁而发闻。今通士或欲强羸病之愚人，必之其所不能，吾又恐其未尽善也。

两相比较，"是犹羸病之人"一句为今本所无。从前后文的衔接来看，此句正好与"孟贲狎猛虎而不惶，婴人畏蝼蚁而发闻"形成照应，可断定为此处佚文。

（9）宋陈旸《乐书》卷一百三十一引：

> 三礼图有雅簧，上下各六，声韵谐律，亦一时之制也。《潜夫论》曰：簧，削锐其头，有伤害之象，塞蜡蜜，有口舌之类，皆非吉祥善应也。然则巧言如簧，而诗人所以伤谗良有以也。②

---

① （宋）罗泌：《路史》，《景印文渊阁四库全书》第383册，台湾商务印书馆股份有限公司，2008年，第59页。

② （宋）陈旸：《乐书》卷一百三十一，广州板存菊坡精舍，光绪二年刻本。

又，元马端临《文献通考》卷一百三十八：

> 《潜夫论》曰：簧，削锐其头，有伤害之象，塞蜡蜜，有口舌之类。皆非吉祥善应也。然则巧言如簧，而诗人所以伤谗良有以也。①

此段文字今本《潜夫论·浮侈》曰：

> 或坐作竹簧，削锐其头，有伤害之象，傅以蜡蜜，有甘舌之类，皆非吉祥善应。或作泥车、瓦狗、马骑、倡排，诸戏弄小儿之具以巧诈。诗刺"不绩其麻，女也婆娑"。今多不修中馈，休其蚕织，而起学巫祝，鼓舞事神，以欺诬细民，荧惑百姓。

将其与两处引文相比较，脱去了"然则巧言如簧"一句。两处引文相同，可证确为《潜夫论》原文。加之王符论政喜欢引《诗》，且经常解说《诗》意作为自己的论据，后文引《诗》可证。这段脱去的文字正好是借《诗》意论说，与王符论述习惯相合。当为《浮侈》篇此处佚文。其解说诗意的言说方式，可能是其脱佚的主要原因。

（10）宋李昉《太平御览》卷九引：

> 《潜夫论》曰：黄帝梦大风吹天下尘土，得风后以为相。②

又，宋叶廷珪《海录碎事》卷九上：

> 吹尘梦　《潜夫论》：黄帝梦大风吹天下尘土，得风后以为相。③

相似的文献有《尚史》卷二十三：

> 《帝王世纪》：黄帝梦大风吹天下之尘垢，皆去。又梦人执千钧之弩，驱羊万群。帝寤而叹曰：风为号令，执政者也。垢去土，后在也。天下岂有姓风名后者哉？夫千钧之弩，异力者也，驱羊万群，能牧民为善者也。天下岂有姓力名牧者哉？于是依二占以求之，得风后于海隅登以为相，得

---

① （元）马端临：《文献通考》，北京：中华书局，1986年，第1222页。
② （宋）李昉等：《太平御览》，石家庄：河北教育出版社，1994年，第82页。
③ （宋）叶廷珪撰，李之亮校点：《海录碎事》，北京：中华书局，2002年，第428—429页。

力牧于大泽进以为将。①

按，今人辑本《帝王世纪》收录了此段文字。②《帝王世纪》出自皇甫谧，为王符稍后人物。其《帝王世纪》记载了很多《史记》等书未见的古史材料。王符所引材料与《帝王世纪》记载相合，且较简略。两者可能出于同一材料来源。可能正是因为两处文献相似，导致后人误删。当为《潜夫论》佚文，从其文义看，应该置于《梦列》篇。

（11）宋李昉《太平御览》卷七十七引：

> 《潜夫论》曰：天作道，皇作极，臣作辅，人作基。又曰：王之政普覆兼爱，吉凶祸福与民共之。③

该文后半句见今本《潜夫论·救边》：

> 圣王之政，普覆兼爱，不私近密，不忽疏远，吉凶祸福，与民共之。

此文前半句又见汉荀悦《申鉴·政体一》：

> 天作道，皇作极，臣作辅，人作基。④

从《太平御览》连引两条《潜夫论》文献来看，当不是误引。考虑到汉人引用文献常不注明出处，也不排除王符和荀悦皆引自前代文献，所以可能为《潜夫论》佚文。两处文献相似的性质，可能导致后人误删。就其文义来看，或为《本政》篇佚文。

（12）明方以智《通雅》卷三十四引：

> 王符《潜夫论》有："细要青藤。"⑤

按，"细要"见《潜夫论·浮侈》："钉细要，削除铲靡。"方以智此处引文

---

① （清）李锴：《尚史》卷二十三，悦道楼乾隆三十八年刻本。

② （晋）皇甫谧：《帝王世纪》，济南：齐鲁书社，2000年，第7页。

③ （宋）李昉等：《太平御览》，石家庄：河北教育出版社，1994年，第664页。

④ （汉）荀悦：《申鉴》，《丛书集成初编》本，上海商务印书馆，1935年，第1页。

⑤ （明）方以智：《通雅》，《景印文渊阁四库全书》第857册，台湾商务印书馆股份有限公司，2008年，第661页。

论棺木器具，与王符所论相合。然"青藤"不见今各本《潜夫论》。方以智两者并举，"青藤"或亦为《浮侈》篇佚文。

（13）明杨慎《升庵集》卷八十一引：

> 自照。王符《潜夫论》：蓬中拾自照。谓萤火也。[1]

又，明方以智《通雅》卷四十七：

> 王符曰：蓬中拾自照。谓萤火也。[2]

清陈大章《诗传名物集览》卷五：

> 王符曰：蓬中拾自照。谓此腐草木得湿而光亦有明验。众说并为萤火，近得实矣。[3]

考《太平御览》卷七百六十九引《潜夫论》中有："人行之动天地，譬车上御驷马，蓬中耀舟，虽有覆载，犹在我所之。"[4]

然比较以上几家文字，"谓萤火也"应该也为《潜夫论》佚文，且紧接"蓬中拾自照"。今版汪继培《潜夫论笺》认为"蓬中拾自照"为《本训》篇"蓬中擢舟船"之误[5]。如此，则"谓萤火也"句将无处安顿。所以，我们认为："蓬中拾自照。谓萤火也。"或为《潜夫论》它篇佚文。

（14）明杨慎《丹铅余录》卷十二引：

> 以吾一日长乎尔，长老也，无吾以也，以用也。孔子言已老矣，不能用也，而付用世于四子也。故三子皆言用世也，暂之言亦用世而非大用也，冠者童子，雩祭人也。浴乎沂，涉沂水也，象龙从水中出也。风乎舞雩，风歌也，咏而馈，咏歌馈祭也。职既轻于抱关击柝，事更迩于乡俗里闾，不必居夷之远，

---

[1] （明）杨慎：《升庵全集》，上海：上海商务印书馆，民国二十六年，第1077页。

[2] （明）方以智：《通雅》，《景印文渊阁四库全书》第857册，台湾商务印书馆股份有限公司，2008年，第876页。

[3] （清）陈大章：《诗传名物集览》卷五，三余堂刻《湖北丛书》本，光绪十七年。

[4] （宋）李昉等：《太平御览》，石家庄：河北教育出版社，1994年，第198页。

[5] （汉）王符著、（清）汪继培笺、彭铎校正：《潜夫论笺校正》，北京：中华书局，1985年，第367页。

浮海之险也。偶一为之，时适其适也，自适其适而不适人之适也。夫子与之者，意在言外，喟然者，所感深矣。此王符之说，古必有授。韩退之以浴为沿，非宋人尧舜气象，天地同流之说，又过矣。曾皙狂者也，本有用世大志，而知世之不我以也。故为此言以销壮心而耗余年。此风一降则为庄列，再降则为嵇阮矣，岂可鼓之舞之推波助澜哉。①

按，杨慎这段论述指《论语·先进》中的"侍坐"章：

子路、曾皙、冉有、公西华侍坐。子曰："以吾一日长乎尔，毋吾以也。居则曰：'不吾知也。'如或知尔，则何以哉？"子路率尔而对曰："千乘之国，摄乎大国之间，加之以师旅，因之以饥馑，由也为之，比及三年，可使有勇，且知方也。"夫子哂之。"求尔何如？"对曰："方六七十，如五六十，求也为之，比及三年，可使足民。如其礼乐，以俟君子。赤尔何如？"对曰："非曰能之，愿学焉。宗庙之事，如会同，端章甫，愿为小相焉。""点尔何如？"鼓瑟希，铿尔，舍瑟而作，对曰："异乎三子者之撰。"子曰："何伤乎！亦各言其志也。"曰："莫春者，春服既成，冠者五六人，童子六七人，浴乎沂，风乎舞雩，咏而归。"夫子喟然叹曰："吾与点也！"三子者出，曾皙后。曾皙曰："夫三子者之言何如？"子曰："亦各言其志也已矣。"曰："夫子何哂由也？"曰："为国以礼，其言不让，是故哂之。唯求则非邦也与？安见方六七十，如五六十，而非邦也者？唯赤则非邦也与？宗庙会同，非诸侯而何？赤也为之小，孰能为之大？"②

照杨慎这段描述，王符《潜夫论》中有对"侍坐"章的解读。然今所见各版《潜夫论》均不见相关记载。杨慎在其《丹铅余录》及《升庵集》中曾多次将"王充"误作"王符"（见后文辨误）。我们先考察王充《论衡》中有相关"侍坐"章的论述。其《明雩》篇曰：

---

① （明）杨慎：《丹铅余录》，《景印文渊阁四库全书》第855册，台湾商务印书馆股份有限公司，2008年，第74页。

② （魏）何晏注、（宋）邢昺疏：《论语注疏》，（清）阮元刻：《十三经注疏》本，北京：中华书局，1980年，第2499页。

何以言必当雩也？曰：《春秋》大雩，传家在〔丘明〕、公羊、谷梁无讥之文，当雩明矣。曾晳对孔子言其志曰："暮春者，春服既成，冠者五六人，童子六七人，浴乎沂，风乎舞雩，咏而归。"孔子曰："吾与点也！"鲁设雩祭于沂水之上。暮者，晚也；春谓四月也。春服既成，谓四月之服成也。冠者、童子，雩祭乐人也。[①]

我们在《论衡》这段文字中丝毫找不到对"侍坐"章孔子之意解读，而仅仅是就"雩"祭来论述。因此杨慎所言与《论衡》的相关论述不类。当确为《潜夫论》佚文有相关论述。理由是：

1）王符《潜夫论》经常引用孔子之言及相关事迹，并对其展开分析论述。而本段文字正是对孔子言行的评述。

2）此处《论语·先进》"侍坐"章这段文字评述思想，与东汉社会中晚期士人心态颇有契合之处，也或与王符晚年的隐士心态相印。

唯不能断定为《潜夫论》何篇佚文，或为《叙录》中自解之词。

（15）明末曹学佺《蜀中广记》卷七十八引：

王符论曰：郭玉者，广汉人也。初，有老父不知何出。常渔钓于涪水，因号涪翁。乞食人间。见疾者，时下针石，辄应时而见效。乃著《针经》《诊脉法》传于代。弟子程高，寻求积年，玉乃授之，高亦隐迹不仕。和帝时，玉为大医丞。多有效应，帝奇之，乃试令嬖臣美手腕者，与女子杂处帷中。使玉各诊一手，问所疾苦。玉曰："左阳右阴，脉有男女。状酷异人，臣疑其故。"帝叹息称善。

玉仁爱不矜，虽贫贱厮养，必尽其心力。而至疗贵人时，或不愈。帝乃试令贵人羸服变处，一针即差。召问状。对曰："医之为言意也，腠理至微，随意用巧，针石之间，毫芒即乖。神存于心手之际，可得解而不可得言也。大贵者处尊高以临臣，臣怀怖慑以之。其为疗也，有四难焉：自用意而不任臣，一难也；将身不谨，二难也；骨节不强，不能使药，三难也；好逸恶劳，四难也。针有分寸，时有破漏，重以恐惧之心，加以裁慎之志，臣意且犹

---

① 黄晖：《论衡校释》，北京：中华书局，1990年，第673—674页。

不尽，何有于病哉！此其所为不愈也。"帝善其对，年老卒官。[1]

这段材料又见《后汉书·方术列传·郭玉传》：

> 郭玉者，广汉洛人也。初，有老父不知何出，常渔钓于涪水，因号涪翁。乞食人间，见有疾者，时下针石，辄应时而效，乃著《针经》、《诊脉法》传于世。弟子程高，寻求积年，翁乃授之。高亦隐迹不仕。玉少师事高，学方诊六微之技，阴阳隐侧之术。和帝时，为太医丞，多有效应。帝奇之，仍试令臂臣美手腕者与女子杂处帷中，使玉各诊一手，问所疾苦。玉曰："左阳右阴，脉有男女，状若异人。臣疑其故。"帝叹息称善。
>
> 玉仁爱不矜，虽贫贱厮养，必尽其心力，而医疗贵人时，或不愈。帝乃令贵人羸服变处，一针即差。召玉诘问其状。对曰："医之为言意也。腠理至微，随气用巧，针石之间，毫芒即乖。神存于心手之际，可得解而不可得言也。夫贵者处尊高以临臣，臣怀怖慑以承之。其为疗也，有四难焉；自用意而不任臣，一难也；将身不谨，二难也；骨节不强，不能使药，三难也；好逸恶劳，四难也。针有分寸，时有破漏，重以恐惧之心，加以裁慎之志，臣意且犹不尽，何有于病哉！此其所为不愈也。"帝善其对。年老卒官。[2]

按，从文字上看，两者仅有细微的差别。然范晔著书多引《潜夫论》，恐确为《潜夫论》原文。从文字内容上看，王符喜以医病言治国，加之其文章往往博举事例，可能为《思贤》篇佚文。文章大肆描写人物事迹，带有史传性质，可能正因此为后人误删。

（16）清李锴《尚史》卷二引：

> 《潜夫论》：德莫高于博爱人，政莫高于博利人，故政莫大于信，治莫大于仁。吾慎此而已也。[3]

相同文献又见贾谊《新书·修政语上》：

---

① （明）曹学佺：《蜀中广记》卷七十八，上海商务印书馆影印《文渊阁四库全书》本，1935 年。

② （南朝·宋）范晔：《后汉书》，北京：中华书局，1965 年，第 2735 页。

③ （清）李锴：《尚史》卷二，悦道楼乾隆三十八年刻本。

帝喾曰：德莫高于博爱人，政莫高于博利人，故政莫大于信，治莫大于仁。吾慎此而已也。①

据此可知，本段可能为上古文献记载。此佚文很可能正是因为与《新书》所引相同，导致后人误删。王符言政，主张德治，著有《德化》篇，帝喾这段言论与其思想相同。且王符著文广征博引，喜用先圣言论作为论据，所以此段文字当为《潜夫论》佚文。另，《潜夫论》全书言及帝喾者，仅有《五德志》一篇，或为《五德志》佚文。

二、《潜夫论》佚文正误

历代引用王符及《潜夫论》文献中，由于引书者的疏略，不免出现错误。我们在辑佚过程中发现，为免以讹传讹，兹正误于此。

（1）明杨慎《丹铅余录·总录》卷十一：

王符自赞　汉王符《自叙赞》云：章和二年，罢州家居，年渐七十，时可悬舆，仕路隔绝，志穷无如，年有不然，身有利害，发白齿落，日月逾迈，畴伦弥索，鲜有恃赖，贫无供养，志不娱快，历数冉冉，庚辛或际，虽惧终徂，愚犹沛沛。②

又，明方以智《通雅》卷十：

升庵引：汉王符《自叙赞》曰：历数冉冉，庚辛或际，虽惧终徂，愚犹沛沛。③

明冯惟讷《古诗纪》卷一百五十六：

王符　汉王符《自叙赞》云：章和二年，罢州家居，年渐七十，时可悬舆，仕路隔绝，志穷无如，年有不然，身有利害，发白齿落，日月逾迈，俦伦弥索，

---

①　（汉）贾谊撰，阎振益、钟夏校注：《新书校注》，北京：中华书局，2000年，第360页。

②　（明）杨慎：《丹铅余录·总录》，《景印文渊阁四库全书》第855册，台湾商务印书馆股份有限公司，2008年，第441页。

③　（明）方以智：《通雅》，《景印文渊阁四库全书》第857册，台湾商务印书馆股份有限公司，2008年，第252页。

鲜有恃赖，贫无供养，志不娱快，历数冉冉，庚辛或际，虽惧终徂，愚犹沛沛。《丹铅余录》（冯注）[①]

又，清吴景旭《历代诗话》卷三十：

> 王符《自叙赞》云：章和二年，罢州家居，年渐七十，时可悬舆。[②]

按，该段见今本王充《论衡》，其《自纪》篇曰：

> 材小任大，职在剌割，笔札之思，历年寝废。章和二年，罢州家居。年渐七十，时可悬舆。仕路隔绝，志穷无如。事有否然，身有利害。发白齿落，日月逾迈，俦伦弥索，鲜所恃赖，贫无供养，志不娱快。历数冉冉，庚辛域际，虽惧终徂，愚犹沛沛。[③]

可见，这段《自叙赞》为王充《自纪》。另，章和二年王符尚未出生，断不会有此自叙。杨慎疏略，讹误在先，方以智、冯惟讷不察，误转引在后，然还可归咎于杨氏。惟吴景旭错引，实为不该。兹录于此，以证讹传。

（2）杨慎《丹铅余录·总录》卷十三：

> 子见南子：子见南子，子路不悦，子矢之辞亦甚昭矣。而后世王符刘子玄犹有异说。虽朱子谓矢为誓，否谓不合理，不由道。亦浅之乎观圣贤矣？孔鲋云：古者大享，夫人与焉？于时犹有行之者，意卫君夫人享夫子，则夫子亦弗获已矣。栾肇曰：见南子者，时不获也。犹文王之居羑里也。天厌之者，言我之否屈，乃天命所厌也。合二说而观之，则矢者直告之，非誓也。否音否塞之否，古者仕于其国则见其小君，子路意以孔子既不仕卫矣，而又见其小君，是求仕不说者，不说夫子之仕，非不说夫子之见也。子直告之曰，予道之不行其否屈，乃天弃绝也，天之所弃，岂南子所能兴？而吾道赖之行哉？见之者不过答其礼耳。如此则圣贤之心始白，而王符之

---

① （明）冯惟讷：《古诗纪》，《景印文渊阁四库全书》第1380册，台湾商务印书馆股份有限公司，2008年，第686页。

② （清）吴景旭：《历代诗话》，《景印文渊阁四库全书》第1483册，台湾商务印书馆股份有限公司，2008年，第203页。

③ 黄晖：《论衡校释》，北京：中华书局，1990年，第1208—1209页。

徒亦无所吠其声矣。①

此论又见杨慎《升庵集》卷四十五，文字与此全同。照此，似乎王符有对"子见南子"之事的论述。然相关论述并不见今所见《潜夫论》各版本。再考王充《论衡·问孔》篇：

> 孔子见南子，子路不悦。子曰："予所鄙者，天厌之！天厌之！"南子，卫灵公夫人也，聘孔子，子路不说，谓孔子淫乱也。孔子解之曰：我所为鄙陋者，天厌杀我。至诚自誓，不负子路也。问曰：孔子自解，安能解乎？使世人有鄙陋之行，天曾厌杀之，可引以誓；子路闻之，可信以解；今未曾有为天所厌者也，曰天厌之，子路肯信之乎？行事，雷击杀人，水火烧溺人，墙屋压填人。如曰雷击杀我，水火烧溺我，墙屋压填我，子路颇信之；今引未曾有之祸，以自誓于子路，子路安肯晓解而信之？行事，适有卧厌不悟者，谓此为天所厌邪？案诸卧厌不悟者，未皆为鄙陋也。子路入道虽浅，犹知事之实。事非实，孔子以誓，子路必不解矣。②

可见，"子见南子"，孔子自誓之事的相关论述为王充所言，此又杨慎误将"王充"作"王符"一例。

在文献流传的过程中，由于王充与王符在《后汉书》中同传，且韩愈《后汉三贤赞》将其齐名揄扬，对后世影响很大。导致很多人在引用文献时往往将两人混淆，实有澄清之必要。

三、《潜夫论》明前版本情况简析

以上我们辨析了从历代文献中辑录出的《潜夫论》佚文，虽然有类书的引用为证，也不排除个别条目存在误引的可能。如我们前文辨正的《丹铅余录》引文。但是从整体上来看，《潜夫论》存在佚文，而且还不少。这些佚文上自北周，下迄元末明清，时间跨度很大。我们结合历代征引《潜夫论》文献情况，进一步分析以上的佚文现象，从而探究《潜夫论》明前版本的一些相关情况。

---

① （明）杨慎：《丹铅余录·总录》，《景印文渊阁四库全书》第855册，台湾商务印书馆股份有限公司，2008年，第479—480页。

② 黄晖：《论衡校释》，北京：中华书局，1990年，第410—412页。

就现在所能见到的后世对《潜夫论》的引用情况来看，先唐文献对《潜夫论》的引用仅见范晔《后汉书》本传引《浮侈》等五篇，刘勰《文心雕龙·诸子》提及一次，郦道元《水经注》引《五德志》一次，萧绎《金楼子》提及王符名字一次。另外就是上论乐运在奏疏中引《潜夫论》一条。可见先唐《潜夫论》的流传并不广泛，所存版本应该也比较单一。其文字差异主要出现在范晔《后汉书》对所引五篇的修改。

唐代马总《意林》征引《潜夫论》十六条，其中据我们辑录有佚文三条。考虑到马总的《意林》依据为南梁廖仲容的《子钞》，为先唐文献。令狐德棻的《周书》及李延寿的《北史》所记乐运为北周时期人，其所据也为先唐文献。司马贞《史记索隐》著于唐开元中。林宝等人的《元和姓纂》著于唐宪宗时期。所以，一直到中唐时期，《潜夫论》版本或仍较为完整。

当然，此时可能已经存在残缺的本子。唐代《群书治要》引《潜夫论》五篇文字，与今本相较，已经出现了文字上的不同。尤其是《思贤》篇脱去了"虽有尧、舜之美，必考于周颂；虽有桀、纣之恶，必讥于《板》、《荡》"一句及"夫生饭穱粱，旨酒甘醪，所以养生也，而病人恶之，以为不若菽麦糠糟欲清者，此其将死之候也。尊贤任能，信忠纳谏，所以为安也，而暗君恶之，以为不若奸佞阘茸谗谀之言者，此其将亡之征也。老子曰：'夫唯病病，是以不病。'《易》称'其亡其亡，系于苞桑'"。的一段文字。但《群书治要》是摘抄的性质，加之脱漏的内容为王符论政中比喻论证的部分，为魏征等人不取的可能性也很大。但不排除其所据为《潜夫论》残本。

宋代的佚文情况较多，这主要是唐代韩愈《后汉三贤赞》的揄扬，使得王符的名声越来越大。《潜夫论》的流传也日广。宋代社会学术风气下考史、释经的学者们开始关注《潜夫论》，所以对其中的名物及史料相对注意。这一方面为我们保留了很多珍贵的《潜夫论》佚文；另一方面，也由于这种重视，宋人或者已经开始对《潜夫论》进行整理，《太平御览》中的佚文，可能正是因为整理过程了发现其与前代论著有相同之处而误删。从而加剧了《潜夫论》文字的混乱情况。

承此之风到元明，《潜夫论》版本错乱现象不断。据上节我们的考察，《潜夫论》版本现在尚能见到如冯舒的影钞明翻宋本，其较能反映宋本的原貌。把这些佚文与冯舒的本子相较，说明至少在宋代，《潜夫论》很多版本确已残缺错乱。汪继培自称其见到过元代大德间刻本，其笺注时参照的是程荣本和何允中本。而这些明刻本很多都来自宋元刻本。由此可以推断，至少在宋代，《潜夫论》较为完整的本子就已经很少见了。同时，也有金刻本流传（详后）。而元代大德年间的刻本可能依据的正是一个存在残缺错乱的本子。而且，这些残本的流传反而较广。当然，存在佚文的这个善本也一直存在。

正因为如此，明代《潜夫论》版本虽然据我们所考，多达十几种，但是较为混乱。据傅增湘的《藏园群书题记》和《藏园订补郘亭知见传本书目》记载，其中很多版本一直到清末尚能见到。这些版本中可能正有翻印宋代存有佚文的善本。所以，一直到明代的杨慎、明末曹学佺及清代的李锴仍能看到这些珍贵的文献，并在其著述中保留了《潜夫论》部分佚文。这也说明，无论是明末的程荣、陈春，还是清代的王谟、汪继培，在刊刻和整理《潜夫论》时，限于条件，都未能完全利用流传的各种《潜夫论》版本。

总之，在明代以前，先唐《潜夫论》版本可能较为单一，也较为完整。唐代可能存在残本，但相对比较完整。到宋元时期，随着《潜夫论》传播日广，已经存在很多的不同残本。流传到明清，影响较大的仍是相对残缺错乱的本子。相对完整的善本一直到清末尚存。可惜清代研究者未能全见或给予足够的重视。

第二节　《潜夫论》明清版本流传考

《潜夫论》的版本，从历代官方及私人藏书著录来看，唐前很少被著录和提及，唐宋之际开始著录于正史《艺文志》及私人藏书目录。可考的版本流传记录，最早为金刻本，据傅增湘《藏园群书题记·〈潜夫论〉明刊本跋语》曰：

> 此书旧传塘栖劳氏丹铅精舍有金刻本，为钱东涧旧藏，今已无可踪迹。[①]

另据丁丙的《善本书室藏书志》载：

> 《潜夫论》十卷　明刊本　王符　塘西劳氏丹铅精舍有金刻《潜夫论》

---

① 傅增湘：《藏园群书题记》，上海：上海古籍出版社，1989年，第296—297页。

卷段第一行但标"王符"二字。为钱蒙叟、冯研祥藏本。①

据此，该金刻本可考的流传谱系应为：钱谦益→冯文昌→劳经元。由于文献阙如，其后去向不明，实为可惜。

另，元代大德年间的刻本，今天已经很难见到。然清代汪继培在其《潜夫论笺自序》中言其校勘时曾以此本为底本，并对其相关情况做了简要介绍：

> 别有旧本，与白虎通德论、风俗通义合刻。风俗通义卷首题云"大德新刊"，三书出于同时，盖元刻也。
>
> 元刻文字视程本为胜，《边议》、《巫列》、《相列》、《梦列》、《释难》诸篇，简编脱乱，不如程本，其《务本》、《遏利》、《慎微》、《交际》、《明忠》、《本训》、《德化》、《志氏姓》诸篇，各本脱乱并同。②

此即为元刻本的大致情况。明代开始，《潜夫论》传播日广，其版本也出现了很多，有的到清末仍有记载，有的一直到现在我们还能看到。以下我们就对《潜夫论》版本在明清的刊刻和流传情况加以考述。

一、《潜夫论》已佚明刊本考

明代《潜夫论》刻本有多种，就私家藏书著录的情况来看，差异较大，其中很多今已不可见。现考录如下：

傅增湘在《藏园群书题记·〈潜夫论〉明刊本跋语》中说：

> 此书旧传塘栖劳氏丹铅精舍有金刻本，为钱东涧旧藏，今已无可踪迹。元大德间与《白虎通》、《风俗通义》合刊者，题曰"新刊三种"，今亦已不见流传。明刊亦有数本，余见盛意园家有十行十八字本，版狭小而刻工草率，曾为吴佩伯收之，匆匆未得校勘，不知其善否也。此本昔年得之南中，半叶十行，每行二十字，白口，左右双尾，序跋不存，莫辨为何时

---

① （清）丁丙：《善本书室藏书志》，《续修四库全书》史部第 923 册，上海：上海古籍出版社，2002 年，第 331 页。

② （清）汪继培：《潜夫论汪氏笺》，《湖海楼丛书》本，明嘉靖二十二年到二十四年刻本。

所梓，刻工不精，然字体挺劲，尚存古意，要是正、嘉间风气。门下士刘世孙曾假校一遍，言其佳字出于冯巳苍校本之外者颇多。按瞿氏《铁琴铜剑楼书目》所举明翻宋本，胜程荣本处甚多，如《三式》篇"稷离"不误作"稷禹"，《德化》"砥夭"不误"砥砺"，《姓氏》篇"则不能故也"不误"改也"。今以此本核之，其胜异正同，是亦可推为善本，未可以镌工粗率而抑之。

考近时藏家书目，钱塘丁氏、虞山瞿氏、归安陆氏皆藏有明刊本，然按其版式均与此不合。可知此本至为稀见。余昔年领教部时，曾以部檄调取江南馆所储冯巳苍所校宋本，临校于程荣本上。异时有暇，当更去兹本比勘之，其异同得失视宋本若何，方可以此定此刻之品第，不徒以罕觏而见珍也。①

以上傅增湘的跋语，为我们了解明代《潜夫论》版本情况，提供了重要的信息。就其跋语来看，他当时见到的明刊本就有几种：

（1）清末藏书家盛昱藏有明代刊本，刊刻年代不详。其版式为"十行十八字本，版狭小而刻工草率"，曾经为校勘家吴慈培收藏。再据傅增湘《藏园群书经眼录》（第三册）著录：

> 《潜夫论》十卷　汉王符撰　明刊本　十行十八字，版心甚小，刊刻不精。（盛昱遗书，吾代吴君慈培收之。）②

另，汉阳刘苍润今藏有吴慈培《蟫香室知见明版善本书目》一册，为吴慈培手稿本，当著录有此本《潜夫论》的具体情况，限于条件，未能查阅。

（2）傅增湘所收藏的明刻本。该本"半叶十行，每行二十字，白口，左右双尾，序跋不存"，巾箱本③，刊刻年代未详。虽然"刻工不精"，但是"字体挺劲，尚存古意"，所以傅增湘认为是"正、嘉间风气"。据其门人刘世孙假校后言"其佳字出于冯巳苍校本之外者颇多"。

---

① 傅增湘：《藏园群书题记》，上海：上海古籍出版社，1989年，第296—297页。
② 傅增湘：《藏园群书经眼录》（第三册），北京：中华书局，1983年，第550页。
③ 傅增湘：《双鉴楼善本书目》，台湾广文书局，1969年，第183页。

其《藏园群书经眼录》（第三册）著录：

> 《潜夫论》十卷 汉王符撰 明正嘉间刊本，十行十八字（敏按：当为二十字），白口，左右双阑，刻工不精而有古致，与前代吴佩伯（慈培）所购者不同，然版口乃分作一二三四卷，殊非古也。（已购得，辛酉）①

另据《藏园订补郘亭知见传本书目》子部儒家类"潜夫论"条下补：

> ○明正德嘉靖间刊本，十行二十字，白口，左右双阑，版心分记一至四册，其佳处与海虞瞿氏目中所举明翻宋本胜程荣《汉魏丛书》本处多合，余藏。②

另外，傅增湘言："考近时藏家书目，钱塘丁氏、虞山瞿氏、归安陆氏皆藏有明刊本，然按其版式均与此不合。"可见，傅增湘所见几家私藏明刊本，皆与他所藏明刊本不同，且不同于以上诸本。因而，清代流传明刊本尚有：

（3）瞿镛藏本。据其《铁琴铜剑楼藏书目录》著录：

> 《潜夫论》十卷 明刊本 汉王符撰 此本出明初重刻朱本。今以新安程本相较，胜处颇多，如《三式》篇"稷离"不误作"稷禹"，《德化》"砥矢"不误"砥砺"，《姓氏》篇赐禹姓姒氏不误。姒氏"则不能故也"不误"改也"。"王孙氏"不误"五孙氏""盖须胸之女也"不误言也。略举什一，足证旧本之可贵矣。卷首尾有璜川吴氏图书，士礼居、臧海宁、陈鳣观诸朱记。③

按，据此可知此本曾为清代雍正年间藏书家吴铨所藏，黄丕烈、陈鳣曾借阅此本。另据丁丙的《善本书室藏书志》，此本后经丁丙收藏。据傅增湘的题记可知为明初翻宋本，在文字上可能与傅增湘本相近，但在具体版式上不同。

（4）陆心源十万卷楼藏明正德刊本。据陆心源《皕宋楼藏书目》：

① 傅增湘：《藏园群书经眼录》（第三册），北京：中华书局，1983年，第550页。
② （清）莫友芝撰、傅增湘订补、傅熹年整理：《藏园订补郘亭知见传本书目》（第二册），北京：中华书局，1993年，第27—28页。
③ （清）瞿镛：《铁琴铜剑楼藏书目录》，《续修四库全书》史部第926册，上海：上海古籍出版社，2002年，第230页。

《潜夫论》十卷　汉王符撰明正德（1506—1521）刊本。①

另据《皕宋楼藏书志》卷四十：

《潜夫论》十卷　汉王符撰。②

此本具体版式及文字情况不可详考，但傅增湘所见，认为其与以上各本不同。

（5）明金台汪谅刊本。此本莫友芝曾见。③另据《中华印刷通史》载：

金台汪谅刻书最多。嘉靖元年刻印《文选注》。于该书目录后附刻鬻
书广告、刻书牌记：金台书铺汪谅，现居正阳门内西第一巡更铺对门。今
将所刻古书目录列于左，及家藏古今书籍，不能悉载，愿市者览焉。广告
所列目录如下：……重刻《潜夫论》、汉王符撰，一部……以上俱古本。④

这段文献很重要，可见1522年后，汪谅金台书院翻刻了《潜夫论》，且所据版
本至少是宋元版本。

（6）明代朱凯家藏明刊本。据都穆《南濠居士文跋四卷》卷一："潜夫论十卷
汉安定王符节信撰……友人朱尧民家藏旧本不欲秘为己有，遂刻之以传……"⑤朱尧
民即朱凯（1444—1513），明代藏书家，辞世于明正德年间。其所藏旧本至少应该
是明初刻本。据都穆所言，朱凯此藏本刊刻年代正可能为上述正德年间刻本，不可
详考，兹录于此。

（7）明代沈与文藏宋版翻刻本。据黄丕烈跋：

余旧藏本为沈与文、吴岫所藏。冯己苍所藏，即从此出。中有缺叶，

---

①　（清）陆心源：《皕宋楼藏书目》，《续修四库全书》史部第928册，上海：上海古籍出版社，
2002年，第427页。

②　（清）陆心源：《皕宋楼藏书志》卷四十，光绪八年壬午冬月十万卷楼藏版。

③　（清）莫友芝撰、傅增湘订补、傅熹年整理：《藏园订补郘亭知见传本书目》（第二册），北京：
中华书局，1993年，第27页。

④　张树栋等：《中华印刷通史》，北京：印刷工业出版社有限公司，1999年，第312页。

⑤　（明）都穆：《南濠居士文跋四卷》，《续修四库全书》史部第922册，上海：上海古籍出版社，
2002年，第625页。

出冯抄之后所补，故取冯抄校之，已多歧异……余家向藏一本，已易出。①

据此可知，该本曾为沈与文、吴岫收藏，后入尧翁之手。其后易出，该本到尧翁手时已有缺页。且此本并非尧翁其后收藏的最古明刻本。曾有学者将两者混为一谈，实属误会。②可知，此版本的刻本可考的流传谱系为：沈与文、吴岫→冯舒→黄丕烈。其后去向不明。

（8）明代都察院刊刻《潜夫论》。据《百川书志》著录：都察院　潜夫论。③其《百川书志》撰成于1540年，则可知该本刊刻于此年之前。

（9）明代嘉靖隆庆间刻本。据王国维《传书堂藏善本书志》子部儒家著录：

> 《潜夫论》十卷　明刊本　王符。明嘉、隆间刊本，与大德刊《白虎通》、《风俗通》行款同，盖亦影元本也。④

另见《周秦汉魏诸子知见书目》：

> 《潜夫论》十卷　王符　明隆庆间景元刻本（乌程蒋氏传书堂藏）。⑤

可见该本曾为乌程蒋氏家族的传书堂所藏，现不知去向。

（10）明嘉靖刊本。据王国维《传书堂藏善本书志》子部儒家：

> 《潜夫论》十卷　明刊本　王符　此嘉靖间刊本，后附明后汉书列传。

有"冯氏三余堂收藏"、"强学斋图书"、"茅斋玩赏"、"长乐"诸印。⑥

另见《周秦汉魏诸子知见书目》：

---

① （清）黄丕烈：《士礼居藏书题跋记》，《续修四库全书》史部第923册，上海：上海古籍出版社，2002年，第736—737页。

② 张觉：《王符〈潜夫论〉考》，《古籍整理研究学刊》，1999年第4期。

③ （明）高儒等：《百川书志·古今书刻》，上海：古典文学出版社，1957年，第325页。

④ 王国维：《传书堂藏善本书志》，房鑫亮主编《王国维全集》（第九卷），杭州：浙江教育出版社、广东教育出版社，2009年12月，第477—478页。

⑤ 严灵峰：《周秦汉魏诸子知见书目》（第五卷），台北：台湾正中书局，1977年，第504页。

⑥ 王国维：《传书堂藏善本书志》，房鑫亮主编《王国维全集》（第九卷），杭州：浙江教育出版社、广东教育出版社，2009年12月，第478页。

《潜夫论》十卷　王符　明嘉靖间刊本（乌程蒋氏传书堂藏）[1]

该本同样曾为乌程蒋氏家族的传书堂所藏，现不知去向。

就以上考察来看，《潜夫论》上述明刻本很多到清末还能见到。但是在经过了中国近代的民族灾难之后，这些珍贵文献多数不知去向。从《中国古籍善本书目子部》收录情况来看，以上版本今已很难见到。

二、《潜夫论》现存明刊本考

《潜夫论》现在能见到最早的本子即是明刻本。据我们所见，有以下几种：

（一）明代今可见全本《潜夫论》

（1）现藏北京图书馆的有黄丕烈跋明刻本《潜夫论》十卷。黄丕烈在其跋语中说：

　　《潜夫论》以此本为最古，明人藏弄率用此。余旧藏本为沈与文、吴岫所藏。冯己苍所藏，即从此出。中有缺叶，出冯抄之后所补，故取冯抄校之，已多歧异。顷从坊间购此，首尾完好，适五柳主人应他人之求，遂留此辍彼。丙寅夏荛圃识。[2]

另据丁丙的《善本书室藏书志》载：

　　《潜夫论》十卷　明刊本　王符　塘西劳氏丹铅精舍有金刻《潜夫论》卷段第一行但标"王符"二字。为钱蒙叟、冯研祥藏本。此虽明刊，卷段题名亦只二字。黄荛翁《士礼居题跋·潜夫论》以此本为最古。[3]

再据张金吾《爱日精庐藏书志》：

　　《潜夫论》十卷，明刊本，汉王符撰　尝取是本校程荣本，改正颇多，

---

① 严灵峰：《周秦汉魏诸子知见书目》（第五卷），台北：台湾正中书局，1977年，第504页。

② （清）黄丕烈：《士礼居藏书题跋记》，《续修四库全书》史部第923册，上海：上海古籍出版社，2002年，第736—737页。

③ （清）丁丙：《善本书室藏书志》，《续修四库全书》史部第923册，上海：上海古籍出版社，2002年，第331页。

《氏姓篇》尤甚。则《潜夫论》自宋椠外，是本其最善者。①

该本据几家所见，与当时流传颇广的程荣本相比，胜处甚多。该本后费士玑的跋语评价道：

> 予读《潜夫论》数周，所读系程荣刻本，中间讹谬不少，辄以意签于上方，惜无善本可证。今假菉翁所藏此本校之，得十之二三："稷契"作"稷高"，"高"即"契"字也，程本误作"稷禹"；"砥矢"者，"砥矢"也，"矢"古"矢"字，即诗"周道如砥，其直如矢"，程刻改作"砥励"。又按此本并无缺叶，板心八十九者，即八十七也，系误刻；其九十页虽缺，仍不缺，文理皆贯，特误空一叶叶数耳。②

可见其校勘价值很大。另外，据笔者所见，书后手写：

> 《潜夫论》一册，讬非石大兄代交。谢谢。浚有跋语呈：正此请，午
> 安丕　菉圃二兄大人　愚弟费士玑敬呈　十八日
> 　　本书照元刻本版式卷首标目，标王符字样。文字同四部，页眉有零星批语。仅是第一篇，有部分标点，可见批阅未完。③

此当为费士玑语，鉴于该本不容易见到，兹录于此。该本就目前所见，可谓孤本，弥足珍贵。

（2）明万历十年（1582）胡维新辑刊的《两京遗编》本。版式为九行十七字，四周双阑，白口，双鱼尾，两册。每卷卷首标"王符"及各篇篇目。该本与冯舒的影钞本相较，脱去了卷五《边议》从"范蠡收责于故胥"到"编不可救而安者"的一段文字，卷六、七、八的文字也有部分错乱。另，其卷篇目也有遗漏和错乱现象。如篇目和正文中《巫列》题作"正列"，但是在《叙录》篇中却题作"巫列"。该本1937年上海商务印书馆影印出版了《两京遗编》，所以比较容易见到。

（3）明万历年间程荣校刊的《汉魏丛书》本，该书每卷均标有"汉　安定王符

①　（清）张金吾：《爱日精庐藏书志三十六卷续志》，《续修四库全书》史部第925册，上海：上海古籍出版社，2002年，第406页。

②　（汉）王符著：《潜夫论》，明刻本，刊刻年代不详（现藏国家图书馆）。

③　（汉）王符著：《潜夫论》，明刻本，刊刻年代不详（现藏国家图书馆）。

著 明 新安程荣校"两行字样,所以一般称为程荣本。版式为九行二十字,白口,左右两边。书末附有《后汉书》王符本传。《汉魏丛书》前载屠隆序作于万历壬辰(1592)①,所以其刊刻年代应该是其稍后。该本很多误字与冯舒钞本相同,可知其也是出自明代仿宋刻本。如《赞学》"必先读其书",两本皆误作"读其智","可羞于鬼神"皆误作"可著于鬼神"。然这并不代表其出自冯舒影钞的沈与文藏明刻本。该本现在国内能见到的有:

1)黄廷鉴校本。最后落款:

> 黄琴六先生精校元刻善本,月宵先生覆校。虞山张蓉轨珍藏。

有朱笔在每卷首标篇目及"王符"字样。在错乱的"气之使"段有标点。首页标:

> 元版每半叶十行,行十八字,卷首皆有总目,低三格一行一目。顶格。
> 朱批即是照此。②

另,此本为明刻本,落款却说为"元刻善本",殊失严谨。然从其所言元版版式来看,似乎黄廷鉴见到过元刻本,未详。现藏国家图书馆古籍馆普通古籍阅览室。

2)丁绍基跋本。现藏齐齐哈尔市图书馆,未见。兹录于此。

《汉魏丛书》现在比较容易见到的本子是1925年上海涵芬楼影印本。1992年吉林大学出版社曾以此影印本为底本,重出缩印本。所以该本当为常见版本。

(4)明代万历年间何允中刊刻的《广汉魏丛书》本。该本流传不广,现南京图书馆有藏本。据张觉先生所见,复旦大学图书馆藏有其残卷。③该本删去了程荣本中每卷卷首的"汉 安定王符著 明 新安程荣校"两行字,版式上与程荣本基本相同。南京图书馆今藏本有卢文弨校本,题曰:"乾隆丙子春三月以程荣本校。"有"文弨校正","抱经堂"二印。另有丁丙跋语。据丁丙《善本书室藏书志》:

> 《潜夫论》 十卷 明刊本 数间草堂藏书 汉安定王符著 抱经先
> 生朱笔题曰:"乾隆丙子春三月以程荣本校"。朱墨校字无叶无之,有文

---

① (明)程荣辑刊、(清)黄廷鉴校:《潜夫论》,明万历年间刻汉魏丛书本(现藏国家图书馆)。

② (明)程荣辑刊、(清)黄廷鉴校:《潜夫论》,明万历年间刻汉魏丛书本(现藏国家图书馆)。

③ 张觉:《王符〈潜夫论〉考》,《古籍整理研究学刊》,1999年第4期。

弨校正，抱经堂二印。①

可知卢文弨曾将此本与程荣本进行过校对，每叶都有卢文弨朱笔校对的印记，该本其后为丁丙所藏，后辗转入南京图书馆。值得辨明的还有一点，即汪继培《潜夫论笺自序》中说："王符《潜夫论》行于今者，有明程荣本、何镗本。何本出于程，不为异同。"②此处汪继培所言何镗本，当为何允中本。考王谟《增订汉魏丛书序》言："是书（指《汉魏丛书》）辑自括苍何镗，旧目原有百种，新安程氏版行，仅梓三十七种。武林何氏允中，又搜益其半，合七十六种，而前序则东海屠隆撰。"③可见何镗仅仅是辑目，并未刊刻过《汉魏丛书》，他所言当是何允中本。今据上考，何本与程本大致相同，亦与汪继培"何本出于程，不为异同"之说相印。

（二）明代今可见选本《潜夫论》

明代除全本外，还有一些选本：

（1）明沈津的《潜夫论类纂》一卷。隆庆元年（1567）刊本。节录王符《潜夫论》中《忠贵》、《浮侈》、《实贡》、《爱日》、《述赦》五篇文字，不加篇目，无注。前有《潜夫论题辞》。该本收入沈氏《百家类纂》中。④按，《百家类纂》有隆庆元年含山县儒学刻本。现吉林省图书馆藏有隆庆四年刻本并抄补本两套。限于条件，未见。国家图书馆有缩微图书胶卷可供查阅。

（2）明陆可教、李廷机辑《潜夫论玄言评苑》，卷数不详，明万历年间刻本。节录王符七篇原文，间附双行夹注并加圈点、眉批。杂引余有丁、苏澹、姚宽、杨维桢各家说。收入二人辑《诸子玄言评苑》中。明光裕堂刊本。现藏日本公立公文书馆。⑤

（3）明陈深于万历十九年（1591）年辑刊《诸子品节》。其卷四十七节录了《潜夫论》中《贤难》、《贵忠》、《实贡》、《爱日》、《述赦》、《交际》、《明忠》

---

① （清）丁丙：《善本书室藏书志》，《续修四库全书》卷十五史部第927册，上海：上海古籍出版社，2002年，第331页。

② （清）汪继培：《潜夫论汪氏笺》，《湖海楼丛书》本，明嘉靖二十二年到二十四年刻本。

③ （清）王谟：《增订汉魏丛书序》，清乾隆五十六年刻本。

④ 严灵峰：《周秦汉魏诸子知见书目》（第五卷），台北：台湾正中书局，1977年，第506页。

⑤ 严灵峰：《周秦汉魏诸子知见书目》（第五卷），台北：台湾正中书局，1977年，第506页。

七篇文章的片段。双行简注，并加眉批、圈点、旁注。有明万历十九年刊本。[①]山西省图书馆现藏万历十八年刻本。另，国家图书馆有缩微图书胶卷可供查阅。

（4）明黄嘉惠点校《潜夫论》十卷。无注、圈点。首题"汉安定王符著、黄嘉惠阅"。该本收在《广汉魏丛书》内。后有明代嘉靖间修补刊本，九行二十字，小字，双行同，白口，左右双边单鱼尾。现藏国家图书馆。

（5）明张邦翼《汉魏丛书选》，节录《潜夫论》原文五十六则，无注。首题"汉安定王符著"。该本有明万历四十六年刊本。[②]限于条件，未见。

（6）明归有光辑《诸子汇函》，文震孟参订并刊行。刊刻年代为明天启五年（1625）。该书卷二十二节录了《潜夫论》中《实贡》、《贵忠》、《爱日》、《述赦》、《明忠》五篇文章。其中《述赦》、《实贡》、《忠贵》文字上从《后汉书》本传，《明忠》、《爱日》从《潜夫论》。但是也偶有错误。如《贵忠》篇，"帝王之所尊敬者"，误作"帝王之所辱敬者"。《明忠》篇"所以求之非其道尔"误作"所道求之非其道尔"。版式为九行十八字，小字双行，白口，四周单边，单鱼尾。间双行注、圈点。眉批和文末录茅坤、王世贞、何燕泉、李西涯、何元朗、余同麓等各人评语。前有王符传略。该本现藏国家图书馆，可查阅。[③]

（7）明陈仁锡评选《诸子奇赏》前集中有《潜夫论奇赏》一卷，节录《潜夫论》部分原文，以文评为主。前有王符小传及《潜夫论序》。该本现在有明天启六年三径斋刊本。[④]现藏浙江图书馆。国家图书馆有缩微图书胶卷可查阅。

（8）明陈继儒辑《古今粹言》四十一卷，其中辑录部分《潜夫论》原文，版式为十一行二十一字，白口，四周单边，单鱼尾。刊刻年代不能详考。该本现藏国家图书馆，可查阅。

（9）明王衡辑录《诸子类语》其中节录《潜夫论》部分原文，分类归入各目内。无注。版式为九行二十二字，白口，四周单边。国家图书馆现藏明代童云野《新刊王太史汇选诸子类语》四卷本，可参阅。

（10）明叶绍泰《增定汉魏六朝别解》，其中节录《潜夫论·梦列》全篇文字成一卷，

① 严灵峰：《周秦汉魏诸子知见书目》（第五卷），台北：台湾正中书局，1977年，第507页。
② 严灵峰：《周秦汉魏诸子知见书目》（第五卷），台北：台湾正中书局，1977年，第507页。
③ （明）归有光辑：《诸子汇函》，明天启五年刻本（现藏国家图书馆）。
④ 严灵峰：《周秦汉魏诸子知见书目》（第五卷），台北：台湾正中书局，1977年，第508页。

加以圈点，并有按语。该本有明崇祯十五年采隐山居刊本。后有清钞本。[①] 未见。

（11）明张运泰、余元熹汇评《汉魏六十名家文》其中的《东汉文》卷，收录《潜夫论》部分篇章，并汇集各家评点。该本前有署名"魏予良述"的王符本传，目录前有"云间翁元益象韩　豫章黄国琦五湖　鉴定——古谭　张运泰来情　余元熹延穉汇评"字样，共对《潜夫论》中《赞学》、《务本》、《贤难》、《责忠》、《浮侈》、《实贡》、《述赦》、《爱日》、《劝将》、《梦列》、《明忠》、《交际》、《德化》十三篇进行了评点。每篇首题名王符。版式为十行二十七字，白口，四周单边。间双行注，每篇眉批和文后总批节录了茅坤、王世贞、钟惺、何燕泉等人的评语。值得注意的是，很多相同篇目的评语与《诸子汇函》本同。文字上采《潜夫论》而不采《后汉书》。该本的清刻本现藏国家图书馆，可查阅，具体刊刻时间不详。

三、《潜夫论》清代版本流传考

《潜夫论》在清代流传很广，可考见的版本有以下几种：

（1）清代顺治五年冯舒家钞本。冯舒校并跋。该本版式为十行十八字，白口，左右双阑。每卷篇目后接正文。四本。末有朱题云："戊子六月得沈与文所藏宋版翻刻本。因命工影钞此书。谬误颇多。无从改定，借笔点定一次，殊失句读，后之读者勿晒。七月初三日，默庵老人书。"前有钱曾题云："《潜夫论》时本不可读，此乃印钞宋本者。冯苍已详识于其末，校对亦精。须珍之。"[②] 据此可见，这是冯舒从沈与文处得到所藏的翻刻宋版本，于是又影钞了一本。另据丁丙《善本书室藏书志》载，该本其后为述古堂藏，且"曾经稽瑞楼、杨芸士、袁漱六诸家藏，图章累累"[③]。再据《稽瑞楼书目》著录：

《潜夫论》十卷，钞本四册。[④]

据此，该钞本能考见的流传谱系为：冯舒→钱曾→陈揆→杨文荪（号芸士）→

① 严灵峰：《周秦汉魏诸子知见书目》（第五卷），台北：台湾正中书局，1977年，第508页。

② （汉）王符：《潜夫论》，《四部丛刊》本，上海涵芬楼，1919年。

③ （清）丁丙：《善本书室藏书志》，《续修四库全书》史部第927册，上海：上海古籍出版社，2002年，第331页。

④ （清）陈揆：《稽瑞楼书目》，《丛书集成初编》本，上海：上海商务印书馆，1935年，第30页。

袁芳瑛（漱六）→丁丙。该本原藏江南图书馆，现藏北京图书馆。另外，内蒙古自治区图书馆现藏佚名录清冯舒校并跋、丁丙跋的清钞本①，当与此本属相同版本，具体不详。

需要说明的是钱曾的跋语将其称为"影钞宋本"，然该本实际上为影钞明代翻刻宋本，这种说法殊失严谨。直接导致其后以讹传讹，有人认为该本为"现存最早之本"②。对此，张觉先生已经有所澄清。③但是，该本毕竟很好地保留了宋本的原貌，确值得珍视。1919 年，上海涵芬楼曾以此本为底本辑刊入《四部丛刊》。上海商务印书馆 1929 年影印《四部丛刊》，又于 1936 年出版了《四部丛刊》的缩印本。另，上海古籍出版社也于 1990 年 9 月又影印了这种缩印本《潜夫论》，与陆贾《新语》合刊。所以该本现在已经广为流传，很容易见到。

（2）乾隆甲戌（1754）镇原周泰元等据《汉魏丛书》本重刻的本子。该本前附有多人序跋，依次为：李方泰序、周泰元序、谢悦如序、路于兖序、张士育题记、方承统序、张镇、方恒跋。其后是《后汉书》王符本传及《后汉三贤赞》。该本有慕寿祺家藏本。民国二十六年（1937）时任甘肃第六区行政督察专员武威县县长袁耀廷取慕寿祺藏本铅刻重印若干部。在书前又依次加上了慕寿祺序、马步青跋、袁耀廷序。最后附有捐刻人姓名及校对人姓名。校对人：潘珩、丁旭载、方炎、常筱实。封面：题字署名周介祠　丁丑冬日。《巫列》题名错印作"正列"，河西印刷局承印，凉州城内东大街。该重印本现藏国家图书馆，可参阅。

（3）乾隆三十七年（1772）纪昀等人奉敕纂修《四库全书》，收《潜夫论》。其中的《文渊阁四库全书》本原藏北京故宫，后被运到台湾。现藏台湾故宫博物院。该本为手钞本。台湾商务印书馆 1986 年影印了《文渊阁四库全书》。大陆有上海古籍出版社又于 1990 年缩印版，所以该本很容易看到。四库馆臣在校钞《潜夫论》的时候，下了很大的工夫校勘比对，所以该本从文字上看，与程荣本、冯舒本皆不尽同。有些文字与《诸子品节》及邵孟遴校本、湖海楼刊汪笺本相同，具有很高参考价值。

（4）乾隆三十八年（1773）于敏中等辑录的《摛藻堂四库全书荟要》本，该本

---

① 中国古籍善本编辑委员会编：《中国古籍善本书目·子部》(上)，上海：上海古籍出版社，1989 年，第 45 页。

② （清）汪继培：《潜夫论笺》，北京：中华书局，1979 年 4 月，第 3 页。

③ 张觉：《王符〈潜夫论〉考》，《古籍整理研究学刊》，1999 年第 4 期。

为钞本，现藏台湾的博物馆。该本现在有台湾世界书局1986年的影印本，与晋张华《博物志》合订为一册，现国家图书馆有藏本，可查阅。

（5）乾隆五十六年（1791）王谟辑刊《增订汉魏丛书》。该本版式为九行二十字，白口，左右双边，单鱼尾。除《释难》篇部分文字外，其他各篇皆有标点。另如《爱日》、《梦列》篇部分文字还加了圈注。卷一下标："汉　安定王符著　都昌邵孟遴校"。但该本以邵孟遴校本为底本，重新作了校对，因而在文字上稍有差异。书后有王谟写的《潜夫论》跋，对王符的生平事迹及《潜夫论》的内容进行了简单的评述。该本现在全国很多图书馆皆藏。如国家图书馆、南京图书馆等。有的直接题作《汉魏丛书》。该本其后有很多翻刻本，据笔者所知有：

1）光绪二年（1876）蜀南卢秉钧红杏山房翻刻本（现藏国家图书馆）。

2）光绪六年（1880）王氏三余草堂刊本。①

3）光绪二十年（1894）湖南艺文书局刊本（现藏国家图书馆）。

4）宣统三年（1911）上海大通书局石印本。

5）民国四年（1915）蜀南卢氏修补红杏山房翻刻本。

6）民国六年（1917）上海育文书局石印本（现藏国家图书馆）。

7）2011年9月，西南师范大学出版社出版《增订汉魏丛书附汉魏遗书钞》六册。（南京图书馆有藏本）

（6）嘉庆二十二到二十四年（1817—1819）陈春辑刊的《湖海楼丛书》收录了汪继培的《潜夫论汪氏笺》。该书书首题曰"嘉庆丁丑仲夏"、"萧山湖海楼陈氏雕版"。前有汪继培和王绍兰的序。每卷卷首标"萧山汪继培笺"，十行二十字，小字，双行同，黑口，左右双边。双行间注。汪继培氏对《潜夫论》进行了细致、精博的笺注和校勘，以元刊本为底本，参以程荣本、何允中本及其他文献引用文字进行校补，并附己见。汪继培稿本现藏上海图书馆。《湖海楼丛书》本印行之后，就广为流传，时至今日，仍是《潜夫论》最通行的版本。所以，其后被不断的翻刻重刻。据笔者统计②，有：

1）清光绪年间长沙思贤讲舍覆刻《湖海楼丛书》本。

① 未注明现藏地者为笔者未见，皆据严灵峰：《周秦汉魏诸子知见书目》（第五卷），台北：台湾正中书局，1977年，第504页。

② 部分未见，据严灵峰：《周秦汉魏诸子知见书目》（第五卷），台北：台湾正中书局，1977年，第504页。

2）民国十五年（1926）上海中华书局《四部备要》据《湖海楼丛书》排印本。

3）民国二十四年（1935）上海世界书局《诸子集成》排印本。

4）民国二十五年（1936）上海中华书局《四部备要》缩印本。

5）民国二十五年（1936）世界书局出版国学整理社编《诸子集成》本。

6）民国二十六年（1937）上海商务印书馆《丛书集成初编》排印本。

7）民国二十八年（1939）上海商务印书馆《国学基本丛书》据《湖海楼丛书》排印本。民国二十九年再版排印本。

8）1953年北京中华书局《诸子集成》重印本。

9）1954年上海中华书局《诸子集成》重印本，1955年再版。

10）1958年北京中华书局"改正"《诸子集成》排印本。

11）民国五十年（1961）台湾世界书局影印本。

12）民国五十四年（1965）台湾世界书局影印《四部备要》本。

13）民国五十七年（1968）台湾商务印书馆影印本。

14）民国六十二年（1973）台湾世界书局《新编诸子集成》影印北京中华书局"改正"本。

15）1978年上海古籍出版社汪继培《潜夫论笺》校点本。

16）1979年北京中华书局出版彭铎校正《潜夫论笺》。

17）1985年北京中华书局出版《潜夫论笺校正》，2010年再版。

由以上统计，可见该本流传之广，为研究者最常见和习用的版本。

（7）光绪元年（1875）湖北崇文书局刊刻《子数百家》，其中录有《潜夫论》。该本首有"光绪纪元夏月湖北崇文书局开雕""百子全书"字样。有"南陵徐氏仁山珍藏"、"学部图书"之印。卷一首有"汉安定王符撰"字样。版式为十二行二十四字，小字，双行，黑口，左右双边，双鱼尾。两册。该本刻工较粗糙，文字上错漏较多。其后有鄂官书处于民国元年（1912）重刻。后上海扫叶山房分别于民国四年、十年、十四年刊刻《百子全书》和《圈点百子全书》收此本。其中民国十年之后为圈点本。较清代其他各本《潜夫论》，该本质量较差，然仍有一定参考价值。

（8）另据徐乾学《传是楼书目》子部杂家著录：

《论衡》《潜夫论》《新论》《中论》《风俗通》《人物志》共十二本。

一套。①

可见，清代可能存在一种将以上六书一套刊刻的版本，然具体情况不可考，兹录于此。

（9）另有一种刊刻年代不详的《潜夫论》刻本。其卷一下标明："汉 安定王符著 都昌邵孟遴校。"其版式与何允中本相同。该本版式精良，且有句读，文字上与何本有较大差异。考史传中均无对邵孟遴其人的记载。然互联网上流传有《东汇邵氏大成族谱》言都昌孟氏第二十六至三十一世，长房、三房所立字派为"孔、孟、隆、敦、崇、伦"②。其言若可信，据其推算，则邵孟遴或为清乾隆时期人物。王谟刊刻的《增订汉魏丛书》正是以此本为底本。这也可以证明它刊刻于清乾隆年间或之前。不可详考，兹录于此。

四、国外《潜夫论》版本及流传考略

《潜夫论》在国外的流传也较为多。现在能考见的有：

（一）日　　本

（1）《古逸丛书初编》中收《日本国见在书目录》一卷③，日本学者藤原佐世撰，景旧钞卷子本。其中子部儒家著录"潜夫论十，后汉家士王符撰"。《日本国见在书目录》一卷，由日本学者藤原佐世于宽平年间（889—897）奉敕编纂。此目成书于《隋志》和两《唐志》之间，共收唐及唐以前古籍1 568部，计17 209卷，模仿了《隋志》分类的结构和次序。至少由此可知，王符的《潜夫论》在唐代就已经流传到了日本。而且，这里著录的《潜夫论》也是十卷，这说明在至少在隋唐，《潜夫论》一直就是以十卷本的完整面目传行于世。

（2）日本元禄年间（1688—1704）刻本，未见。据严灵峰《周秦汉魏诸子知见书目》（第五卷）著录。④

---

① （清）徐乾学：《传是楼书目》，《续修四库全书》史部第920册，上海：上海古籍出版社，2002年，第767页。

② 参见http://tieba, baidu, com/p/1119859597。

③ （清）黎庶昌：《日本国见在书目录》，《古逸丛书》本，光绪十年刻本。

④ 严灵峰：《周秦汉魏诸子知见书目》（第五卷），台北：台湾正中书局，1977年，第505页。

（3）笔者所见（电子照片）署名帆是图南的日本学者于昭和十五年（1940）手抄本。据其书后跋语，该本据日本学者中野江汉所藏上海育文书局刊印的《增订汉魏丛书》本《潜夫论》。该本现藏日本早稻田大学图书馆。

（4）日本学者于天明七年（1787）浪华六艺堂刊本。据《国家图书馆善本书志初稿·子部》载，该本版匡高19.2厘米，宽14.1厘米，左右双边，每半叶九行，每行二十字。版心花口，单白鱼尾，上方题"潜夫论"，中间记卷第，稍下记页次。首卷首行顶格题"潜夫论卷一"，次行低五格题"汉安定王符著　黄嘉惠阅"，卷末有尾题。卷首有天明二年（1782）序，署名"西播那波师曾撰并书"。篇题下有墨书曰："丁巳春旅日本时购得。蒋智由。"卷末还有天明丙午（1786）奥田元跋。最后题版次，署曰："天明七年丁未秋九月。"

（5）和刻《潜夫论》。日人长泽规矩也于昭和五十一年（1976）刻本。《日本中国学会报》第二十八集著录，收入《和刻本诸子大成》。另有昭和五十一年汲古书院影印本。①

（二）朝　　鲜

张伯伟《朝鲜时代书目丛刊·洪氏读书录》：

> 儒家　《潜夫论》十卷　王符之所作也，东京之士，不遇于时，而发愤著书者。惟王充仲长统与符三人敢（不确，查）著。韩愈当作三贤赞以自比，然充作论衡多诋訾圣贤，统作昌言又近刑名家语，皆不若是书之醇也。②

按，《洪氏读书录》作者洪奭周（1884—1842），其家族为朝鲜时代名门大族，也是著名藏书世家。其《读书录》著于1810年，可惜洪氏并未详细说明其版本情况。兹录于此，备考。

（三）法　　国

今国家图书馆藏《潜夫论》法文版，1992年由法国 Éditions du Cerf 出版。以上

---

① 严灵峰：《周秦汉魏诸子知见书目》（第五卷），台北：台湾正中书局，1977年，第514页。

② 张伯伟编：《朝鲜时代书目丛刊·洪氏读书录》（第八册），北京：中华书局，2004年，第4253—4254页。

我们主要考察了《潜夫论》在明清两代版本情况及其流传谱系。总的来说，相较于其他的汉代子书，《潜夫论》在唐前流传不是很广。但是版本保存相对完整，一直以十卷本的面目传世。唐宋时期，人们开始逐渐注意《潜夫论》，到明清两代，流传日广。尤其是明代，出现了很多不同的翻刻宋元版本，但是其中错乱现象也不少。明末开始，大型的丛书刊刻中收录《潜夫论》，使得其得到了很好的保存，但是可惜其所据版本并不是最好的完整刻本。很多明代较为完善的翻刻宋本，一直到清末还有流传，但是由于战争及其他因素导致现在已经无法得见。《潜夫论》在国外的流传也很早，日本还有多次重刻本。至少在清代，朝鲜文献也已有著录。可见其影响之大。总之，梳理了《潜夫论》的主要版本及其流传，有助于我们对其进行进一步的深入考察。

第三章 《潜夫论》引书考论

任何研究的基础，应该是对材料和文献的充分梳理和熟悉。我们在开始对《潜夫论》的思想及文学进行探讨之前，需要先对王符其人及《潜夫论》其书做足够多的考察。但是，史传中对王符生平的介绍，仅是寥寥数笔，而对《潜夫论》的介绍，也只是列其五篇删节过的文字而已。然而，外部资料的匮乏并不等于我们对其一筹莫展。《潜夫论》文章中明显有很多对前人著作的引用。从《潜夫论》的引书入手，梳理其中的文献，走一条"因书究学"的路子，将为我们进一步研究《潜夫论》的思想和文学搭建一个坚实可靠的文献平台。

本章的主要任务，就是对《潜夫论》的引书进行全面的梳理和文献学分析。要达成这个目的，必须对《潜夫论》引书进行分类。选择合适的分类标准对我们的研究及章节的安排将是至关重要的。《潜夫论》的引用文献，包括了经、解经之传、史、子、谶纬、谚语等多种。我们无法也没有必要对其全部列专门的章节进行考察。我们选择的标准是：将《潜夫论》引用文献分为经、传两个部分。其中的"经书"包括了传统意义上的经书和解释经典的文献。这主要是因为诸如《尚书大传》等解经之书，在汉代同样被列为学官，地位等同经典。其他各类书籍文献，则统归于我们所说的"传书"之列。我们这样分类，主要是基于三方面的考虑：

（1）王符《潜夫论》中大量是对经书的征引。这是其引用文献的主体，是其知识和学养的主要源泉。而除此之外的其他文献，则构成了其经学之外的阅读视野。我们的经、传二分法，便于梳理其思想主体的文献和外围涉猎文献，与其思想上经学为主，兼取各家的情形正好对应，方便于以后的考察和研究。

（2）经、传二分的书籍分类法，也并不是我们的首创，在王符稍前的王充，就在其《论衡》中将书籍明确划分为经和传两部分，其对经书和传书的界定，正与我们上述本章遵循的原则是一样的。所以，王充的这种分类法或能代表当时学人的一种基本看法，这也正是我们本章文献分类的历史依据。

（3）需要说明的一点是，不同于同时代人，《潜夫论》文章中有较多对民间谚语的引用，谚语自然不能算作书籍。但是这种文献对我们了解王符的思想文化观念非常重要，虽然我们这里题为《潜夫论》"引书"研究，但还是将其归入"传书"部分，以方便考察。

我们将《潜夫论》引书分为经、传两部分来考察，对其文献学的梳理，也按照此二分法来进行。由于王符在《潜夫论》中对各种经传的征引大多不止一条，多者可能达到百余条，故我们不一一胪列。其中引用相对较少的（一般最多不超过4次），我们为了便于分析，逐一列出，其他一般列出两到三例。详细的统计和例证，则置于文后的《附录》部分。本章讨论中所说的引书，实际上包括了直接表明经传文献出处且完整引用其文句者、未标出处但完整引用经传文献者、未标出处但明显化用或改写经传文句者、未引用经传文献但提及其书名者四部分。我们力求在此基础上全面清理《潜夫论》所涉及的文献，只有对这些相关材料做全面的考察，才能更加准确地把握王符的学养及其思想。

第一节 《潜夫论》征引经书考略

王符虽然不是以经学名家的经师，但是其文章中的宗经观念却是十分明显的。《潜夫论》首篇即是《赞学》，在此文中，王符明确表达了自己对"经"的宗尚观念。如其言"夫道成于学而藏于书，学进于振而废于穷"，其后分别举出了董仲舒、京房、倪宽、匡衡四人勤学之例，将其作为后世学人学习的典范。而这四人皆是汉代著名的经师。王符其后总结四人成功的经验为：

> 夫此四子者，耳目聪明，忠信廉勇，未必无俦也，而及其成名立绩，德音令问不已，而有所以然，夫何故哉？徒以其能自讬于先圣之典经，结心于夫子之遗训也。

其对经学的崇敬态度可见一斑。因此，对《潜夫论》中引用经书文献进行全面的统计和细致的分析，将有助于我们更好了解王符的学养及其与汉代学术之间的联系。

清代学者皮锡瑞曾言："经学有正传，有别传。以《易》而论，别传非独京氏而已，如孟氏之《卦气》、郑氏之《爻辰》，皆别传也。"① 所以，我们此处所谓的"经书"，实际上包括了经、传、别传三部分，不过并不会超越《汉书·艺文志》之"六艺略"所载文献的范围。

文献排列顺序也从"六艺略"。

（一）《潜夫论》征引《易》经传及其原文共 62 条

例如：

（1）《易经》：如《思贤》："《易》称：'其亡其亡，系于苞桑。'"此自《周易·否·九五》："其亡其亡，系于苞桑。"② 再如《明忠》篇云："鸣鹤在阴，其子和之。"此本《周易·中孚·九二》爻辞："鸣鹤在阴，其子和之。我有好爵，吾与尔靡之。"③ 该例不提文献出处，直接入文。

（2）《易传》：如《浮侈》："子曰：'古之葬者，厚衣之以薪，葬之中野，不封不树，丧期无时，后世圣人易之以棺椁'。"此本《周易·系辞下》："古之葬者厚衣之以薪，葬之中野，不封不树，丧期无数，后世圣人易之以棺椁。"④ 另如《断讼》篇云："小人不耻不仁，不畏不义。"此本《周易·系辞下》："子曰：'小人不耻不仁，不畏不义，不见利不劝，不威不惩。小惩而大诫，此小人之福也。'"⑤

（3）京房《易传》：《潜夫论》中明确征引京房《易》者，未见。但是，王符在文中曾两次提及京房。其《赞学》篇中说："景君明经年不出户庭"，赞扬京房的好学；又在《考绩》篇中说："先师京君，科察考功，以遗贤俊，太平之基，必

---

① （清）皮锡瑞：《经学通论·易经》，北京：中华书局，1954 年，第 18 页。

② （魏）王弼注、（唐）孔颖达疏：《周易正义》，（清）阮元刻：《十三经注疏》本，北京：中华书局，1980 年，第 29 页。

③ （魏）王弼注、（唐）孔颖达疏：《周易正义》，（清）阮元刻：《十三经注疏》本，北京：中华书局，1980 年，第 71 页。

④ （魏）王弼注、（唐）孔颖达疏：《周易正义》，（清）阮元刻：《十三经注疏》本，北京：中华书局，1980 年，第 86 页。

⑤ （魏）王弼注、（唐）孔颖达疏：《周易正义》，（清）阮元刻：《十三经注疏》本，北京：中华书局，1980 年，第 87 页。

自此始，无为之化，必自此来也"，推崇京房提出的考功措施。据我们的考察，虽然王符应该没有接受京房《易》以阴阳灾异论《易》的解经方式，但是其必然对京房《易》非常了解，为方便考察王符学养，兹录于此。

（二）《潜夫论》征引《尚书》经传共 49 条

例如：

（1）今文《尚书》：如《述赦》篇云："《尚书·康诰》：王曰：'于戏！封，敬明乃罚。人有小罪匪省，乃惟终自作不典，戒尔，有厥罪小，乃不可不杀。'""乃有大罪匪终，乃惟省哉，适尔，既道极厥罪，时亦不可杀。"今本《尚书·康诰》："王曰：'呜呼！封。敬明乃罚。人有小罪非眚，乃惟终，自作不典；式尔，有厥罪小，乃不可不杀。'""乃有大罪非终，乃惟眚灾适尔，既道极厥辜，时乃不可杀。"① 段玉裁《古文尚书撰异》云："《潜夫论》作'于戏'，此今文尚书也。凡古文《尚书》作'乌呼'，凡今文《尚书》作'于戏'。见《匡谬正俗》。今本《匡谬正俗》古、今字互讹，证以汉石经残碑'于戏'字可定。"② 可知其为今文《尚书》。又《思贤》："《书》曰：'人之有能，使循其行，国乃其昌。'"今本《尚书·洪范》："人之有能有为，使羞其行，而邦其昌。"③ 段玉裁《古文尚书撰异》："王符所引'羞'作'循'，王鸣嗜氏曰未详。玉裁按，'循'盖'修'之误，字之误也。'修'盖'羞'之误，声之误也。古书'修'、'循'互讹者多矣。古文《尚书》邦字，今文多作'国'。"④ 亦证其为今文《尚书》。又《爱日》："钦若昊天，敬授民时。"皮锡瑞《今文尚书考证》曰："今文当作'民时'。"⑤

（2）古文《尚书》：如《考绩》："《书》云：'赋纳以言，明试以功，车服以庸，谁能不让？谁能不敬应？'"此本《尚书·益稷》："敷纳以言，明庶以功，

---

①　（汉）孔安国传、（唐）孔颖达疏：《尚书正义》，（清）阮元刻：《十三经注疏》本，北京：中华书局，1980 年，第 202 页。

②　（清）段玉裁：《古文尚书撰异》，皇清经解本，广东学海堂，道光九年刻本。

③　（汉）孔安国传、（唐）孔颖达疏：《尚书正义》，（清）阮元刻：《十三经注疏》本，北京：中华书局，1980 年，第 188 页。

④　（清）段玉裁：《古文尚书撰异》，皇清经解本，广东学海堂，道光九年刻本。

⑤　（清）皮锡瑞撰、盛冬铃、陈抗校点：《今文尚书考证》，上海：上海古籍出版社，1989 年，第 17 页。

车服以庸。谁敢不让,敢不敬应?"①按,今书"赋"作"敷","试"作"庶"。《左传·僖公二十七年》赵衰引:"《夏书》曰:'赋纳以言,明试以功,车服以庸。'"②由此可见王符所用当为古文《尚书》。

(3)《尚书大传》:如《考绩》:"古者,诸候贡士,一适谓之好德,再适谓之贤贤,三适谓之有功,乃加九锡;不贡士,一则黜爵,再则黜地,三而黜,爵、地毕矣。夫附下罔上者死,附上罔下者刑;与闻国政而无益于民者斥;在上位而不能进贤者逐。"今本《尚书大传》:"古者,诸候贡士,一适谓之好德,再适谓之贤贤,三适谓之有功,乃加九锡;不贡士,一则黜爵,再则黜地,三而黜,爵、地毕矣。夫附下罔上者死,附上罔下者刑;与闻国政而无益于民者斥;在上位而不能进贤者退,此所以劝善黜恶也。"③再如《思贤》传曰:"传曰:'夫成天地之功者,未尝不蕃昌也。'"《忠贵》篇亦云:"成天地之大功者,未尝不蕃昌也。"本句前所引为"《书》称:'天工人其代之。'"因此,此处"传"应该是《书》传,陈铎先生认为:"此所引乃《尚书大传》逸文。"④

(三)《潜夫论》征引《诗》经传共 104 条

其中引三家《诗》为主,少数引《毛诗》。然三家《诗》义今传众说纷纭,我们仅就可确考者举例如下:

(1)《鲁诗》:《班禄》:"尔之教矣,民斯效矣。"今本《诗·小雅·角弓》:"尔之教矣,民胥效矣。"⑤《毛诗》"斯效"作"胥效"。参《白虎通义·三教篇》引"《诗》云:'尔之教矣,欲民斯效'。"⑥据《后汉书·鲁恭传》鲁恭"习《鲁

---

① (汉)孔安国传、(唐)孔颖达疏:《尚书正义》,(清)阮元刻:《十三经注疏》本,北京:中华书局,1980 年,第 142 页。

② (周)左丘明传、(晋)杜预注、(唐)孔颖达正义:《春秋左传正义》,(清)阮元刻:《十三经注疏》本,北京:中华书局,1980 年,第 1825 页。

③ (汉)伏生:《尚书大传》,《景印文渊阁四库全书》第 68 册,台湾商务印书馆股份有限公司,2008 年,第 379 页。

④ (汉)王符著、[清]汪继培笺、彭铎校正:《潜夫论笺校正》,北京:中华书局,1985 年,第 88 页。

⑤ (汉)毛亨传、(汉)郑玄笺、(唐)孔颖达疏:《毛诗正义》,(清)阮元刻:《十三经注疏》本,北京:中华书局,1980 年,第 490 页。

⑥ (清)陈立撰、吴则虞点校:《白虎通疏证》,北京:中华书局,1994 年 8 月,第 371 页。

诗》", "肃宗集诸儒于白虎观，恭特以经明得召，与其议。"①《后汉书·魏应传》魏应"习《鲁诗》"，"时会京师诸儒于白虎观，讲论《五经》同异，使应专掌难问，侍中淳于恭奏之，帝亲临称制，如石渠故事。"②可知《白虎通义》引《诗》为《鲁诗》，此处王符所引正与此同，亦为《鲁诗》。再如《德化》："《诗》云：'敦彼行苇，羊牛勿践履。方苞方体，惟叶柅柅。'"今本《诗·大雅·行苇》作："敦彼行苇，牛羊勿践履。方苞方体，维叶泥泥。"王符在这句引《诗》后曰："公刘厚德，恩及草木，羊牛六畜，且犹感德，仁不忍践履生草，则又况于民萌而有不化者乎？"可知王符将《行苇》一诗明确看作颂扬公刘之作。《毛序》则曰："《行苇》，忠厚也。周家忠厚，仁及草木，故能内睦九族，外尊事黄耇，养老乞言，以成其福禄也。"③可见，毛诗并未特指此诗赞颂公刘。而据《列女传·晋弓工妻传》："平公见之，妻曰：'君闻昔者公刘之行乎？羊牛践葭苇，恻然为民痛之。恩及草木，岂欲杀不辜者乎！'"④而《列女传》撰者刘向传《鲁诗》，王符此处引《行苇》诗义与刘向正同，可见其亦用《鲁诗》义。

（2）《齐诗》：如《慎微》："武王夙夜敬止。"此本《诗·周颂·闵予小子》："维予小子，夙夜敬止。诗闵予小子。"⑤汪继培认为："此为成王诗，'武'当作'成'。"⑥汪说当本《毛诗》。《毛诗序》曰："《闵予小子》，嗣王朝于庙也。"《笺》曰："嗣王者，谓成王也。除武王之丧，将始即政，朝于庙也。"⑦可知《毛诗》以此为成王诗。再据王先谦《诗三家义集疏》："鲁说曰：《闵予小子》一章十一句，成王除武王之丧，将始继政，朝于庙之所歌也。"⑧

① （南朝·宋）范晔：《后汉书》，北京：中华书局，1965年5月，第873—874页。

② （南朝·宋）范晔：《后汉书·魏应传》，北京：中华书局，1965年5月，第2571页。

③ （汉）毛亨传、（汉）郑玄笺、（唐）孔颖达疏：《毛诗正义》，（清）阮元刻：《十三经注疏》本，北京：中华书局，1980年，第534页。

④ （汉）刘向：《列女传》，北京：中华书局，1985年，第209页。

⑤ （汉）毛亨传、（汉）郑玄笺、（唐）孔颖达疏：《毛诗正义》，（清）阮元刻：《十三经注疏》本，北京：中华书局，1980年，第598页。

⑥ （汉）王符著、（清）汪继培笺、彭铎校正：《潜夫论笺校正》，北京：中华书局，1985年，第146页。

⑦ （汉）毛亨传、（汉）郑玄笺、（唐）孔颖达疏：《毛诗正义》，（清）阮元刻：《十三经注疏》本，北京：中华书局，1980年，第598页。

⑧ （清）王先谦：《诗三家义集疏》北京：中华书局，1987年，第1037页。

可见此诗《鲁诗》基本同于《毛诗》解说。然匡衡认为此诗指的是武王毕丧所作。[①]匡衡习《齐诗》，可见王符此说本《齐诗》。

（3）《毛诗》：如《卜列》："天难谌斯。"《诗·大雅·大明》："天难忱斯。"[②]《相列》："《诗》称'天难忱斯'。"后者所引文字与《毛诗》全同，而《卜列》则异。王先谦《诗三家义集疏》曰："鲁齐'忱'作'谌'。"[③] 陈铎先生认为："此诗（指《相列》篇）'谌'作'忱'，盖后人据《毛诗》改之。"笔者认为不然，两处引诗文字不同，正好说明王符并无家法观念，《相列》篇当用《毛诗》。再如《德化》篇："上天之载，无声无臭，仪形文王，万邦作孚。"此本《诗·大雅·文王》"上天之载，无声无臭。仪刑文王，万邦作孚。"[④] "形"与"刑"为同音通假，其余皆与《毛诗》同。但是《鲁诗》"载"作"縡"，因此陈乔枞认为此又是后人据《毛诗》所改。[⑤] 同上，我们认为不然，此处所引亦当为《毛诗》文字。

（四）《潜夫论》征引《礼》共7条

例如：

（1）《大戴礼记》：

如《忠贵》：

> 夫鸟以山为卑而楢巢其上，鱼以渊为浅而穿穴其中，卒所以得之者饵也。

《大戴礼记·曾子疾病》：

> 鹰以山为卑，而曾巢其上，鱼、鳖、鼋、以渊为浅，而蹶穴其中，卒其所以得之者，饵也。[⑥]

---

① （汉）王符著、（清）汪继培笺、彭铎校正：《潜夫论笺校正》，北京：中华书局，1985年，第146页。

② （汉）毛亨传、（汉）郑玄笺、（唐）孔颖达疏：《毛诗正义》，（清）阮元刻：《十三经注疏》本，北京：中华书局，1980年，第506页。

③ （清）王先谦：《诗三家义集疏》北京：中华书局，1987年，第828页。

④ （汉）毛亨传、（汉）郑玄笺、（唐）孔颖达疏：《毛诗正义》，（清）阮元刻：《十三经注疏》本，北京：中华书局，1980年，第502页。

⑤ （清）陈乔枞：《三家诗遗说考》，《续修四库全书》第76册，上海：上海古籍出版社，2002年，第232页。

⑥ 黄怀信：《大戴礼记汇校集注》（上册），西安：三秦出版社，2005年，第601页。

另外，《荀子·法行》：

> 曾子病，曾元持足。曾子曰："元志之！吾语汝。夫鱼鳖鼋鼍犹以渊为浅而堀其中，鹰鸢犹以山为卑而增巢其上，及其得也，必以饵。故君子苟能无以利害义，则耻辱亦无由至矣。①

我们将两者进行比较，发现《潜夫论》这段引文明显与《大戴礼记》在文字上更加接近，而《荀子》则在转述的过程中加入了自己的评论文字，所以王符引文应该来自《大戴礼记》。

（2）《礼记》：

《潜夫论》引《礼记》共4条：

1）《思贤》："先主之制，官民必论其材，论定而后爵之，位定然后禄之。"此本《礼记·王制》："司马辨论官材，论进士之贤者，以告于王，而定期论。论定然后官之，任官然后爵之，位定然后禄之。"②

2）《浮侈》："仲尼丧母，冢高四尺，遇雨而堕，弟子请治之。夫子泣曰：'礼不修墓。'"此本《礼记·檀弓》："孔子先反，门人后，雨甚；至，孔子问焉曰：'尔来何迟也？'曰：'防墓崩。'孔子不应。三，孔子泫然流涕曰：'吾闻之：古不修墓。'"③

3）《班禄》："其班禄也，以上农为正，始于庶人在官者，禄足以代耕，盖食九人。诸侯下士亦然。中士倍下士，食十八人。上士倍中士，食三十六人。大夫倍之，食七十二人。小国之卿，二于大夫。次国之卿，三于大夫。大国之卿，四于大夫，食二百八十八人。君各什其卿。天子三公。采视公侯，盖方百里。卿采视伯，方七十里。大夫视子男，方五十里。元士视附庸，方三十里。"此本《礼记·王制》："王者之制禄爵，公侯伯子男，凡五等。诸侯之上大夫卿，下大夫，上士中士下士，凡五等。天子之田方千里，公侯田方百里，伯七十里，子男五十里。不能五十里者，不合于天子，附于诸侯曰附庸。天子之三公之田视公侯，天子之卿视伯，天子之大夫视子男，

① （清）王先谦撰、沈啸寰、王星贤点校：《荀子集解》北京：中华书局，1988年，第534—535页。

② （汉）郑玄注、（唐）孔颖达疏：《礼记正义》，（清）阮元刻：《十三经注疏》本，北京：中华书局，1980年，第1335页。

③ （汉）郑玄注、（唐）孔颖达疏：《礼记正义》，（清）阮元刻：《十三经注疏》本，北京：中华书局，1980年，第1295页。

天子之元士视附庸。制：农田百亩。百亩之分：上农夫食九人，其次食八人，其次食七人，其次食六人；下农夫食五人。庶人在官者，其禄以是为差也。诸侯之下士视上农夫，禄足以代其耕也。中上倍下士，上士倍中士，下大夫倍上士。"①

4)《三式》："先王之制，继体立诸侯，以象贤也。"此本《礼记·王制》："继世以立诸侯，象贤也。"②

（3）《周礼》：

《潜夫论》引《周礼》仅1条：

《述赦》："是故周官差八议之辟。"此本《周礼·秋官·小司寇》："以八辟丽邦法，附刑罚：一曰议亲之辟，二曰议故之辟，三曰议贤之辟，四曰议能之辟，五曰议功之辟，六曰议贵之辟，七曰议勤之辟，八曰议宾之辟。"③

（4）《仪礼》：

《潜夫论》引《仪礼》1条：

《浮侈》："孔子曰：'多货财伤于德，币美则没礼。'"此本《仪礼·聘礼》云："多货则伤于德，弊美则没礼。"④

（五）《潜夫论》征引《春秋》三传共引 111 条

其中引《左传》109条，引《公羊传》2条，未见有对《谷梁传》的征引。

（1）《左传》：

如《考绩》："传曰：善恶无彰，何以沮劝？"出自《左传·襄公二十七年》："子鲜曰：'逐我者出，纳我者死，赏罚无章，何以沮劝？'"⑤又如《慎微》："祸福无门，惟人所召。"出自《左传·襄公二十三年》："季氏以公鉏为马正，愠而不出。

① （汉）郑玄注、（唐）孔颖达疏：《礼记正义》，（清）阮元刻：《十三经注疏》本，北京：中华书局，1980年，第1339页。

② （汉）郑玄注、（唐）孔颖达疏：《礼记正义》，（清）阮元刻：《十三经注疏》本，北京：中华书局，1980年，第1292页。

③ （汉）郑玄注、（唐）孔颖达疏：《礼记正义》，（清）阮元刻：《十三经注疏》本，北京：中华书局，1980年，第873页。

④ （汉）郑玄注、（唐）孔颖达疏：《礼记正义》，（清）阮元刻：《十三经注疏》本，北京：中华书局，1980年，第1069页。

⑤ （周）左丘明传、（晋）杜预注、（唐）孔颖达正义：《春秋左传正义》，（清）阮元刻：《十三经注疏》本，北京：中华书局，1980年，第1995页。

闵子马见之，曰：'子无然！祸福无门，唯人所召。为人子者，患不孝，不患无所。敬共父命，何常之有？若能孝敬，富倍季氏可也。奸回不轨，祸倍下民可也。'"①

再如《三式》："昔仲尼有言：'政宽则民慢，慢则纠之以猛；猛则民残，残则施之以宽。宽以济猛，猛以济宽，政是以和。'"《左传·昭公二十年》："仲尼曰：'善哉！政宽则民慢，慢则纠之以猛。猛则民残，残则施之以宽。宽以济猛，猛以济宽，政是以和。'"②

（2）《公羊传》：

如《断讼》："《春秋》之义，责知诛率。"此处用《公羊传》义。王绍兰注曰："《公羊·桓五年》：'葬陈桓公'。何休注云：'不月者，责臣子也。知君父有疾，当营卫，不谨而失之也。'《襄二十五年》：'吴子谒伐楚，门于巢，卒。'何休注云：'君子不怨所不知，故与巢得杀之。'是责知也。《昭二十六年》：'尹氏、召伯、毛伯以王子朝奔楚'。何休注云：'立王子朝，独举尹氏，出奔并举召伯、毛伯者，明本在尹氏，当先诛渠率，后治其党。'是诛率也。"③

又如《释难》："将而必诛。"此本《公羊传·昭公元年》："君亲无将，将而必诛也。"④

（六）《潜夫论》征引《论语》共50条

其中我们可以断定其为《古论语》的如：

（1）《德化》："导之以德，齐之以礼。"今本《论语·为政》："子曰：道之以政，齐之以刑，民免而无耻。道之以德，齐之以礼，有耻且格。"⑤马国翰《玉

---

① （周）左丘明传、（晋）杜预注、（唐）孔颖达正义：《春秋左传正义》，（清）阮元刻：《十三经注疏》本，北京：中华书局，1980年，第1976页。

② （周）左丘明传、（晋）杜预注、（唐）孔颖达正义：《春秋左传正义》，（清）阮元刻：《十三经注疏》本，北京：中华书局，1980年，第2091页。

③ （汉）王符著、（清）汪继培笺、彭铎校正：《潜夫论笺校正》，北京：中华书局，1985年，第229—230页。

④ （周）公羊寿传、（汉）何休解诂、（唐）徐彦疏：《春秋公羊传注疏》，（清）阮元刻：《十三经注疏》本，北京：中华书局，1980年，第1316页。

⑤ （魏）何晏注、（宋）邢昺疏：《论语注疏》，（清）阮元刻：《十三经注疏》本，北京：中华书局，1980年，第2461页。

函山房辑佚书》第五辑第一册《齐论语》卷一："子曰：导之以政，齐之以刑"①。《古论语》卷一："子曰：导之以政，齐之以刑，民免而无耻。"马国翰按语："汉《石经》作'道'，《石经》用《鲁论》，则作'导'者，古文也。"②

（2）《交际》："孔子恂恂，似不能言者，又称'闾闾言，惟谨也'。"今本《论语·乡党》："孔子于乡党，恂恂如也，似不能言者。其在宗庙朝廷，便便言，唯谨尔。"③马国翰《玉函山房辑佚书》第五辑第一册《古论语》卷一："朝与上大夫言闾闾如也，与下大夫言，侃侃如也。"④按，据《史记·孔子世家》："其于乡党，恂恂似不能言者。其于宗庙朝廷，辩辩言，唯谨尔。朝，与上大夫言，闾闾如也；与下大夫言，侃侃如也。"⑤亦可证此为《古论语》。

（3）《德化》：孔子曰："三人行，必有我师焉。择其善者而从之，其不善者，我则改之。"今本《论语·述而》："子曰：'三人行，必有我师焉。择其善者而从之，其不善者而改之。'"⑥按，论语"我则"二字作"而"。据《左传·襄公三十一年》："子产曰：'其所善者，吾则行之；其所恶者，吾则改之。是吾师也。'"⑦可证《古论语》或如是。

（七）《潜夫论》征引《孝经》共3条

兹列于下：

（1）《述赦》："用天之道，分地之利。"此本《孝经·庶人》："用天之道，分地之利，谨身节用，以养父母，此庶人之孝也。"⑧

（2）《断讼》："《孝经》曰：'陈之以德义而民兴行，示之以好恶而民知禁。'"

---

① 《齐论语》卷一，马国翰辑：《玉函山房辑佚书》，第五辑第一册。

② 《古论语》卷一，马国翰辑：《玉函山房辑佚书》，第五辑第一册。

③ （魏）何晏注、（宋）邢昺疏：《论语注疏》，（清）阮元刻：《十三经注疏》本，北京：中华书局，1980年，第2494页。

④ 《古论语》卷一，马国翰辑：《玉函山房辑佚书》，第五辑第一册。

⑤ （汉）司马迁：《史记》，北京：中华书局，1959年，第1939页。

⑥ （魏）何晏注、（宋）邢昺疏：《论语注疏》，（清）阮元刻：《十三经注疏》本，北京：中华书局，1980年，第2482页。

⑦ （周）左丘明传、（晋）杜预注、（唐）孔颖达正义：《春秋左传正义》，（清）阮元刻：《十三经注疏》本，北京：中华书局，1980年，第2013页。

⑧ （唐）李隆基注、（宋）邢昺疏：《孝经注疏》，（清）阮元刻：《十三经注疏》本，北京：中华书局，1980年，第2549页。

此本《孝经·三才》："陈之于德义，而民兴行。先之以敬让，而民不争；导之以礼乐，而民和睦；示之以好恶，而民知禁。"①

（3）《巫列》："《孝经》云：'夫然，故生则亲安之，祭则鬼享之。'"此本《孝经·孝治》："夫然，故生则亲安之，祭则鬼享之。"②

以上，我们只是将王符《潜夫论》引用各种经书中相对典型的例证加以略举。同时，我们的甄别仅是就现有文献所做的考辨，可能有些征引经书考索尚存在疏漏。此种情况出现，主要是文献阙如，不可详考。

第二节 《潜夫论》征引经书的关注重心及特点

王符对各种经书的征引，有着明显的轻重之别，其关注的重心是什么？这是我们需要进一步考察的问题。

一、《潜夫论》征引经书的关注重心及王符思想

《潜夫论》对各部经书的征引确实有所侧重。就征引的数目而言，王符对《诗》、《书》、《易》、《春秋》、《论语》的征引较多，而对《礼》、《孝经》的征引较少。据笔者统计，将其列表对比如下（按引用次数排列）：

---

① （唐）李隆基注、（宋）邢昺疏：《孝经注疏》，（清）阮元刻：《十三经注疏》本，北京：中华书局，1980年，第2549页。
② （唐）李隆基注、（宋）邢昺疏：《孝经注疏》，（清）阮元刻：《十三经注疏》本，北京：中华书局，1980年，第2551页。

经书名		引用次数	合计
《诗》	《鲁诗》	7	104
	《毛诗》	2	
	《齐诗》	1	
	属三家诗，不可详辨	94	
《春秋》三传	《左传》	109	111
	《公羊传》	2	
《易》	《易传》	51	62
	《易经》	10	
	仅提及《易》名	1	
《论语》	难以区分，同今本《论语》者	47	50
	《古论语》	3	
《尚书》	今文《尚书》	47	49
	《尚书大传》	1	
	古文《尚书》	1	
《礼》	《大戴礼记》	1	7
	《礼记》	4	
	《仪礼》	1	
	《周礼》	1	
《孝经》			3

单纯的数字对比有时并不能完全反映问题的实质，但是通过上表的考察，我们还是可以明显看到王符对《诗》、《春秋左氏传》、《易》、《论语》、《尚书》的重视。在引用的这些经书材料中，王符具体关注的是哪些方面的内容，值得深究。这方面的整理，也有助于我们进一步明确王符思想的重心。我们认为，《潜夫论》征引经书，大致关注了以下几方面的内容。

（一）关注经书中的美刺观念

这主要包括了引《诗》的美刺观念和春秋的"微言大义"。首先，《潜夫论》引《诗》，非常注重《诗》的美刺性质。在所引99次《诗》经文字中，明确标明了美刺性质的有21次，如：

　　《边议》：《易》制御寇，《诗》美薄伐，自古有战，非乃今也。

《德化》：孔子曰："三人行，必有我师焉。择其善者而从之，其不善者，我则改之。"《诗》美"宜鉴于殷，自求多福"。

《志氏姓》：其在周世，为宣王大司马，《诗》美"王谓尹氏，命程伯休父"。其后失守，适晋为司马，迁自谓其后。

《三式》：故尹吉甫作《封颂》二篇，其诗曰："亹亹申伯，王缵之事，于邑于谢，南国于是式。"

《志氏姓》：《诗》颂宣王，始有"张仲孝友"。

《述赦》：《诗》刺"彼宜有罪，汝反脱之。"

《思贤》：虽有桀、纣之恶，必讥于《版》、《荡》。

《述赦》：《诗》讥"君子屡盟，乱是用长"。

《边议》：《诗》痛"或不知叫号，或惨惨劬劳。"

《本政》：《诗》伤"皎皎白驹，在彼空谷"。

《班禄》：其后忽养贤而《鹿鸣》思，背宗族而《采蘩》怨，履亩税而《硕鼠》作，赋敛重而《谭告》痛，班禄颇而《倾甫》刺，行人定而《绵蛮》讽，故遂耗乱衰弱。

在这些引《诗》中，王符分别用"美"、"颂"、"刺"、"痛"、"伤"、"怨"、"讽"等词明确标出了这些《诗》文的美刺性质。可见，王符基本上遵循了汉人以《诗》论事，"以《三百五篇》"当谏书的《诗》学观念。《诗》是王符论政的重要理论依据。

其次，在对《春秋左氏传》的征引中，也经常表现出对《春秋》"微言大义"的重视。如：

《浮侈》：晋灵厚赋以雕墙，《春秋》以为非君。

《浮侈》：华元、乐吕厚葬文公，《春秋》以为不臣。

《救边》：《春秋》讥"郑弃其师"。[①]

在以上几例中，王符同样阐明了《春秋》所表达的美刺内涵。《潜夫论》对《春秋》三传的引用，主要是以《左传》为主，仅有两条引用《公羊传》。而在《春秋》三传中，《左氏传》最能通过具体的事件和人物描写来体现《春秋》的"微言大义"。

王符对《诗》和《春秋》美刺观念的关注，主要是与王符文章的性质有关系。《潜夫论》中大部分文章为政论文，具有批判现实政治的性质。在经学昌盛的汉代，经书被当作行政的主要准则。王符以《诗》和《春秋》当谏书，正是希望发掘这些经书中的美刺经义来作为统治者治政的参考。同时我们发现，王符在文章中对《左传》的引用，往往与对《诗》的引用相结合，从而达到以《诗》证史，以史证《诗》的目的。而在"文史互证"的过程中，对现实政治的不合理现象进行批判，达到了彼此配合，相得益彰的论证效果。

（二）王符关注的经书材料，主要是关于圣君、圣人等几类人物的

虽然王符以史论政的文章性质，不免对《左传》史料中会有对作为反面教材的佞臣贼子的引用，但是他对以上几类人物的关注却是主要的。

《潜夫论》征引《尚书》文献很多。在对《尚书》的49条征引中。其中16次涉及的是尧、舜、禹，5次涉及的是周公，表现出很强的圣君情结。从内容上来看，主要是对这些古代明君圣主的善政方针的称颂和渴望。如《明暗》："夫尧、舜之治，辟四门，明四目，通四聪。"《潜叹》："昔唐尧之大圣也，聪明宣昭；虞舜之大圣也，德音发闻。尧为天子，求索贤人，访于群后，群后不肯荐舜而反称共、鲧之徒，赖尧之圣，后乃举舜而放四子。"在这些对上古圣君治政的引用论述中，可以明显看出王符"致君尧舜"的愿望。

王符对经书的引用体现出很强的征圣观念，其引经书，20余次直接提到孔子。《潜夫论》对《易》经传的征引，达到了62次之多。但其中主要是对《易传》的引用，达49次。这主要因为在汉人观念中，《易传》皆是孔子所作，代表了孔子对《易》的理解。在这些《传》中，表达了孔子对立身处世的很多认识。而在《系辞》中，

① （汉）王符著、（清）汪继培笺、彭铎校正：《潜夫论笺校正》，北京：中华书局，1985年，第120、122、257页。

又直接记录了孔子的言行达 29 次之多。在王符看来，圣贤的言行就是后世君子立身处世的根本和依据。他曾说："圣得道之精者以行其身，欲贤人自勉以入于道。故圣人之制经义遗后贤也。"所以，这些经典中对圣人言行的记录，正是最具有说服力的立身行事和说理的理论依据。因而，王符在自己文章中说理时，大量引用孔子的言行。据我们统计，王符在对《易传》的引用中，引《系辞》31 次。如《慎微》："孔子曰：'善不积不足以成名，恶不积不足以灭身。小人以小善谓无益而不为也，以小恶谓无伤而不去也，是以恶积而不可掩，罪大而不可解也。'"此引文虽然出自《易·系辞下》，但主要关注的就是其中孔子阐明的立身处世之道。另外，《潜夫论》征引《论语》次数达 50 次，其中 39 次是对孔子言行的直接引用，仅有 11 次是对《论语》中记录的相关史料的征引。和对《易》经传引用一样，这主要体现的是王符的征圣观念。

在这种征圣观念的背后，折射出的是王符以圣人言行砥砺自己，并希望当世的士人皆能以圣人立身处世的标准来要求自己，从而成就"贤人君子"。

（三）《潜夫论》引经书表现出对"先王之制"的关注

《潜夫论》对《礼》的引用，虽然比较少，仅仅只有 6 条，但是其关注的重点很明确，主要是对其中记载的"先王之制"的重视。这主要与王符的治政理想有关系，王符在一定程度上希望当朝君王以上古圣君的典章制度为自己行政的准则。如《思贤》："先主之制，官民必论其材，论定而后爵之，位定然后禄之。"《三式》："先王之制，继体立诸侯，以象贤也。"《述赦》："是故周官差八议之辟。"在这些例证中，王符征引这些文献时，往往都是将其与现实形成对比，从而为统治者的治政提供参照。另外，《潜夫论》引《公羊传》仅 2 条，关注的也是其中的行政制度。

《潜夫论》引用《孝经》文献 3 条，主要关注的是其中包含的对社会风俗习惯的治政主张。这其实也可以归结为对"先王之制"的重视。

总体而言，王符引《诗》注重的是其美刺性质。引《春秋》是作为论政的主要事实依据，往往与引《诗》结合使用，在"文史互证"的过程中注意阐发其"微言大义"。这是汉人使用这些经书的常态，也是论说文的性质使然。对《易》和《论语》的征引主要都是对孔子言行的记录。王符以这些论据多数来说明的是君子立身处世之道，表现出一种对圣人言行的崇拜和模仿。对《尚书》经传的引用主要是关注其中的圣帝贤君的善政措施及理论，将之作为当世君主的楷模，表现出对上古圣君的现世期许。对《礼》的引用主要集中在对"先王之制"的称颂，并将其作为当代治政的重要参考核标准。对《孝经》的引用则主要是关注到其社会风俗内容，是其治政主张的伦理基础。当然，这只是就大概情况而言，其中如引用《论语》的部分材料，实际上是被王符当成史实论据来引用的。但由此我们看出，王符的治政理论实际上寄托了他的三大情结，即圣君、圣人、贤人君子。

二、《潜夫论》征引经书的若干特点

（一）今文经为主，并不排斥古文经

我们可以看到，王符对经书的引用，《诗》、《书》、《论语》、《易》皆是以今文经为主，古文经也偶有引用，并没有明显的今古文壁垒森严的区别。如王符引《诗》，大部分取三家《诗》义，少数取《毛诗》。三家《诗》中，尤其注重《鲁诗》。前代很多研究者直接将《潜夫论》的引《诗》作为考订《鲁诗》的参考和标准，如唐晏的《两汉三国学案》和陈乔枞的《三家诗遗说考》。这种认识虽然基本符合王符引《诗》的实际情况，但仍有些绝对化。对《春秋》三传的引用以古文经《左传》为主，偶尔用到《公羊传》。这样的引经标准，主要是由以下三方面原因造成的：

其一，在王符所处的时代，今文经和古文经的门户和壁垒已经打破，学术风气上基本上是"今学"与"古学"融合。很多当时著名的学者都主张将古、今文经学贯通起来，如贾逵、许慎等在其著作和言论中都明显表现出这一倾向。王符在这样的学术大背景下，自然会博采众长，各有所取。

其二，与王符论政的目的有关。王符作文的主要目的就是论政，所以他很注重经学在匡世济用方面的功效。对今古文经的引用，在很大程度上完全是出于其论政过程的需要。今文经与古文经相比，往往表现出更多的对政治的干预色彩。汉代的今文经学者，往往都是以经学为依托，借阴阳灾异来论政，有时甚至直接对统治者提出批评。可以说这已经是今文经学的一种学术传统。如对《诗》经的引用，《毛诗》虽然也注重美刺，但是相对而言，《鲁诗》学派在汉代更加表现出了一种积极的入世论政的倾向，所以其多取《鲁诗》为证。

其三，从学术特征来看，今文经学也表现出明显的注重阐发经典义理的倾向。

这正好与王符论政中借经言事、依经立意的论述方式相合。王符正是要在对经典的解释中表达自己的观点。而古文经学的学术传统则更倾向于典章制度和名物训诂的探讨，且常常拘泥于章句和师法、家法，对王符论政的自由阐发将形成一定的阻碍，不利于其观点的表达。

另外，对《春秋》三传的引用需特别注意。在三传中，只有《左传》最能通过对史料的爬梳，表现出孔子的微言大义，也最能为统治者的治政提高丰富的历史经验教训。所以王符多取《左传》而少涉及其他两家。这再次说明，王符选择今古文经的材料，主要看自己论证的需要，只要有利于自己很好表达政见的材料，无论今古文，皆可采用。

（二）王符对经书的引用，基本上剔除了其中的神学成分

正如以上我们分析的，王符引经关注的重点在圣君、圣人、贤人君子，而这些全都是属于现实的"人"的范畴。相比于汉代的很多今文经学家依托经典、阐释阴阳灾异的论述方式，王符在引用经典时，绝少提及灾异。这一点集中体现在其对《易》学的态度上。我们前论，虽然王符对京房当是非常了解，并且对其《易》学也相当熟悉，但是对京房的赞美主要是其勤学的品质，对其关注，很大程度上是因为其科查考功的官员管理制度，而完全不涉及其《易》学。京房言《易》，喜以灾异来阐发，从而警惕统治者，表达自己的政见。但是王符则不然，我们在其引用经典的例证中，几乎找不到这方面的内容。

（三）王符对经书的引用，有时根据论政的需要，断以己意，使之与自己的论述过程相合，存在个别"六经注我"的现象

如《交际》："夫以逾疏之贱，伏于下流，而望日忘之贵，此《谷风》所为内摧伤，而介推所以赴深山也。"此本《诗·邶风·谷风》："不我能慉，反以我为雠。既阻我德，贾用不售。"[①]这首诗《毛诗序》解释说："刺夫妇失道也。卫人化其上，

_____

① （汉）毛亨传、（汉）郑玄笺、（唐）孔颖达疏：《毛诗正义》，（清）阮元刻：《十三经注疏》本，北京：中华书局，1980年，第151页。

淫于新婚而弃其旧室，夫妇离绝，国俗伤败焉。"①刘向《列女传·贤明篇》："晋赵衰妻者，晋文公之女也。号赵姬。初文公为公子时，与赵衰奔狄。狄人人其二女叔隗季隗于公子，公以叔隗妻赵衰，生盾。及反国，文公以其女赵姬妻赵衰。生原、同、屏、括、楼、婴。赵姬请迎盾与其母而纳之，赵衰辞而不敢。姬曰：'不可。夫得宠而忘旧，舍义。好新而嫚故，无恩。与人勤于隘厄，富贵而不顾，无礼。君弃此三者，何以使人！虽妾亦无以侍执巾栉。诗不云："乎采葑采菲，无以下体，德音莫违，及尔同死。"与人同寒苦，虽有小过，犹与之同死而不去，况于安新忘旧乎！'又曰：'燕尔新婚，不我屑以。'盖伤之也。君其逆之，无以新废旧。"②可见其"刺夫妇失道"之说由来已久。且刘向传《鲁诗》，是《鲁诗》从此说。《韩》、《齐》两家无异议。但是王符这里却将其解说为朋友之间交际，故亲今疏，从而以此诗作讽。这不能不说是王符根据自己的论证过程对《诗》义的自行阐释。值得注意的是，这种说法还可能被后来的郑玄接受。《礼记·坊记》引本诗"采葑采菲，无以下体。"郑玄注曰："此诗故亲、今疏者，言人之交，当如采葑采菲，取一善而已。"③其说可能正来自于王符。

（四）引用经书的文献处理方式

王符对这些经书文献的引用，主要有以下几种处理方式：

1. 指出所引经书，并完整引用其文字者

如《交际》："《诗》云：'淑人君子，其仪一兮，心如结兮。'"《交际》："《诗》云：'德輶如毛，民鲜克举之。'"《考绩》："故《书》曰：'三载考绩，黜陟幽明。'"

2. 未指出所引经书，但完整引用其文字者

如《边议》："维其有之，是以似之。"自《诗·小雅·裳裳者华》："维其有之，

---

① （汉）毛亨传、（汉）郑玄笺、（唐）孔颖达疏：《毛诗正义》，（清）阮元刻：《十三经注疏》本，北京：中华书局，1980年，第144页。

② （汉）刘向：《列女传》，北京：中华书局，1985年，第70页。

③ （汉）郑玄注、（唐）孔颖达疏：《礼记正义》，（清）阮元刻：《十三经注疏》本，北京：中华书局，1980年，第1416页。

是以似之。"①《慎微》："天之所助者顺也，人之所尚者信也，履信思乎顺，又以尚贤，是以吉无不利也。"自《周易·系辞下》："天之所助者，顺也；人之所助者，信也。履信思乎顺，又以尚贤也。"②

3. 引用经书，只提及其名者

如《思贤》："故曰：虽有尧、舜之美，必考于《周颂》；虽有桀、纣之恶，必讥于《版》、《荡》。"《班禄》："其后忽养贤而《鹿鸣》思，背宗族而《采蘩》怨，履亩税而《硕鼠》作，赋敛重而《谭告》通，班禄颇而《倾甫》刺，行人定而《绵蛮》讽，故遂耗乱衰弱。"

4. 引用经书，只阐释其文句大意者

如《实贡》："周公不求备。"自《论语·微子》："周公谓鲁公曰：'君子不施其亲，不使大臣怨乎不以。故旧无大故，则不弃也。无求备于一人。'"③《忠贵》："周公东征，后世追思。"《诗·豳风·破斧》："周公东征，四国是皇。哀我人斯，亦孔之将！"④

5. 仅引用关键词者

如《遏利》："是贪民也，必将败其类。"自《诗·大雅·桑柔》："大风有隧，贪人败类。"⑤《忠贵》："本枝百世。"自《诗·大雅·文王》："文王孙子，本支百世。"⑥

---

① （汉）毛亨传、（汉）郑玄笺、（唐）孔颖达疏：《毛诗正义》，（清）阮元刻：《十三经注疏》本，北京：中华书局，1980 年，第 861 页。

② （魏）王弼注、（唐）孔颖达疏：《周易正义》，（清）阮元刻：《十三经注疏》本，北京：中华书局，1980 年，第 290 页。

③ （魏）何晏注、（宋）邢昺疏：《论语注疏》，（清）阮元刻：《十三经注疏》本，北京：中华书局，1980 年，第 254 页。

④ （汉）毛亨传、（汉）郑玄笺、（唐）孔颖达疏：《毛诗正义》，（清）阮元刻：《十三经注疏》本，北京：中华书局，1980 年，第 527 页。

⑤ （汉）毛亨传、（汉）郑玄笺、（唐）孔颖达疏：《毛诗正义》，（清）阮元刻：《十三经注疏》本，北京：中华书局，1980 年，第 1188 页。

⑥ （汉）毛亨传、（汉）郑玄笺、（唐）孔颖达疏：《毛诗正义》，（清）阮元刻：《十三经注疏》本，北京：中华书局，1980 年，第 958 页。

6. 引用经典，对其进行改写者

如《论荣》："故君子未必富贵，小人未必贫贱，或潜龙未用，或亢龙在天，从古以然。"《易·乾·九五》曰："飞龙在天，利见大人"。[①]《上九》曰："亢龙有悔"[②]。所以，"亢龙在天"一句正是对《易》经中这两句原文的巧妙改写，在这种改写中，王符很好地达成了自己的论政效果。

可以说，通过我们以上对王符引经文献特点的分析，可以明显看出：王符对这些经典文献的处理，其基本标准只有一个，即最好地达成自己的论证效果。这些经典的语言和典故，是王符论政时最重要的理论依据和史实依据。正是在对这些经书文献的引用和阐释中，王符表达了自己的政见。

第三节 《潜夫论》征引传书考论

前文我们梳理并分析了《潜夫论》对经书引用的情况及其特点。接下来我们考察《潜夫论》对传书的征引情况。

一、《潜夫论》征引传书的判别标准

以上对《潜夫论》征引经书情况的分析考察，由于其内容往往相对明确，不难判别其出自何书。即使是存在今、古文的差异，也可以通过对其文字及经义的甄别进行大致的区分。但是其征引传书的情况则不然，因为《潜夫论》使用的传说、典故，很多在不同的文献中都有记载，往往很难明确判断其出自何书。但是，我们在对这些文献的梳理过程中，还是发现并总结出一些处理此问题的方法，并将其作为判定《潜夫论》征引传书的依据和标准。具体如下。

---

① （魏）王弼注、（唐）孔颖达疏：《周易正义》，（清）阮元刻：《十三经注疏》本，北京：中华书局，1980年，第6页。

② （魏）王弼注、（唐）孔颖达疏：《周易正义》，（清）阮元刻：《十三经注疏》本，北京：中华书局，1980年，第7页。

（一）经书与传书同见，且概引史实，无法由文句判断者，以经书为主

如《贤难》："齐侯之以夺国。"此事在这里只是概引，《左传·哀公十四年》记载此事，同时亦见《史记·齐世家》、《史记·田完世家》，我们将其归入征引经书部分考查。再如《明暗》："是以郁宛得众而子常杀之。"此事见于《左传·昭公二十七年》，亦见《韩非子·内储说下》，我们也认为王符是引《左传》论事。

（二）从文字异同或者句式异同方面考查

如《衰制》："李兑害主父于沙丘。"《战国策·楚策四》："孙子曰：'李兑用赵，饿主父于沙丘。'"① 此事又见《史记·范雎蔡泽列传》："李兑管赵，囚主父于沙丘，百日而饿死。"② 但是比较文字和句式，很明显王符的引用与《战国策》更为相近。所以将其归为引用《战国策》。

（三）各种传书皆有记载，我们选取其中王符有征引之例者

如《巫列》："宋景不移咎。"事见《吕氏春秋·制乐》：

> 宋景公之时，荧惑在心，公惧，召子韦而问焉，曰："荧惑在心，何也？"子韦曰："荧惑者，天罚也；心者，宋之分野也。祸当于君。虽然，可移于宰相。"公曰："宰相，所与治国家也，而移死焉，不祥。"子韦曰："可移于民。"公曰："民死，寡人将谁为君乎？宁独死！"子韦曰："可移于岁。"公曰："岁害则民饥，民饥必死。为人君而杀其民以自活也，其谁以我为君乎？是寡人之命固尽已，子无复言矣。"子韦还走，北面载拜曰："臣敢贺君。天之处高而听卑。君有至德之言三，天必三赏君。今夕荧惑其徙三舍，君延年二十一岁。"公曰："子何以知之？"对曰："有三善言，必有三赏，荧惑必三徙舍。舍行七星，星一徙当一年，三七二十一，臣故曰'君延年二十一岁'矣。臣请伏于陛下以伺候之。荧惑不徙，臣请死。"公曰："可。"是夕荧惑果徙三舍。③

---

① （西汉）刘向辑录：《战国策·楚策四》，上海：上海古籍出版社，1985年，第567页。
② （汉）司马迁：《史记》，北京：中华书局，1959年，第2411页。
③ 许维遹撰、梁运华整理：《吕氏春秋集释》，北京：中华书局，2009年，第145—147页。

事亦见《新序·杂事四》、《论衡·变虚篇》，记载与此基本全同。我们考察发现王符在《潜夫论》中并未引用过《新序》和《论衡》文字，但是在《论荣》篇曾引用《吕氏春秋》，因此我们认为王符此处引用也来自《吕氏春秋》。

（四）根据上下文引书进行考察

如《贤难》篇："孙膑修能于楚。庞涓自魏变色，诱以刖之；韩非明治于韩，李斯自秦作思，致而杀之。"其中孙膑、庞涓之事见于《史记·孙子吴起列传》。李斯、韩非之事见于《史记·老庄申韩列传》，又见《战国策·秦策五》。然本段在此前有"范睢绌白起，公孙弘抑董仲舒。"分别出自《史记·白起王翦列传》和《史记·儒林列传》。此后有"晁错雅为景帝所知"，出自《史记·袁盎晁错列传》。综合考察，可证本段引历史典故基本皆出自《史记》。所以我们认为这里引李斯、韩非之事也出自《史记》。

当然，我们努力以这样一些标准使得对《潜夫论》引传书情况的考察更加科学合理，在具体的例子上又采取各种标准相互参照的方式。这样，基本上是可以将《潜夫论》对传书的引用问题厘清的。

二、《潜夫论》征引传书考略

《潜夫论》虽经书和解经之书以外的"传书"的征引，种类繁多，情况也比较复杂。为了便于考察，我们将其分为诸子、史书、数术、兵书、民间谚语、谶纬六类，逐项进行考辨。

（一）《潜夫论》征引诸子类文献

1. 儒家类文献

（1）引《晏子春秋》：

如《边议》："徒窃笑之，是以晏子'轻困仓之蓄而惜一杯之钻'何异？"此说不可确考，吴则虞先生曾将其列入关于晏子的评论材料[①]，但是我们不同意这一说法，怀疑是《晏子春秋》佚文，兹录于此，考辨详于后。

---

① 吴则虞：《晏子春秋集释·附录》，北京：中华书局，1962年，第590页。

（2）引《孟子》：

如《交际》："孟轲辞禄万钟。"此说见《孟子·公孙丑下》：

> 他日，王谓时子曰："我欲中国而授孟子室，养弟子以万钟，使诸大夫国人皆有所矜式。子盍为我言之！"时子因陈子而以告孟子，陈子以时子之言告孟子。孟子曰："然，夫时子恶知其不可也？如使予欲富，辞十万而受万，是为欲富乎？季孙曰：'异哉子叔疑！使己为政，不用，则亦已矣，又使其子弟为卿。人亦孰不欲富贵？而独于富贵之中有私龙断焉。'古之为市也，以其所有易其所无者，有司者治之耳。有贱丈夫焉，必求龙断而登之，以左右望，而罔市利。人皆以为贱，故从而征之。征商自此贱丈夫始矣。"①

再如《明忠》："夫恻隐人皆有之。"《孟子·告子上》："恻隐之心，人皆有之。"②

（3）引《荀子》：

如《赞学》："是故君子者，性非绝世，善自托于物也。"自《荀子》："君子生非异也，善假于物也。"③

再如《释难》："昔荀卿有言：'夫仁也者爱人，爱人，故不忍危也；义也者聚人，聚人，故不忍乱也。'"自《荀子·议兵》："彼仁者爱人，爱人，故恶人之害之也；义者循理，循理，故恶人之乱之也。"④

（4）引陆贾《新语》：

如《本训》："故能使民比屋可封，尧、舜是也。"《新语·无为》云："尧、舜之民可比屋而封。"⑤

（5）引贾谊《新书》：

如《实边》："贾谊痛于偏枯躄痱之疾。"《新书·解县》云："非特倒县而已也，

---

① （汉）赵岐注、（宋）孙奭疏：《孟子注疏》，（清）阮元刻：《十三经注疏》本，北京：中华书局，1980年，第2695页。

② （汉）赵岐注、（宋）孙奭疏：《孟子注疏》，（清）阮元刻：《十三经注疏》本，北京：中华书局，1980年，第2751页。

③ （清）王先谦撰、沈啸寰、王星贤点校：《荀子集解》，北京：中华书局，1988年，第4页。

④ （清）王先谦撰、沈啸寰、王星贤点校：《荀子集解》，北京：中华书局，1988年，第279页。

⑤ （汉）陆贾著、王利器校注：《新语校注》，北京：中华书局，1986年，第65页。

又类躄，且病痱。夫躄者一面病，痱者一方痛。"①

（6）引刘向《新序》：

如《贤难》："鲍焦所以立枯于道左。"自《新序》：

鲍焦衣弊肤见，挈畚将蔬，遇子贡将于道。子贡曰："吾子何以至此也？"焦曰："天下之遗德教者众矣！吾何以不至于此也。吾闻之，世不己知，而行之不己者，是爽行也；上不己知，而干之不止者，是毁廉也。行爽廉毁，然且不舍，惑于利者也。"子贡曰："吾闻之，非其世者不生其利，污其君者，不履其土。今吾子污其君而履其土，非其而将其蔬，此诸之有哉？"鲍焦曰："呜呼！吾闻贤者重进而轻退，廉者易丑而轻死。"乃弃其蔬而立，槁死于洛水之上。②

（7）引刘向《说苑》：

如《实贡》："夫十步之闲，必有茂草，十室之邑，必有俊士。"此本刘向《说苑·谈丛》："孝于父母，信于交友，十步之泽，必有香草；十室之邑，必有忠士。"③

（8）引桓宽《盐铁论》：

如《本政》："其官益大者罪益重，位益高者罪益深尔。"此本《盐铁论·褒贤》篇："其位弥高而罪弥重，禄滋厚而罪滋多。"④

2. 道家类文献

（1）引《太公六韬》：

《潜叹》："文王游畋，遇姜尚于渭滨，察言观志，而见其心，不谘左右，不诹群臣，遂载反归。"此本《六韬·文师》："文王将田，史编布卜曰：'田于渭阳，将大得焉。非龙非螭，非虎非罴，兆得公侯，天遗汝师，以之佐昌，施及三王。'文王曰：'兆致是乎？'史编曰：'编之太祖史畴为禹占得皋陶，兆比于此。'文王乃斋三日，田于渭阳，卒见太公坐茅以渔，乃载与俱归，立以为师。"⑤按，《汉书·艺文志》

---

① （汉）贾谊撰、阎振益、钟夏校注：《新书校注》，北京：中华书局，2000年，第127页。

② （汉）刘向撰、石光瑛校释：《新序校释》，北京：中华书局，2001年，第221页。

③ （汉）刘向撰、向宗鲁校证：《说苑校证》，北京：中华书局，1987年，第389页。

④ （汉）桓宽撰、王利器校注：《盐铁论校注》，北京：中华书局，1992年，第241页。

⑤ 徐培根：《太公六韬今注今译》，台北：台湾商务印书馆，1977年，第40页。

著录："《太公》二百三十七篇"，^①《六韬》当在其中，可证王符能见到该书。

（2）引《老子》，共5条，皆列于后：

如《贤难》："彼大圣群贤，功成名遂。"此本《老子·第十七章》："功成事遂，百姓皆谓我自然。"^②

《思贤》："老子曰：夫唯病病，是以不病。"此自《老子·第七十一章》："夫唯病病，是以不病。"^③

《慎微》："知己曰明，自胜曰强。"《老子·第三十三章》："知人者智，自知者明，胜人有力，自胜者强。"^④

《释难》："老聃有言：'大丈夫处其实，不居其华。'"《老子·第三十八章》："大丈夫处其厚，不处其薄；居其实，不居其华。"^⑤

《忠贵》："故居上而下不重也，在前而后不殆也。"《文子·道德篇》："老子曰：'居上而民不重，居前而众不害。'"^⑥可见其为《老子》佚文。

（3）《管子》^⑦：

如《浮侈》："一夫不耕，天下必受其饥者；一妇不织，天下必受其寒者。"《管子·揆度》篇云："农有常业，女有常事。一农不耕，民有为之饥者；一女不织，民有受其寒者。"^⑧

（4）引《庄子》：

如《贤难》："夫子削迹。"此本《庄子·盗跖》："子自谓才士圣人耶？则再逐于鲁，削迹于卫。"^⑨

《实贡》："恬淡无为。"此本《庄子·胠箧》："释夫恬淡无为而悦夫啍啍之意，

---

① （汉）班固著、（唐）颜师古注：《汉书》，北京：中华书局，1962年，第1729页。

② 朱谦之：《老子校释》，北京：中华书局，2000年，第70页。

③ 朱谦之：《老子校释》，北京：中华书局，2000年，第283页。

④ 朱谦之：《老子校释》，北京：中华书局，2000年，第133—134页。

⑤ 朱谦之：《老子校释》，北京：中华书局，2000年，第153页。

⑥ 王利器：《文子疏义》，北京：中华书局，2000年，第238页。

⑦ 《汉书·艺文志》列《管子》于道家。参见（汉）班固著、（唐）颜师古注：《汉书》，北京：中华书局，1962年，第1729页。

⑧ 郭沫若、闻一多、许维遹：《管子集校》，北京：科学出版社，1956年，第1176页。

⑨ （清）郭庆藩撰、王孝鱼点校：《庄子集释》，北京：中华书局，1961年，第997页。

嘻嘻已乱天下矣！"①

《卜列》："鱼处水而生。"此本《庄子·至乐》："鱼处水而生。"②

《交际》："许由让其帝位。"《庄子·让王》："尧以天下让许由，许由不受。"③

3. 法家类文献

引《韩非子》：

《思贤》："与死人同病者，不可生也；与亡国同行者，不可存也。"此本《韩非子·孤愤》"与死人同病者，不可生也；与亡国同事者，不可存也。"④

《浮侈》："箕子所晞，今在仆妾。"事见《韩非子·说林上》：

> 纣为象箸而箕子怖，以为象箸必不盛羹于土铏，则必将犀玉之杯；玉杯象箸必不盛菽藿，则必旄象豹胎；旄象豹胎必不衣短褐而舍茅茨之下，则必锦衣九重，高台广室也。称此以求，则天下不足矣。圣人见微以知萌，见端以知末，故见象箸而怖，知天下之不足也。⑤

《述赦》："夫养稊稗者伤禾稼，惠奸宄者贼良民。"此本《韩非子·难二》："夫惜草茅者耗禾穗，惠盗贼者伤良民。"⑥

《劝将》："进战则兵败，退守则城亡。"此本《韩非子·五蠹》："出兵则军败，退守则城拔。"⑦

《释难》："庚子问于潜夫曰：'尧、舜道德，不可两美，实若韩子戈伐之说邪？'"此处讨论《韩非子·难一》"自相矛盾"的论题⑧。

4. 墨家类文献

引《墨子》：

---

① （清）郭庆藩撰、王孝鱼点校：《庄子集释》，北京：中华书局，1961年，第360页。

② （清）郭庆藩撰、王孝鱼点校：《庄子集释》，北京：中华书局，1961年，第621页。

③ （清）郭庆藩撰、王孝鱼点校：《庄子集释》，北京：中华书局，1961年，第965页。

④ （清）王先慎撰、钟哲点校：《韩非子集解》，北京：中华书局，1998年，第82页。

⑤ （清）王先慎撰、钟哲点校：《韩非子集解》，北京：中华书局，1998年，第179页。

⑥ （清）王先慎撰、钟哲点校：《韩非子集解》，北京：中华书局，1998年，第360页。

⑦ （清）王先慎撰、钟哲点校：《韩非子集解》，北京：中华书局，1998年，第453页。

⑧ （清）王先慎撰、钟哲点校：《韩非子集解》，北京：中华书局，1998年，第349—350页。

《论荣》："幽厉之贵，天子也，而富有四海。"此本《墨子·非命下》："昔三代暴王桀纣幽厉，贵为天子，富有天下。"[1]

5. 名家类文献

引《公孙龙子》：

如《实贡》："今世慕虚者，此谓坚白。坚白之行，明君所憎，而王制所不取。"此处提到"坚白"，为《公孙龙子·坚白论》语[2]。

6. 杂家类文献

（1）引《吕氏春秋》：

如《论荣》："傅说胥靡。"此本《吕氏春秋·求人篇》云："傅说，殷之胥靡也。"[3]

再如《巫列》："宋景不移咎。"此本《吕氏春秋·制乐》。《新序·杂事四》、《论衡·变虚篇》。考辨见上，兹不赘述。

（2）《淮南子》：

如《慎微》："是故君子战战栗栗，日慎一日。"《淮南子·人闲训》云："尧戒曰：'战战栗栗，日慎一日，人莫蹟于山，而蹟于垤。'"[4]

（二）《潜夫论》征引史书类文献

《汉书·艺文志》并没有列史书类，而是将《国语》、《战国策》等附于"六艺略"之《春秋》类后。为了方便考察，我们现将其在此单列史书类文献讨论。

1. 《国语》

如《遏利》："昔曹羁有言：'守天之聚，必施其德义。德义弗施，聚必有阙。'"自《国语·晋语》："僖负羁言于曹伯曰：'守天之聚，将施于宜。宜而不施，聚必有阙。'"[5]

再如《潜叹》："故有周之制也，天子听政，使三公至于列士献典，良史献书，

---

[1] （清）孙诒让撰、孙启智点校：《墨子间诂》，北京：中华书局，2001年，第279页。
[2] 王琯：《公孙龙子悬解》，北京：中华书局，1992年，第73页。
[3] 许维遹撰、梁运华整理：《吕氏春秋集释》，北京：中华书局，2009年，第614页。
[4] 何宁：《淮南子集释》，北京：中华书局，1998年，第1240页。
[5] 徐元诰撰、王树民、沈长云点校：《国语集解》北京：中华书局，2002年，第325页。

师箴，瞍赋，蒙诵，百工谏，庶人传语，近臣尽规，亲戚补察，瞽史教诲，耆艾修之，而后王斟酌焉，是以事行而无败也。"自《国语·周语》："故天子听政，使公卿至于列士献诗，瞽献曲，史献书，师箴，瞍赋，蒙诵，百工谏，庶人传语，近臣尽规，亲戚补察，瞽、史教诲，耆、艾修之，而后王斟酌焉，是以事行而不悖。"①

2.《战国策》

如《遏利》："楚斗子文三为令尹，而有饥色，妻子冻馁，朝不及夕。"此本《战国策·楚策一》："莫敖子华对曰：'昔令尹子文，缊帛之衣以朝，鹿裘以处；未明而立于朝，日晦而归食；朝不谋夕，无一（月）[日]之积。"②

再如《救边》："所谓媾亦悔，不媾亦有悔者尔。"此本《战国策·秦策》云："三国攻秦，入函谷。秦王谓楼缓，曰：'三国之兵深矣，寡人欲割河东而讲。'对曰：'割河东大费也，免于国患大利也。此父兄之任也，王何不召公子池而问焉？'王召公子池而问焉，对曰：'讲亦悔，不讲亦悔。'"③

3.《逸周书》

如《相列》："故师旷曰'赤色不寿'。"《志氏姓》："晋平公使叔誉聘于周，见太子，与之言，五称而三穷，逡巡而退，归告平公曰：'太子晋行年十五，而誉弗能与言，君请事之。'平公遣师旷见太子晋。太子晋与语，师旷服德，深相结也。乃问旷曰：'吾闻太师能知人年之长短。'师旷对曰：'女色赤白，女声清汗，火色不寿。'晋曰：'然。吾后三年将上宾于帝，女慎无言，殃将及女。'其后三年而太子死。"此皆本《逸周书·太子晋解》："晋平公使叔誉于周，见太子晋而与之言。五称而三穷，逡巡而退，其不遂。归告公曰：'太子晋行年十五，而臣弗能与言。'……王子曰：'太师何汝戏我乎？自太昊以下，至于尧舜禹，未有一姓而再有天下者，夫大当时而不伐，天何可得？吾闻汝知人年之长短，告吾。'师旷对曰：'汝声清汗，汝色赤白，火色不寿。'王子曰：'然。吾后三年，将上宾于帝所，汝慎无言，殃将及汝。'师旷归，未及三年，告死者至。"④

---

① 徐元诰撰、王树民、沈长云点校：《国语集解》北京：中华书局，2002年，第11页。

② （西汉）刘向辑录：《战国策·楚策一》，上海：上海古籍出版社，1985年，第514页。

③ （西汉）刘向辑录：《战国策·秦策四》，上海：上海古籍出版社，1985年，第227页。

④ 黄怀信等撰：《逸周书汇校集注》，上海：上海古籍出版社，1995年，第1080—1103页。

4. 《太史公书》

王符对司马迁的《太史公书》（即《史记》）应该是非常熟悉的，所以在文中很多西汉掌故皆是来自于《太史公书》。如《本政》："高祖所以共取天下者，缯肆、狗屠也；骊山之徒，钜野之盗，皆为名将。"这些事迹均来自《太史公书·高祖本纪》及各本传。这方面的例证较多，此处不过多赘述。据笔者统计，有 31 次之多。

5. 《续太史公书》

王符对班彪的《续太史公书》应该也已经有所涉猎，因为王符引用的很多东汉史实应该只能来自于《续太史公书》（即后来的《汉书》的一部分）。如《三式》："昔宣皇帝兴于民间，深知之，故常叹曰：'万民所以安田里无忧患者，政平讼治也。与我共此者，其惟良二千石。'"本《汉书·循吏传序》："及至孝宣，由仄陋而登至尊，兴于闾阎，知民事之艰难。自霍光薨后始躬万机，厉精为治，五日一听事，自丞相已下各奉职而进。及拜刺史守相，辄亲见问，观其所由，退而考察所行以质其言，有名实不相应，必知其所以然。常称曰：'庶民所以安其田里而亡叹息愁恨之心者，政平讼理也。与我共此者，其唯良二千石乎！'"①

6. 刘向《列女传》

如《释难》："次室倚立而叹啸。"《列女传·鲁漆室女》："当穆公时，君老，太子幼。女倚柱而啸，旁人闻之，莫不为之惨者。"②

再如《释难》：楚女揭幡而激王。《列女传·楚佽处女》："其母曰：'汝婴儿也，安知谏？'不遣，佽乃逃。以缇竿为帜，佽持帜伏南郊道旁，王车至，佽举其帜，王见之而止，使人往问之，使者报曰：'有一女童伏于帜下，愿有谒于王。'"③

（三）《潜夫论》征引兵书类文献

1. 引《孙子兵法》

《潜夫论》引《孙子兵法》共 4 条，兹皆录于下：

---

① （汉）班固著、（唐）颜师古注：《汉书》北京：中华书局，1964 年，第 3624 页。
② （汉）刘向：《列女传》，北京：中华书局，1985 年，第 120 页。
③ （汉）刘向：《列女传》，北京：中华书局，1985 年，第 244 页。

《劝将》："孙子曰：'将者，智也，仁也，敬也，信也，勇也，严也。'"自《孙子兵法·计》："将者，智、信、仁、勇、严也。"①

《劝将》："孙子曰：'将者，民之司命，而国家安危之主也。'"自《孙子兵法·作战》："故知兵之将，民之司命，国家安危之主也。"②

《救边》："曰：'攻常不足，而守恒有余也。'"此本《孙子·形》篇云："守则不足，攻则有余。"③

《边议》："非人之主，非民之将，非主之佐，非胜之主者也。"自《孙子·用间》："相守数年，以争一日之胜，而爱爵禄百金，不知敌之情者，不仁之至也，非人之将也，非主之佐也，非胜之主也。"④

2. 引《吴起兵法》

《劝将》："孙、吴之言，聒乎将耳。"此处提到了《吴起兵法》，可见王符对这本兵书也有所了解。

（四）《潜夫论》征引数术类文献

1. 《黄帝内经》

《思贤》："治身有黄帝之术。"这里的"黄帝之术"指的就是《黄帝内经》，虽然王符文中并未见对其原文的征引，但是应该对其有所了解。

（五）《潜夫论》征引民间谚语

王符文中引用民间谚语共 9 次，皆录于下：

（1）《遏利》：愿鉴于道，勿鉴于水。《国语·吴语》：申胥云："王其盍亦

---

①　（春秋）孙武撰、（三国）曹操等注、杨丙安校理：《十一家注孙子校理》（增订本），北京：中华书局，1980 年，第 7 页。

②　（春秋）孙武撰、（三国）曹操等注、杨丙安校理：《十一家注孙子校理》（增订本），北京：中华书局，1980 年，第 39 页。

③　（春秋）孙武撰、（三国）曹操等注、杨丙安校理：《十一家注孙子校理》（增订本），北京：中华书局，1980 年，第 71 页。

④　（春秋）孙武撰、（三国）曹操等注、杨丙安校理：《十一家注孙子校理》（增订本），北京：中华书局，1980 年，第 289—290 页。

鉴于人，无鉴于水！"①《书·酒诰》：古人有言曰："人无于水监，当于民监。"②《史记·蔡泽传》："鉴于水者，见面之容；鉴于人者，知吉与凶。"③可见为古谚语，因相传致语异。

（2）《贤难》：谚曰："一犬吠形，百犬吠声。"

（3）《考绩》：谚曰："曲木恶直绳，重罚恶明证。"

（4）《实贡》：夫圣人纯，贤者驳。《论衡·明雩》云："世称圣人纯而贤者驳。"④可见为当时习见谚语。

（5）《述赦》：故其谚曰："一岁载赦，奴儿噫嗟。"

（6）《述赦》：与狐议裘，无时焉可。汪继培笺注曰：《天中记》引《符子》云："鲁侯欲以孔子为司徒，将召三桓而议之，左邱明曰：'周人有爱裘而好珍羞，欲为千金之裘而与狐谋其皮，欲具少牢之珍而与羊谋其羞，言未卒，狐相率逃于重邱之下，羊相呼藏于深林之中，故周人之谋失之矣。今君欲以孔子为司徒，召三桓谋之，非亦与狐谋裘，羊谋羞哉？'"⑤可知为民间谚语。

（7）《救边》：谚曰："痛不着身言忍之，钱不出家言与之。"

（8）《边议》：谚曰："何以服很？莫若听之。"

（9）《遏利》：匹夫无辜，怀璧其罪。自《左传·桓公十年》：初，虞叔有玉，虞公求旃。弗献，既而悔之，曰："周谚有之：'匹夫无罪，怀璧其罪。'"⑥

---

① 徐元诰撰、王树民、沈长云点校：《国语集解》，北京：中华书局，2002年，第541页。

② （汉）孔安国传、（唐）孔颖达疏：《尚书正义》，（清）阮元刻：《十三经注疏》本，北京：中华书局，1980年，第380页。

③ （汉）司马迁：《史记·蔡泽传》，北京：中华书局，1959年，第2423页。

④ （汉）王充著、黄晖校释：《论衡校释》，北京：中华书局，1990年，第670页。

⑤ （汉）王符著、（清）汪继培笺、彭铎校正：《潜夫论笺校正》，北京：中华书局，1985年，第194页。

⑥ （周）左丘明传、（晋）杜预注、（唐）孔颖达正义：《春秋左传正义》，（清）阮元刻：《十三经注疏》本，北京：中华书局，1980年，第192页。

（六）《潜夫论》征引纬书

1. 本《易纬·乾凿度》

《本训》："是故天本诸阳，地本诸阴，人本中和。"汪继培笺曰："本《易乾凿度》。"①

2. 本《尚书·帝命验》

《五德志》："后嗣修纪，见流星，意感生白帝，文命戎禹。"《太平御览》卷八十二引《尚书帝命验》云："禹白帝精，以星感。修己山行，见流星，意感栗然，生姒戎文命。"②

3. 本《诗·含神雾》

《五德志》："大人迹出雷泽，华胥履之生伏羲。"《太平御览》卷七十八引《诗含神雾》云："大迹出雷泽，华胥履之生宓牺。"③

《五德志》："太妊梦长人感己，生文王。"《太平御览》卷八十四引《诗含神雾》云："大任梦长人感己，生文王。"④

《五德志》："后嗣庆都，与龙合婚，生伊尧。"《初学记》卷九引《诗含神雾》云："庆都与赤龙合婚，生赤帝伊祁尧。"⑤

《五德志》："含始吞赤珠，克曰'玉英生汉'，龙感女媪，刘季兴。"《艺文类聚》卷九十八引《诗含神雾》云："含始吞赤珠，刻曰'玉英生汉皇'，后赤龙感女媪，刘季兴也。"⑥

《五德志》："后嗣握登，见大虹，意感生重华虞舜。"《太平御览》卷八十一引《诗含神雾》云："握登见大虹，意感生帝舜。"⑦

---

① （汉）王符著、（清）汪继培笺、彭铎校正：《潜夫论笺校正》，北京：中华书局，1985年，第366页。

② （宋）李昉等：《太平御览》（第1卷），石家庄：河北教育出版社，1994年，第700页。

③ （宋）李昉等：《太平御览》（第1卷），石家庄：河北教育出版社，1994年，第671页。

④ （宋）李昉等：《太平御览》（第1卷），石家庄：河北教育出版社，1994年，第728页。

⑤ （唐）徐坚：《初学记》（第1册），北京：中华书局，1962年，第202页。

⑥ （唐）欧阳询：《艺文类聚》（上），上海：上海古籍出版社，1965年，第1703—1704页。

⑦ （宋）李昉等：《太平御览》（第1卷），石家庄：河北教育出版社，1994年，第694页。

4. 引《乐纬》

《五德志》："（帝喾）作乐《六英》。"《周礼·大司乐》疏引《乐纬》云："颛顼之乐曰《五茎》，帝喾之乐曰《六英》。"①

5. 本《春秋·斗运枢》

《卜列》："是故凡姓之有音也，必随其本生祖所王也。太皞木精，承岁而王，夫其子孙咸当为角。神农火精，承荧惑而王，夫其子孙咸当为征。黄帝土精，承镇而王，夫其子孙咸当为宫。少皞金精，承太白而王，夫其子孙咸当为商。颛顼水精，承辰而王，夫其子孙咸当为羽。"由这段文字可知，王符对五德循环的学说还是部分接受的。这种说法实际来自于谶纬之书。《开元占经》卷十九引《春秋运斗枢》云："岁星帅五精聚于东方七宿，苍帝以仁良温让起。荧惑帅五精聚于南方七宿，赤帝以宽明多智略起。填星帅五精聚于中央，黄帝以重厚贤圣起。太白帅五精聚于西方七宿，白帝以勇武诚信多节义起。辰星帅五精聚于北方七宿，黑帝以清平静洁通明起。"②两相比较，可知王符的说法本此。

6. 本《春秋·元命苞》

《五德志》："其相戴干。"《太平御览》卷八十引《春秋元命苞》云："帝喾戴干，是谓清明。"③

《五德志》："后嗣姜嫄，履大人迹生姬弃。"《太平御览》卷一百三十五引《春秋元命苞》云："周本姜嫄游閟宫，其地扶桑，履大迹，生后稷。"④

《五德志》："厥相四乳。"《太平御览》卷八十四引《春秋元命苞》云："文王四乳，是谓含良。盖法酒旗，布恩施惠。"⑤

---

① （汉）郑玄注、（唐）贾公彦疏：《周礼注疏》，（清）阮元刻：《十三经注疏》本，北京：中华书局，1980年，第577页。

② （唐）瞿昙悉达：《唐开元占经》，《景印文渊阁四库全书》第807册，台湾商务印书馆股份有限公司，2008年，第324页。

③ （宋）李昉等：《太平御览》（第1卷），石家庄：河北教育出版社，1994年，第685页。

④ （宋）李昉等：《太平御览》（第2卷），石家庄：河北教育出版社，1994年，第298页。

⑤ （宋）李昉等：《太平御览》（第1卷），石家庄：河北教育出版社，1994年，第729页。

《五德志》："武王骈齿。"《太平御览》卷三百六十八引《春秋元命苞》云："武王骈齿，是谓刚强。参房诛害，以从天心。"①

《五德志》："其眉八彩。"《太平御览》卷八十引《春秋元命苞》云："尧眉八彩，是谓通明。历象日月，璇玑玉衡。"②

《五德志》："其相龙颜。"《太平御览》七十九引《春秋元命苞》云："黄帝龙颜。"③

《五德志》："其目重瞳。"《太平御览》卷三百六十六引《春秋元命苞》云："舜重瞳子。"④

《五德志》："其相骈干。"《太平御览》卷七十九引《春秋元命苞》云："颛顼并干。"⑤

7. 本《孝经·钩命决》

《衰制》："无慢制而成天下者，三皇也；画则象而化四表者，五帝也；明法禁而和海内者，三王也。"《孝经钩命决》："三皇无文，五帝画象，三王肉刑。"⑥

《五德志》："有神龙首出常羊，感任姒，生赤帝魁隗。"《太平御览》卷七十八引《孝经钩命决》云："任已感龙生帝魁"。⑦

8. 本《孝经·援神契》

《五德志》："其相日角。"《太平御览》卷七十八引《孝经援神契》云："伏羲氏日角，衡连珠。"⑧

9. 本《河图》

《五德志》："大星如虹，下流华渚，女节梦接，生白帝挚青阳。"《初学记》卷十引《河图》云："帝挚少昊氏，母曰女节，见大星如虹，下流华渚，既而梦接，

① （宋）李昉等：《太平御览》（第4卷），石家庄：河北教育出版社，1994年，第72页。
② （宋）李昉等：《太平御览》（第1卷），石家庄：河北教育出版社，1994年，第687页。
③ （宋）李昉等：《太平御览》（第1卷），石家庄：河北教育出版社，1994年，第678页。
④ （宋）李昉等：《太平御览》（第4卷），石家庄：河北教育出版社，1994年，第54页。
⑤ （宋）李昉等：《太平御览》（第1卷），石家庄：河北教育出版社，1994年，第683页。
⑥ [日]安居香山、中村璋八：《纬书集成》，石家庄：河北人民出版社，1994年，第1004页。
⑦ （宋）李昉等：《太平御览》（第1卷），石家庄：河北教育出版社，1994年，第673页。
⑧ （宋）李昉等：《太平御览》（第1卷），石家庄：河北教育出版社，1994年，第671页。

意感生白帝朱宣。"①

《五德志》："摇光如月正白，感女枢幽防之宫，生黑帝颛顼。"《太平御览》卷七十九引《河图》云："瑶光之星如蜺，贯月，正白，感女枢幽房之宫，生黑帝颛顼。"②

《五德志》："扶都见白气贯月，意感生黑帝子履。"《太平御览》卷八十三引《河图》云："扶都见白气贯月，意感生黑帝汤。"③

10. 引《河图·握矩起》

《五德志》："大电绕枢照野，感符宝，生黄帝轩辕。"《艺文类聚》卷二引《河图·握矩起》云："大电绕枢星，照郊野，感符宝而生黄帝。"④

11. 本《洛书·灵准听》

《五德志》："（禹）其耳参漏。"《太平御览》卷八十二引《洛书·灵准听》云："有人大口，两耳参漏。"注云："谓禹也。"⑤

《五德志》："其相二肘。"《太平御览》卷八十三引《洛书·灵准听》云："黑帝子汤长八尺一寸，连珠庭，臂二肘。"⑥

通过以上的考察，我们对王符除经书外的涉猎范围有了大致的了解。当然，王符当时所见之书和所读之书应该远远不止我们现在列出的这些。同样，由于文献阙如，有些可能已经征引，但难以考出，我们目前的考察也只能如此。

第四节　《潜夫论》征引传书的关注重心及特点

在综合考察王符征引传书的情况之前，我们同样需要先据以上的考述列表对其进行统计，以便于我们的进一步探讨。

---

① （唐）徐坚等：《初学记》（第1册），北京：中华书局，1962年，第220页。
② （宋）李昉等：《太平御览》（第1卷），石家庄：河北教育出版社，1994年，第682页。
③ （宋）李昉等：《太平御览》（第1卷），石家庄：河北教育出版社，1994年，第714页。
④ （唐）欧阳询：《艺文类聚》（上），上海：上海古籍出版社，1965年，第36页。
⑤ （宋）李昉等：《太平御览》（第1卷），石家庄：河北教育出版社，1994年，第700页。
⑥ （宋）李昉等：《太平御览》（第1卷），石家庄：河北教育出版社，1994年，第714页。

类别		书名	引用次数	总类合计
诸子类 （共30次）①	儒家	《晏子春秋》	1	10
		《孟子》	2	
		《荀子》	2	
		陆贾《新语》	1	
		贾谊《新书》	1	
		刘向《新序》	1	
		刘向《说苑》	1	
		桓宽《盐铁论》	1	
	道家	《太公六韬》	1	10
		《老子》	5	
		《管子》	1	
		《庄子》	3	
	法家	《韩非子》	5	5
	墨家	《墨子》	1	1
	名家	《公孙龙子》	1	1
	杂家	《吕氏春秋》	2	3
		《淮南子》	1	
史书类		《国语》	22	62
		《战国策》	4	
		《逸周书》	4	
		《太史公书》	55	
		《续太史公书》	24	
		刘向《列女传》	2	
兵书类		《孙子兵法》	5	6
		《吴起兵法》	1	
术数类		《黄帝内经》 （仅提及书名）	1	1
民间谚语			9	9
谶纬类		《易纬·乾凿度》	1	26
		《尚书·帝命验》	1	
		《诗·含神雾》	5	
		《乐纬》	1	
		《春秋·斗运枢》	1	
		《春秋·元命苞》	8	
		《孝经·钩命决》	2	
		《孝经·援神契》	1	
		《河图》	3	
		《河图·握矩起》	1	
		《洛书·灵准听》	2	

① 为了保证该表格的体例，我们将《潜夫论》引用"诸子类"的总数标注于前，以备考察。

由以上的统计表我们可以更加直观地对王符征引传书的情况有清晰的认识。接下来我们就结合该表进一步分析《潜夫论》对传书的征引。

一、《潜夫论》征引传书的关注重心及王符学养

（一）从整体的情况来看，王符《潜夫论》征引传书的范围很广，远远超出了一般的儒者，凸显出王符开阔的视野和广泛的阅读兴趣

王符对经书以外的"传书"的涉猎，无论是诸子类、史书类，还是兵书类、术数类，都广泛征引，这也显示其才学绝非一般学者所能企及。

王符这种广泛涉猎、博览群书的视野，与当时的学术风气有关，也是他自己的学习主张的实践。稍前于王符的王充，就是一个博览群书的人。关于这方面，曾有学者做过细致的统计和分析。[1]《论衡·效力》曾言："博达疏通，儒生之力也。"[2]主张作为儒生应该博览群书。王符也同样主张多读，他在《赞学》篇说："是故工欲善其事，必先利其器。士欲宣其义，必先读其书。"并引《易》曰："君子以多志前言往行以畜其德。"正如王符所言，他要论证国家治政的方方面面，虽然有儒家经典作为自己的理论依据，但是在具体的政务上，就恐怕要用到很多诸子、术数类的理论。如其经济思想的论述，就很明显有《管子》思想的影响；其治边思想的论证，又明确提及了孙子、吴起的兵法，这些，都不是儒家经典所能具有的。王符必须对这些专门的知识有所精研，才能在具体的问题上发表自己专业的见解。

（二）王符对各种纬书的征引，各有侧重，关注点不尽相同

王符对史书的征引，基本上都是将其作为自己论政的史实依据。主要是选取其中富有典型性的君王、贤臣及佞臣的事例来说明自己相应的政治观点。关于诸子的征引，我们后文专门考察。

王符作为一个文人，其读书涉猎范围甚至有兵书。这可能与其身处的社会现实有关系，王符一生很长时间都在故乡安定隐居。但安定当时临近东汉的边疆，东汉

---

① 岳宗伟：《〈论衡〉引书研究》，复旦大学博士学位论文，2006年。
② （汉）王充著、黄晖校释：《论衡校释》，北京：中华书局，1990年，第579页。

的历次羌乱都会波及那里。身处在这样的环境中，王符亲历了羌乱给边疆人民带来的灾难，更了解到了当时东汉边防将领的无能和腐败。其涉猎兵书，很重要的原因就是希望能够为当时的对羌战争提出自己切实可行的意见。作为一个文人，王符身在边疆，更心系边疆。他在晚年的时候还亲自去拜访当时的抗羌名将皇甫规。可见，王符对兵书的学习，一方面是现实的需要，另一方面也是其个人才干的体现。

王符在其《潜夫论》中提及《黄帝内经》一次，虽然并没有征引其原文，但是应该是对其比较了解。另外，王符对民间谚语的9次引用也集中体现出其作为下层知识分子对民意的关注。这与其文章中"以民为本"的政治主张是相印的。王符对这些谚语的引用，正是主张统治者要懂得听取来自民间的心声，尊重人民的意见，这也是王符政治理想的核心部分。

《潜夫论》中26次引用或本谶纬之书论事，体现出了王符对当时社会流行的谶纬神学的了解和认识。从数量上来说，虽然较多，但大部分皆是《五德志》篇引用。这些材料，皆是谶纬之书中对上古帝王出生及奇异形貌的记载。这些神奇的禀赋，正是这些上古圣君受命于天的祥瑞显现。这也正可以客观证明，王符身处谶纬时代大潮中不可能完全脱离其文化背景，过于绝对地认为王符思想中丝毫没有天命论思想的说法是不符合实际的。

（三）对于诸子的著作，王符非常关注，表现出兼容并蓄的特点

王符一共征引诸子文献30次，包括了儒、道、法、墨、名、杂等各家。表现出了对诸子思想的广泛吸收和接纳，难怪南宋陈振孙在其《直斋书录解题》中将其录入杂家①，而清代汪继培也认为其"未为醇儒"。②

其中，王符对儒家诸子的征引较多，可见王符在征引儒家经典的同时，还注意吸收儒家诸子的思想精华，构成一种有机的补充。在其他几家中，对墨家的引用只有一次，是对其中典故的征引。对名家《公孙龙子》"坚白"之说的征引，主要是作为批驳的对象。王符对杂家类文献的引用中，引《吕氏春秋》是取其中的史料，引《淮南子》是取其中的"尧"之语，足见他阅读范围之广。

深可注意的是，王符在其文中对道家思想的征引除去《管子》的一次，还有9

---

① （宋）陈振孙：《直斋书录解题》，上海：上海古籍出版社，1978年，第303页。
② （清）汪继培：《潜夫论笺·序》，上海：上海古籍出版社，1978年，第1页。

次之多，包括了对《老子》、《庄子》、《太公六韬》的引用。而作为道家思想代表的老庄思想，又为王符所重视。可见王符对老子和庄子言论中他认为正确的部分也完全接受，丝毫没有固守儒家的成见。如《释难》："老聃有言：'大丈夫处其实，不居其华。'"就表现出对老子立身处世之道的认同，这可能与其晚年隐者的身份有关。

王符对法家思想的征引次数也较多。汪继培认为王符"涉猎于申、商刑名，韩子杂说"，①据我们的考索，未见王符有对申不害、商鞅言论的直接引用，盖汪继培就其思想概说。然王符对《韩非子》的直接引用有 5 次。另，我们为了遵守《汉书·艺文志》的文献分类标准，将《管子》归入道家。如果将其计入法家，王符完整引用法家文献也有 6 次，且在这些文献中，多数都是对政治见解的接受。如《思贤》："与死人同病者，不可生也；与亡国同行者，不可存也。"此句出自《韩非子·孤愤》。王符以此来论治国，可见其在治政主张上，对法家思想有一定程度的认同。

总之，王符对诸子的引用基本上是本着以儒家经典为主，兼采诸子的原则。对诸子思想及言论中他认同的观点，一概予以接受。同时，王符又广泛涉猎了术数、谶纬、兵书等书籍，兼容并蓄，具有极其广博的知识范围。正是有了这种博采众家之长的气度和学养，才使得王符思想中很多政见不至迂腐，多切实可行。正如周中孚评曰："明达治体，所敷陈多切中汉末弊政，非迂儒矫激务为高论比也。"②

二、《潜夫论》征引传书的若干特点

总结以上的文献，我们发现，王符对传书的征引具有以下几方面的特点：

第一，王符在举历史人物事迹为论政依据时，往往采取连举两个或两个以上的事例，很少单举。这主要是希望用大量的例证来增强自己论述的说服力。如《论荣》："陈平、韩信，楚俘也，而高祖以为藩辅，实平四海，安汉室；卫青、霍去病，平阳之私人也，而武帝以为司马，实攘北狄，郡河西。"本段论述用人不因以其出身，一连举陈平、韩信、卫青、霍去病四人之例。

第二，王符在举传书中史实为证时，相对注意较多引用秦汉人物为证。《太史公书》、《国语》、《战国策》中均有先秦史实，但是我们发现，王符在征引这些

---

① （清）汪继培：《潜夫论笺·序》，上海：上海古籍出版社，1978 年，第 1 页。

② （清）周中孚：《郑堂读书记》，刘氏嘉业堂刻《吴兴丛书》本，第十一册，卷三十六。

史书的材料时，较多还是对秦汉特别是两汉人物事迹的引录。这主要是因为这些人物距离王符所处的时代较为接近，也同样为一般的读书人包括统治者熟悉。以其作为论证的史实依据，具有更强的说服力，也更容易引起人们的共鸣。如王符在论述学习的问题时，所举皆是汉代勤学而博通的大儒。其《赞学》曰："是故董仲舒终身不问家事。景君明经年不出户庭。倪宽卖力于都巷。匡衡自鬻于保徒者。"按，王符与董仲舒、京房、匡衡、倪宽年代相差甚远，当是从《续太史公书》得知其行迹。王符将其作为自己和读书人学习的典范，而并未述诸先秦，其取证的倾向自可见一斑。

第三，王符引用史书文献往往根据论述的需要改写史料，有时甚至导致与史实不符。如《论荣》篇曰："卫青、霍去病，平阳之私人也。而武帝以为司马，实攘北狄，郡河西。"《诗·小雅·大东》篇曰："私人之子"。《毛诗传》曰："私人，私家之人。"①从上下文的意思看，王符这里也是为了突出两人出生微贱，而为武帝重用。"私人"在这里指的即是平阳侯之家臣。我们考《汉书·卫青霍去病列传》："卫青字仲卿。其父郑季，河东平阳人也，以县吏给事侯家。平阳侯曹寿尚武帝姊阳信长公主。季与主家僮卫媪通，生青。"②可见，卫青其父确为平阳侯家臣，其母为阳信公主婢女，可谓出生贫贱，将其称为"平阳之私人"完全可以。但是"霍去病，大将军青姊少儿子也。其父霍仲孺先与少儿通，生去病。及卫皇后尊，少儿更为詹事陈掌妻。去病以皇后姊子，年十八为侍中"③。可见，霍去病出生不久，卫子夫就贵为皇后，卫氏家族的荫亲也因此得贵。霍去病年幼时就已经不再贫贱，且将其视为"平阳之私人"的说法也有不妥。可见，王符为了自己行文的方便，往往出现与史实不符的现象。

第四，引史料往往加以形象扩写。如《潜叹》："昔纣好色，九侯闻之，乃献厥女。纣则大喜，以为天下之丽莫若此也，以问妲己。妲己惧进御而夺己爱也，乃伪俯而泣曰：'君王年即耆邪？明既衰邪？何貌恶之若此而覆谓之好也？'纣于是渝而以为恶。妲己恐天下之愈进美女者，因白'九侯之不道也，乃欲以此惑君王也。王而弗诛，何以革后？'纣则大怒，遂脯厥女而烹九侯。自此之后，天下之有美女

---

① （汉）毛亨传、（汉）郑玄笺、（唐）孔颖达疏：《毛诗正义》，（清）阮元刻：《十三经注疏》本，北京：中华书局，1980年，第461页。

② （汉）班固著、（唐）颜师古注：《汉书》北京：中华书局，1964年，第2471页。

③ （汉）班固著、（唐）颜师古注：《汉书》北京：中华书局，1964年，第2478页。

者，乃皆重室昼闭，惟恐纣之闻也。"此事在《淮南子》、《吕氏春秋》、《史记》中均有记载，但各家记载都较为简略。唯《史记·殷本纪》记载稍微详细，曰："爱妲己，妲己之言是从……九侯有好女，入之纣。九侯女不淫，纣怒，杀之，而醢九侯。"[①]我们将王符的引文与此相对照就会发现，在引文的过程中，王符明显对其进行了改写，加进了妲己的语言及纣王的具体反应。这些细节的刻画就目前的史料来看，应该是王符加入的形象扩写。

第五，王符在传书文献征引的具体方式多种多样，主要有：

（1）注明出处，征引传书原文。如《思贤》："《老子》曰：夫唯病病，是以不病。"

（2）不注出处，直接引用其原文。如《卜列》："鱼处水而生。"出自《庄子·至乐》："鱼处水而生。"《思贤》："与死人同病者，不可生也；与亡国同行者，不可存也。"自《韩非子·孤愤》原文。

（3）不注出处，改写传书原文，叙其大意。如《赞学》："是故君子者，性非绝世，善自托于物也。"此本《荀子》："君子生非异也，善假于物也"之意而改写。

（4）仅引用其关键词。如《实贡》："恬淡无为。"《庄子·胠箧》："释夫恬淡无为而悦夫啍啍之意，啍啍已乱天下矣！"

（5）仅提及其书名，未见征引原文者。如《思贤》："治身有黄帝之术。"

以上就是我们对王符征引传书情况的简要考察。通过分析可以看出，王符在征引史料时经常根据论述的需要连引多例，且喜以近世人物作为自己的征引对象。在论述中往往对史料文献做必要的增改，有时甚至与史实不尽相符。对其他传书的征引，或全文征引，或录其关键，博采众家，以成己说。这些传书构成了王符在经书之外的知识视野，影响了王符的著述、治学、思想去向和立身处世。在以上分析的基础上，我们将在文章的下编进一步分析这些知识对王符《潜夫论》散文创作的巨大影响。

第五节 王符引书的文献学价值

通过我们以上对《潜夫论》征引经传的详细分析，可见王符知识范围之广博。在王符征引的群书中，为我们保留了大量的文献资料，其意义和价值为历代学者所

---

① （汉）司马迁：《史记》北京：中华书局，1964年，第105—106页。

重视。总结来看，《潜夫论》引书的文献价值主要有参证经说、校对异文、考证史实、保存佚文等，以下，我们就此进行具体阐释。

一、参证经说

《潜夫论》中有大量对经书的引用。王符在引用经书文句的同时，对经文之意往往进行解说。在汉代今古文经说大量散佚的情况下，仔细考订《潜夫论》中对经典的解说，有助于我们了解汉代经学各家的不同经义。

首先，《潜夫论》中保留了大量的三家《诗》，尤其是《鲁诗》说遗存。正如我们前文所考，由于史料阙如，我们现在只能明确考订王符引《诗》论《诗》中一部分为《鲁诗》。但是可以明确肯定的是，将其与现存《毛诗》诗意相比，大多存在差异。如此，王符论诗大部分本三家《诗》，这就为我们考订三家《诗》提供了很好的参照。清代朴学考证之风颇盛，很多经学研究者都将《潜夫论》引《诗》作为考订《鲁诗》遗说的重要参考。如清代唐晏的《两汉三国学案》将王符直接列于《鲁诗》学派，并征引其引诗和解说十一条。[①] 冯登府的《三家诗遗说》、阮元的《三家诗补遗》、陈乔枞的《三家诗遗说考》中皆征引大量王符《潜夫论》引诗解诗之说，来考订《鲁诗》诗义。这些研究者们大多将王符的引诗和解说与《史记》、刘向《新序》、《淮南子》高诱注及蔡邕《琴操》的相同引诗进行参照比对，以此来确定《鲁诗》的诗义。如陈乔枞的《鲁诗遗说考》中训释《采蘩》的诗歌性质时引《潜夫论·班禄》："背宗族而采蘩怨"，然后加以按语说："《潜夫论》以《鹿鸣》为刺诗，与司马迁《史记年表》，蔡邕《琴操》，高诱《淮南注》并合，有以《行苇》为咏公刘诗，亦与刘向《列女传》合，是其用《鲁诗》之明证。然则此亦《采蘩》为怨诗者，亦当据鲁说也。"[②] 这些经学家们完全将王符引《诗》作为《鲁诗》的说法尚显绝对，但是在史料阙如的今天，王符《潜夫论》中对所引《诗》句进行的解说，确实是我们了解汉代三家《诗》，尤其是《鲁诗》诗义的重要参考文献。

另外，《潜夫论》中有《尚书大传》的遗存，可以供我们考察《尚书大传》的内容。

① （清）唐晏著、吴东民点校：《两汉三国学案》，北京：中华书局，1986年12月，第249—250页。

② （清）陈乔枞：《三家诗遗说考》，《续修四库全书》第76册，上海：上海古籍出版社，2004年，第69页。

如《考绩》："古者，诸侯贡士，一适谓之好德，再适谓之贤贤，三适谓之有功，乃加九锡；不贡士，一则黜爵，再则黜地，三而黜，爵、地毕矣。夫附下罔上者死，附上罔下者刑；与闻国政而无益于民者斥；在上位而不能进贤者逐。"《后汉书·左周黄列传》："升之司马，辩论其才，论定然后官之，任官然后禄之。"章怀太子注曰："古者诸侯之于天子，三年一贡士。一适谓之好德，一适谓之好德，再适谓之贤贤，三适谓之有功。有功者，天子赐以车服弓矢，号曰命。诸侯有不贡士谓之不率正，一不适谓之过，再不适谓之傲，三不适谓之诬。诬者，天子黜之，一黜以爵，再黜以地，三黜而爵地毕也。"[1]我们这里将王符的引文与章怀太子注两相参照，正好可以明了《尚书大传》中对诸侯贡士之事的论述。

再有，《潜夫论》中结合文章论述，还有大量对《易》经传的引用和解说，这些引用大多在今天的《易》类文献中都能找到出处，但是王符随文对其进行的解说，也可以作为我们了解东汉学人对《易》经传含义认识的重要参考。

二、校对异文

先前两汉文献流传到今天，由于历代的解说、印刷等因素，存在很多的讹误和差异。我们对这些文献文字的校对和订正，很大程度上是依靠于对历代文献的整理和爬梳。《潜夫论》中所引书籍之众，已如上论。其中有很多经传文字的引用皆与今日所见文献存在或多或少的不同。利用这些文献，详加甄别，我们可以尽可能恢复文献古本原貌，更好地了解其思想。这方面的例证也较多。

首先，我们利用《潜夫论》中《鲁诗》的遗存，可以参订《鲁诗》中很多文字与《毛诗》的差异。如王先谦在《诗三家义集疏》中就利用了很多《潜夫论》这方面的材料，参照相关史籍，考订《鲁诗》文字。如《诗经·小雅·小宛》："题彼脊令，载飞载鸣。"[2]王先谦认为《鲁诗》"题"当作"相"，"脊令"当作"鹡鸰"。其考证为：

> 鲁"题"作"相"，"脊令"作"鹡鸰"者，《释鸟》："鹡鸰，雝渠。"
> 郭注："飞则鸣，行则摇。"《汉书·东方朔传》《答客难》曰"王所以

---

① （南朝·宋）范晔：《后汉书》，北京：中华书局，1965年，第2043页。
② （汉）毛亨传、（汉）郑玄笺、（唐）孔颖达疏：《毛诗正义》，（清）阮元刻：《十三经注疏》本，北京：中华书局，1980年，第451页。

日夜孳孳，敏行而不敢怠也。譬若鹡鸰，飞且鸣也。"《中论·贵验篇》曰："诗曰：相彼脊令，载飞载鸣。我日斯迈，而月斯征。迁善不懈之谓也。"陈乔枞云："《中论》说《诗》与东方生语，皆述《鲁》义。"脊令"当作"鹡鸰"，《鲁诗》之文然也。'题'鲁作'相'，'相'亦'视'也。"《潜夫论·赞学篇》："诗曰：'题彼鹡鸰，载飞载鸣。我日斯迈，而月斯征。夙兴夜寐，无忝尔所生。'是以君子终日乾乾进德修业者，非直为博己而已也，盖乃思述祖考之令问，而以显父母也。"王亦用《鲁诗》，仍作"题彼鹡鸰"，疑后人顺毛所改耳。①

这正是王先谦参以各家，据《潜夫论》考订《鲁诗》文字之一例。王先谦的考证多少带有些主观因素，但是《潜夫论》在这方面的参考价值却是不能抹杀的。

又如《潜夫论》所引《论语》，可证今本《论语》之文字。如《爱日》："孔子病夫'未之得也，患不得之，既得之，患失之'者。"今本《论语·阳货》曰："其未得之也，患得之。既得之，患失之。"②按，《爱日》曰"患不得之"，但今作"患得之"。据《荀子·子道》引："孔子曰：'小人者，其未得也，则忧不得；既已得之，又恐失之。'"③由此可证，此处加"不"字，并非是王符征引失误或擅自增字，而是《论语》古本就是如此。另外，《潜叹》：孔子曰："众好之，必察焉；众恶之，必察焉。"今本《论语·卫灵公》："众恶之，必察焉；众好之，必察焉。"④前后两句的次序相互颠倒。考《风俗通义·正失》所引曰："孔子曰：'众善之，必察焉；众恶之，必察焉。'"⑤此又说明王符所引不虚，可证《论语》此句顺序。

再如《潜夫论》所引文献可证《国语》文字。如《志氏姓》："后衰，乃生武丁。即位，默以不言，思道三年，而梦获贤人以为师。乃使以梦像求之四方侧陋，得傅说，方以胥靡筑于傅岩。升以为大公，而使朝夕规谏。"今本《国语·楚语上》："如是而又使以象梦，旁求四方之贤，得傅说以来，升以为公，而使朝夕规谏。"⑥两相比较，"梦像"

① （清）王先谦：《诗三家义集疏》北京：中华书局，1987年，第695页。

② （魏）何晏注、（宋）邢昺疏：《论语注疏》，（清）阮元刻：《十三经注疏》本，北京：中华书局，1980年，第2524页。

③ （清）王先谦撰、沈啸寰、王星贤点校：《荀子集解》北京：中华书局，1988年，第533页。

④ （魏）何晏注、（宋）邢昺疏：《论语注疏》，（清）阮元刻：《十三经注疏》本，北京：中华书局，1980年，第2517页。

⑤ （汉）应劭撰、王利器校注：《风俗通义》，北京：中华书局，1981年，第59页。

⑥ 徐元诰撰、王树民、沈长云点校：《国语集解》北京：中华书局，2002年，第503页。

今作"象梦"。王引之《经义述闻》卷二十一在引《国语》此句之后，曰："家大人（指王念孙）曰：'象梦'，当为'梦象'，谓以所梦见之人，作象而使求之也。据韦注云：思贤而梦见之，识其容状。故作其像而使求之。则正文之作'梦像'甚明。今本'梦像'二字倒转，则文义不顺。《潜夫论·五德志》载其事云：'乃使以梦像求之四方侧陋，得傅说，方以胥靡筑于傅岩。升以为大公。'即用《国语》之文。"① 此处，王念孙、王引之父子正是以《潜夫论》的引用为据，证明今本《国语》文字的失误。

还有以《潜夫论》文字校订《周易》文字者。如《三式》："《易》曰：'鼎折足，覆公𫗧，其刑渥。凶。'"此句自《易·鼎·九四》，今作："鼎折足，覆公𫗧，其形渥。凶。"②"刑"今作"形"，然虞翻本同《潜夫论》，可见古有此说。

总之，《潜夫论》所引经传文字很多都保留了古代文献的原始面貌，为我们保存了非常珍贵的资料，其文字校对价值是非常大的。

三、考证史实

《潜夫论》中为了论说的需要，征引了大量历史文献。这些历史文献所保留的资料，在后来的文献中已经很难看到，所以后人在考订古代的史实、名物方面，很多都可以利用《潜夫论》保存的史料来进行考释。在这方面价值最大的可能是《潜夫论》中的两篇单篇文献，即《五德志》和《志氏姓》。这两篇文献的写作，王符自称是"咨之《诗》、《书》，考之前训"，所以必然是参考了大量上古文献的结果。必须再次说明的是，我们所作的《潜夫论》引书统计，必然是不完全的。史料流传的遗佚，导致有些文献资料我们是难以为其找到具体的出处的。但是这些文献却为后世的研究者考订史实提供了有益的参考。

有利用《潜夫论》所引文献考订人名者。如明末清初黄生的《义府》卷下："豢龙逢。《潜夫论》云：'豢龙逢以忠谏，桀杀之。'他书多作关龙逢。予乃知'关'当读为'豢'。即古豢龙氏之后也。若不读《潜夫论》鲜不以关为姓，以龙逢为名矣。"③ 另如我们辑佚发现，《潜夫论》中曾提及刘邦之父名，据唐司马贞《史记索隐》引：

① （清）王引之：《经义述闻》，道光七年刻本，卷二十一。
② （魏）王弼注、（唐）孔颖达疏：《周易正义》，（清）阮元刻：《十三经注疏》本，北京：中华书局，1980 年，第 61 页。
③ （明）黄生：《义府》，丛书集成初编本，上海商务印书馆，民国二十五年，第 73 页。

"王符云：'太上皇名煓。'"① 又见宋洪迈《容斋随笔·三笔》卷九："汉高祖父母姓名。汉高祖父曰太公，母曰媪，见于史者如是而已。皇甫谧、王符始撰为奇语云：太公名执嘉，又名煓。媪姓王氏。"② 可见，历代文献中并未见刘邦之父的名字为何，唯有王符的《潜夫论》有此记载，皇甫谧的说法也很难说不是来自王符。

有用《潜夫论》所引文献考订姓氏者。如明代杨慎《升庵集》卷五十："三字姓"条曰："魏初作府兵，八柱国掌之，侯莫陈崇其一也，侯莫陈三字，姓崇，其名也，赵宋有侯莫陈利用，盖其后裔。今读者以侯莫为一人，陈利用为一人，非也。又代北边人，有三字姓，侯莫陈阿史那。《潜夫论》：中国亦有白巴公氏。"③ 此以《潜夫论》文献证"三字姓"当有。此又《潜夫论》文献证定史料中名物之一例。

还有用《潜夫论》征引文献考订古国者。如《四库全书·诗地理考提要》中，纪昀就据《潜夫论》文献订正了王应麟的失误。其论云："《大雅·韩奕》首章曰：'奕奕梁山'。其六章曰：'溥彼韩城，燕师所完。'应麟引《汉志》'夏阳之梁山'《通典》'同州韩城县，古韩国以存'旧说。兼引王肃言'燕为北燕国'及'涿郡方城县有韩侯城'，以备参考。不知汉王符《潜夫论》曰：'昔周宣王时有韩，其国近燕。"④ 另如顾炎武《日知录》卷三"韩城"条下，曰："又考王符《潜夫论》曰昔周宣王时，有韩侯，其国近燕，故诗云：'普彼韩城，燕师所完。'其后韩西亦姓韩为卫满所伐，迁居海中。汉时去古未远，当有传授。"⑤ 这里，纪昀和顾炎武都是在充分利用了《潜夫论》文献之后，才解决了"韩城"的有无和旧址的问题。

由此可见，《潜夫论》中保留的大量先秦两汉历史文献之珍贵。此处举例只是极小部分，历代以《潜夫论》证史之例不胜枚举，兹不赘述。

四、保存佚文

《潜夫论》引书文献，还有很高的辑佚价值。我们详加检索，可以从《潜夫论》

① （汉）司马迁：《史记》，北京：中华书局，1959年，第342页。
② （宋）洪迈：《容斋随笔》，上海：上海古籍出版社，1978年，第520页。
③ （明）杨慎：《升庵全集》，上海：上海商务印书馆，民国二十六年，第1077页。
④ （清）永瑢等：《四库全书总目提要》，万有文库本，第十八册，上海：商务印书馆，民国二十四年，第11页。
⑤ （清）顾炎武：《日知录》，上海：上海古籍出版社，1985，第270页。

中辑出不少经史佚文，可补今本文献之不足。

如《论荣》："故《书》称'父子兄弟不相及'也。"该文并不见今本《尚书》。但是据《左传·昭公二十年》曰：

> 卫侯告宁于齐，且言子石。齐侯将饮酒，遍赐大夫曰："二三子之教也。"
> 苑何忌辞，曰：与于青之赏，必及于其罚。在《康诰》曰：'父子兄弟，罪不相及。'况在群臣？臣敢贪君赐以干先王？"①

另，《后汉书·章帝纪》十二月诏书引："《书》云：'父不慈，子不祇，兄不友，弟不恭，不相及也。'"②《册府元龟》卷五百二十八引："《周书》：'父子兄弟，罪不相及。'"③王符所引虽然与这些史料在文字上有一定出入，但是可以肯定的是，其出处必是《尚书·康诰》。所以，王符此处的引文，正好可以补今本《康诰》之阙文。

再如，《边议》篇曰："徒窃笑之，是以晏子'轻困仓之蓄而惜一杯之钻'何异？"今本文献中并未见有此句记载。吴则虞先生在其《晏子春秋集释·附录》中收录了《潜夫论》此条记载，并将其附录于关于晏子的"评论"类材料中④。但是从王符文章的语气上，明显是对晏子言论的转述。再从文义上考察，此句句意为批评统治者中的投降派认为救边费烦，主张放弃边疆的主张。即王符借此批判其舍本重末，不懂轻重取舍。这与晏子一贯立身处世的原则是相应的。所以我们认为，应该是《晏子春秋》的佚文。

还有，《潜夫论》中《贤难》篇载：

> 今观宰司之取士也，有似于司原之佃也。昔有司原氏者，燎猎中野。鹿斯东奔，司原纵噪之。西方之众有逐豨者，闻司原之噪也，竞举音而和之。司原闻音之众，则反辍己之逐而往伏焉，遇夫俗恶之豨。司原喜，而自以获白瑞珍禽也，尽刍豢单囷仓以养之。豕俯仰嘤咿，为作容声，司原愈益珍之。居无何，烈风兴而泽雨作，灌巨豕而恶涂渝，逐骇惧，真声出，

---

① （周）左丘明传、（晋）杜预注、（唐）孔颖达正义：《春秋左传正义》，（清）阮元刻：《十三经注疏》本，北京：中华书局，1980年，第2091页。

② （南朝·宋）范晔：《后汉书》，北京：中华书局，1965年，第149页。

③ （宋）王钦若等：《册府元龟》，北京：中华书局，1988年，第1408页。

④ 吴则虞：《晏子春秋集释·附录》，北京：中华书局，1962年，第590页。

乃知是家之艾狠尔。此随声逐响之过也，众遇之未赴信焉。

此处王符为了说理，引用了这则非常具有讽喻意义的寓言。这则寓言今不见其他文献所载。但是《左传·襄公四年》魏绛引《虞箴》曰："兽臣司原，敢告仆夫。"[①]可知"司原"必有出处。因为我们现在仅见《潜夫论》征引，很容易让人将其当成是王符的原创。但我们认为，王符著书，广征博引，可能他所见的文献中，正有这则寓言的相关记载。其次，王符文章的重心在论政，主要是依靠论据来说理，如果他自己首创一个论据的话，其说服力必然不足。因而，这则寓言虽然生动形象，我们也不知其具体的文献出处，但应该是属于上古文献的佚文，而并不是王符独创。

再有，《潜夫论》中有《老子》佚文。《忠贵》："故居上而下不重也，在前而后不殆也。"《文子·道德篇》："老子曰：'居上而民不重，居前而众不害。'"[②]可见其为《老子》佚文。这里王符的引用虽然不是原文，但是仍有参考价值。

最后，我们在对王符引用文献进行梳理的过程中还发现，有两则王符引用孔子言论的文献找不到其来源。它们是：

1、《慎微》：故仲尼曰：汤、武非一善而王也，桀、纣非一恶而亡也。三代之废兴也，在其所积。

2、《志氏姓》：孔子闻之曰："惜夫！杀吾君也。"

但是第 2 条材料又见《风俗通义·正失》引曰："孔子闻之曰：'惜夫！杀吾君也。'"[③]可见王符所引必有出处。所以我们认为，以上两条文献也一定是先秦或者两汉文献的佚文，只是在现有的条件下，我们不能为其找到明确的归属而已。

总之，王符《潜夫论》文献价值是巨大的，其文章政论的性质，直接决定了该书征引文献数量之夥。《潜夫论》保存的很多珍贵的文献资料为前代研究者广泛利用，同时也等待着我们今天的研究者继续去开掘。

---

① （周）左丘明传、（晋）杜预注、（唐）孔颖达正义：《春秋左传正义》，（清）阮元刻：《十三经注疏》本，北京：中华书局，1980 年，第 1933 页。

② 王利器：《文子疏义》，北京：中华书局，2000 年，第 238 页。

③ （汉）应劭撰、王利器校注：《风俗通义》，北京：中华书局，1981 年，第 86 页。

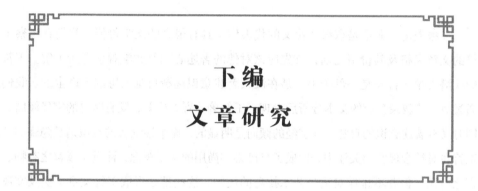

下编

文章研究

第四章　王符的著作意识和文学观

　　《潜夫论》文章是东汉政论文的代表作,具有很高的文学价值。我们在考察王符的文章风格及其价值之前,首先应该对他的著述心理及文学观念有所了解。王符的《潜夫论》首先是一部子书,是在汉人著述意识逐渐自觉的思潮下产生的。我们通过对其《叙录》篇的文本分析后发现,王符著《潜夫论》,既有明显的宗经倾向,同时又有著述意识的自觉。其宗经的倾向是明显的,而个性觉醒的意识则是隐晦的。王符在对社会现实的关注中,形成了自己崇实尚用的文学观念,注重文章言之有物、言之有用,但并不排斥对适当艺术技巧的使用。这些都是形成王符文章文法及文风的重要前提。明乎此,我们才能更好地理解王符文风,也才能更准确地给予王符《潜夫论》客观的文学史定位。

第一节　王符的著作意识与汉人作者观

　　有汉一代,子史著作繁富,文人在对自己的著作进行编辑整理的基础上,往往附以自序。这些由作者自己所作的序言,最能体现本人的著作意识。王符在其《潜夫论》最后,就附有《叙录》(以下讨论就直接称为《叙录》)一篇。我们通过详细考察这篇序言的文本特色,可以见出王符著作意识上呈现出对经学的依附与自觉著述的两方面心理。进一步分析我们发现,这两种著作意识背后正是暗含了汉人神圣性作者观与所有权式作者观之间纠葛的心理。本节我们对此进行探讨,正有助于后文考察王符的文章风格的特色及其形成原因。

一、《叙录》篇的宗经意识

余嘉锡先生《古书通例》中谈到"序"这一文体时说："……王符《潜夫论》，谓之《叙录》，皆自序也。"[①] 所以，《叙录》篇，实际上就是《潜夫论》的"序"。为了方便讨论，我们先将其首段摘录于下：

> 夫生于当世，贵能成大功，太上有立德，其下有立言。阘茸而不才，先器能当官，未尝服斯役，无所效其勋。中心时有感，援笔纪数文，字以缀愚情，财令不忽忘。刍荛虽微陋，先圣亦咨询。草创叙先贤，三十六篇，以继前训，左丘明五经。[②]

这里王符虽然没有过多交代自己的身世，但"阘茸而不才，先器能当官，未尝服斯役，无所效其勋"的自叙，还是将自己的人生际遇做了概括性的说明。而其中"夫生于当世，贵能成大功，太上有立德，其下有立言"一句，则是对自己著作的期望。这可以称为文章的大序部分。在这段小文之后，王符按照顺序分别以四言韵语的形式，逐次介绍了各篇文章的写作动机及内容，并在每节之后标明"故叙某某第几"字样，以明目次。这实际上是小序。所以，就整个文章体例而言，这篇《叙录》的写作，王符采用的是大序与小序相结合的方式。两者在文体功用上分工明确，前者负责阐释著书动机及作者情况，后者详细说明每一篇文章的缘起及目次。

通过以上对《潜夫论·叙录》篇的考察，我们发现，王符表现出很强的宗经意识。具体表现为两点：

首先，文章体例是对汉代解经之作的有意模仿。"序"作为一种文体，其起源为何？就现存文献来看，我们能见到的最早的"序"，应该是汉代流传的《周易·序卦》，这篇"序"相传是孔子对《易》所作的阐释。文章分别对《易》六十四卦的含义及编排的顺序进行了解说。另外，据《汉书·艺文志》载："故《书》之所起远矣，至孔子纂焉，上断于尧，下讫于秦，凡百篇，而为之序，言其作意。"[③] 可见，汉代

---

① 余嘉锡：《古书通例》，北京：中国人民大学出版社，2004年，第223页。

② 汪继培笺注曰："'先贤'二字疑误。"彭铎先生按语曰："'先贤'与'前训'当互易。此节通为五言，'六'上疑脱'有'字。"（汉）王符著、（清）汪继培笺、彭铎校正：《潜夫论笺校正》，北京：中华书局，1985年，第465页。

③ （汉）班固撰、（唐）颜师古注：《汉书》，北京：中华书局，1962年，第1706页。

还流传有一篇《书》序，而且汉人认为这篇序也是孔子所作。就"言其作意"一句来看，这篇"序"同样是对《书》的写作意图进行精要阐释的文字。再有，汉代列为学官的齐、鲁、韩、毛四家诗皆有"序"，今天完整流传下来的还有前文提到的《毛诗序》。这篇序言的作者在《关雎》一篇之后，对整部《诗经》的作意进行了概括性的解说，现在一般称为《诗大序》。其后在每首诗之前，又有具体阐释其写作缘起的题解，实际上就是小序。大序是对《诗三百》的总体阐释和概括，而各篇的小序则是对每首诗意的分别解说。虽然其作者至今尚无定论，但是无论大序还是小序，皆是用来阐释《诗》意的。所以正如王应麟的《辞学指南》说，"序"在汉代，是"序典籍之所以作"①。"序"这一文体最初就是一种对儒家经典进行提纲挈领式说解的文体，而大序和小序的结合，正是对经典的一种阐述方式。

文人士子由解说经典的文体发展而为对自己的作品进行解说的文字，就成了自序。司马迁的《史记·太史公自序》首创了"自序"的体例。其后的班固《汉书·叙传》、扬雄《法言·序》、王充《论衡·自纪》篇皆是这样。王符的《叙录》虽然其大序部分较为简略，但是体例上还是大序与小序相结合的方式。这种自序体例，与上论汉人解经著作，尤其是《毛诗序》的体例是很相似的，明显是对这种经典阐释体例的模仿。

其次，自序文小序部分在句式上明显是对《诗经》四言句的模仿。汉代经学之于文学的影响，不仅体现在文学思想上，而且在语言句式上。其中最为突出的表现就是四言句式在汉代文学中的大量出现。我们考察王符的《叙录》篇，其小序部分作为对每篇具体作品主要内容及写作主旨的精要概括，大部分采用了四言韵语的形式。如其第一节为：

先圣遗业，莫大教训。博学多识，疑则思问。智明所成，德义所建。
夫子好学，诲人不倦。故叙《赞学》第一。

第二节为：

凡士之学，贵本贱末。大人不华，君子务实。礼虽媒绍，必载于赞。

---

① （宋）王应麟：《辞学指南》，王水照编：《历代文话》（第1册），上海：复旦大学出版社，2007年，第1021页。

时俗趋末，惧毁术。故叙《务本》第二。

其他各节也莫不如是，此处文繁不举。从这些整齐且带有韵语性质的四言句式来看，很明显王符在写作这些小序时，是有意模仿了《诗经》的四言句法。

由以上考察，我们认为，"序"体文从其产生，就与经学有着千丝万缕的联系。王符在《潜夫论》最后写下了对自己的著作进行阐释和解说的《叙录》篇，从体例和句式上明显受到了汉代经学的影响。这正说明，在经学影响下的汉代文学，一切以经学为基准，王符在写作时，其思维方式明显受到了经学的束缚。经学是汉代官方主流意识形态，王符《叙录》的经学特色表现出的正是一种宗经的"集体意识"。

二、《叙录》篇的自觉著述意识

自序文的写作，本身就是对自己著作的阐释，而其最初的心理动机，就是担心自己的作品湮没无闻而自觉进行说解，以便于流传。王符《叙录》篇中对自身遭遇的记述，同样是寄托了借著作扬名的希望。对此问题，张舜徽先生的见解颇有启发性。他说："汉人著书无自题姓字于篇首之例，恐历久湮没不彰，故不得已自叙世系行事于其末，且以系全书之篇目耳。"[1]先生所言，可谓深得王符之苦心。诚然，我们通过对王符这篇自序文的考察，也明显可见其自觉的著作意识。主要表现为：

首先，从《叙录》的体例上看，王符明显有精心加工的痕迹。上论王符这篇自序文虽然在体例上模仿了汉代经典阐释文体，其大小序结合的方式，是对《毛诗序》等解经之作的借鉴。但是，在模仿的同时，他又做了精心的加工和改进。与《毛诗序》相比，这种加工主要有几个方面：

其一，小序并不放在每篇文章之前，而是全部放在序言之中。《毛诗序》的大序在《关雎》之后，小序放在每篇篇名之下，实际上相当于题解。而王符的自序则将小序全部放入自序文中。这样就使得纲举目张，读者览自"序"便知全书大概。不仅于读者有益，而且有助于著作的流传。

其二，王符在小序中每节之后都有意识地加了"某某第几"的字样，以明目次。这种自觉的标注可能来自前人的影响。如司马迁小序中"作某某第几"的形式也使

---

[1]　张舜徽：《广校雠略》，武汉：华中师范大学出版社，2004年，第44页。

得整篇序言层次更条理，形式上更严整。其后，扬雄的《法言序》中采取了同样的序言体例。现在通行的《法言》版本中，如首篇小序为："天降生民，倥侗颛蒙，恣乎性情，聪明不开，训诸理，撰《学行》。"①这里的"撰学行"似乎并没有对其目次进行说明。但是《汉书·扬雄传》全载整个序言，而且每篇目下皆有"第若干"字样，即如这节小序最后为"撰《学行》第一"②。这就说明班固所见的版本正是如此，扬雄小序中不仅有对各篇主旨的介绍，还有对篇目次序的说明。班固在其《汉书·叙传》中采用了同样的形式。王符此处可能正是对这种体例的自觉采纳。这种目录上的自觉标注，正体现了王符著作意识的加强和对自身作品流传的期望。这些小序对目次的具体说明，使得作品在流传中不至于次序混乱，同时也使得整个自序文条理清晰，层次分明。

其三，王符的小序采用的四言体，明显带有韵语的性质。如上引首节文字中，"训"和"问"在上古的韵部都是"文"韵，"建"和"倦"在上古的韵部都是"元"韵，"文"、"元"两韵主要元音相近，归属于两韵的字可以押韵，属于"文"、"元"旁转。属于"叶"韵的"业"字和属于"元"韵的"建"、"倦"二字因主要元音相同，故可对转相押。属于"耕"韵的"成"字和属于"职"韵的"识"字因主要元音相近，故可旁转押韵。③可见，小序的文字也是王符字斟句酌的结果。不仅要准确概括文义，而且还要尽量押韵。这些文字押韵的好处是使得其能朗朗上口，便于记诵，同样有助于自己作品的流传。

其次，从大序的内容上来看，王符简要介绍了自己的身世遭遇，抒发了自己的人生感慨。在阐明自己的著书动机的同时，表现出了自己的真实情感。

该大序的原文我们已经征引如前。王符这篇自序虽然在文献流传的过程中有明显的缺失，但还是可以看到他自觉的著作意识。其中"夫生于当世，贵能成大功，太上有立德，其下有立言"的自叙正说明，王符对《潜夫论》的编订，是一种有意为之的行为。他因为"未尝服斯役，无所效其勋"，所以需要用《潜夫论》这部著作来表达自己的政见，从"字以缀愚情"来看，《潜夫论》实际上就是他怀才不遇、

① （汉）扬雄著、汪荣宝义疏：《法言义疏》，北京：中华书局，1987年，第566页。

② （汉）班固撰、（唐）颜师古注：《汉书》，北京：中华书局，1962年，第3580页。

③ 郭锡良：《汉字古音手册》，北京：商务印书馆，2010年，第396、384、324、357、58、423、81、88页。

志意蕴愤的一种情感寄托。他本着先秦以来"三不朽"的思想，希望立言以实现自己的人生理想。虽然史传说王符"不欲彰显其名"，但是其通过著书来寄托人生价值的动机仍是十分明显的。

王符这种著述心理，正是受到司马迁以来"发愤著书"精神影响的结果。司马迁在他的《自序》中，不仅叙述了自己的身世，而且还表达了自己继承孔子作《春秋》而著述的自觉创作意识。在其"究天人之际，通古今之变，成一家之言"①的宏伟志向下，是一个传统士子满腔的悲愤。他说：

> 古者富贵而名摩灭，不可胜记，唯倜傥非常之人称焉。盖西伯拘而演《周易》；仲尼厄而作《春秋》；屈原放逐，乃赋《离骚》；左丘失明，厥有《国语》，孙子膑脚，《兵法》修列；不韦迁蜀，世传《吕览》；韩非囚秦，《说难》、《孤愤》。《诗》三百篇，大氐贤圣发愤之所为作也。此人皆意有所郁结，不得通其道，故述往事，思来者……仆诚已著此书，藏之名山，传之其人，通邑大都，则仆偿前辱之责，虽万被戮，岂有悔哉！②

司马迁之所以隐忍苟活而著《史记》，正是希望能够以自己如周文王、孔子等人一样以著述而留名后世，以免"名磨灭"。正如尚雪锋先生所言："《太史公自序》是由解经之序向表达个人情志之作过渡的一个重要里程碑。"③王符"发愤"著《潜夫论》，明显是对司马迁自觉著述意识的一种历史的回应。

由这种"发愤著书"的精神我们正能看出王符自觉的著作意识。他之所以有所创作，正是长期沉寂草野、不平而鸣的结果。在"道"与"势"的抗争中，王符常常期望人生价值的实现，但是由于个人际遇的不幸，王符"志意蕴愤"。因为现实价值的破灭，他转而将希望寄托于著作价值的实现，这种对精神超脱的追求，正是著述自觉的催化剂。

由以上的考察我们发现，王符在自己的自序中表现出对著作本身的自觉加工，饱含留名后世的心理期待。在序文中不仅加进了自身真实的情感，同时也蕴含了强烈的个性意识，这就与经学束缚下的集体意识区别开来。他对自我著作的认同，以

---

① （汉）班固撰、（唐）颜师古注：《汉书》，北京：中华书局，1962 年，第 2735 页。
② （汉）班固撰、（唐）颜师古注：《汉书》，北京：中华书局，1962 年，第 2735 页。
③ 尚雪锋：《汉代经学与问题嬗变》，《长江学术》，2007 年第 3 期，第 73 页。

及在文章和著作中"我"的存在和凸显，正是对作为"作者"的自身价值的发现。

三、王符著作意识与汉人作者观

从以上两方面的分析，我们发现，在王符的《叙录》中，实在存在两种不同的著作意识。一方面是对经学在文体形式和思想上的依附和屈从，体现一种经学影响下的集体意识；另一方面是对自己的论著的思考和加工，表现出明显的自觉著述意识。但是，指出这两种著述意识，并不是我们的目的。我们要追问的是其背后深层的文化原因。龚先生曾在其《文人传统的形成》一文中提出了神圣性作者观与世俗化作者观的说法①。我们认为，王符这两种著述意识的形成，实际上是两种作者观的相互纠葛。前者的深层内涵折射的是对神圣性作者观的敬畏，后者所凸显的是对作者观世俗化的期望，即对自身作品独创性及所有权的强调。

然而，王符在作者观问题上的纠葛并不是一个独立现象，而是整个汉代子史作者的共同心理。要深入了解王符的这种矛盾心理，我们就必须结合汉代其他著述者来分析。以下，我们就借用上述龚先生关于作者观的概念来讨论汉人纠葛的心理，并进一步探讨王符在著作意识上的矛盾。

要考察汉人的作者观，应该从何入手呢？我们发现，汉代子史作者在称谓自己的作品时，说法各有不同。这将是我们了解汉人作者观纠葛的最好角度，试举例说明：

《史记·太史公自序》：维昔黄帝，法天则地，四圣遵序，各成法度；唐尧逊位，虞舜不台；厥美帝功，万世载之。作《五帝本纪》第一。②

《汉书·叙传》：皇矣汉祖，纂尧之绪，实天生德，聪明神武……赫赫明明。述《高纪》第一。③

《法言·序》：天降生民，倥侗颛蒙，恣于情性，聪明不开，训诸理。譔《学行》。④

---

① 龚鹏程：《汉代思潮·文人传统的形成》，北京：商务印书馆，2005 年，第 60 页。

② （汉）司马迁：《史记》，北京：中华书局，1959 年，第 3301 页。

③ （汉）班固撰、（唐）颜师古注：《汉书》，北京：中华书局，1962 年，第 4236 页。

④ （汉）扬雄著、汪荣宝义疏：《法言义疏》，北京：中华书局，1987 年，第 566 页。

《潜夫论·叙录》：先圣遗业，莫大教训。博学多识，疑则思问。智明所成，德义所建。夫子好学，诲人不倦。故叙《赞学》第一。

我们发现，太史公说自己是"作"文，班固言自己是"述"文，而扬雄则用的是"譔"文，唯独王符说自己是"叙"文。那么，这其中是否有着更加深层次的文化意蕴呢？我们认为，这些看似细微的动词使用上的差别，折射出的正是汉代文人不同的作者观。

首先，在汉代经学的传统中，"作"和"述"的区分颇为严格。王充在《论衡》中的辨析，颇能代表两汉作者对此问题的看法。《论衡·对作》篇曰：

> 或曰："圣人作，贤者述。以贤而作者，非也。《论衡》、《政务》，可谓作者。"曰：非作也，亦非述也，论也。论者，述之次也。《五经》之兴，可谓作矣。太史公《书》、刘子政《序》、班叔皮《传》，可谓述矣。桓君山《新论》、邹伯奇《检论》，可谓论矣。今观《论衡》、《政务》，桓、邹之二论也，非所谓作也。造端更为，前始未有，若仓颉作书，奚仲作车是也……谓《论衡》为作，儒生文吏谓作乎？[①]

在王充看来，圣人所创，是原创性的，是"造端更为，前始未有"的，所以称之为"作"。贤者如司马迁、刘向、班固等人，他们的著作才能称为"述"。而桓谭的《新论》、邹伯奇《检论》，包括自己的《论衡》这些"论"，是不能称为"述"的，是"述之次"。主要的原因就在于自己是有本于前的。王充的这一观念，应该是当时文人的普遍认识。即只有上古圣贤的言论是"作"，这种"作"带有原创的性质，而"述"是一种"传述"的行为，只是对这些"作"的解释和说明。因而相较而言，"作"与"圣人"相对应。而"述"，由于对"作"的依附性，从而表现出的是阐释者对自己行为的标识。对"作"、"述"等字的不同使用，表现的是作者的自我定位，同时也表现出汉代宗经意识下，对圣人的一种尊重。违反这样一种规范，实际上就是对圣人的不敬，对经学的背叛。

王符对"述"与"作"的区分，实际上来自于孔子的说法。孔子曾经在《论语·述

---

① （汉）王充著、黄晖校释：《论衡校释》，北京：中华书局，1990年，第1180—1181页。

而》中称自己是"述而不作"①，《礼记·乐记》也说："作者之谓圣，述者之谓明。"②孔子"述而不作"的先训，本是为了强调先王之制，推崇上古圣贤的功绩。而自己则自居为圣贤思想的传述者的角色。

但是，孔子对"述"与"作"的区分本身就体现出神圣性作者观给"作"者本人带来的荣誉。正是这种荣誉感的召唤，又必然孕育出所有权式的作者观，即使得作者观向着世俗化迈进的趋向。随之而来，也必然导致世俗化的作者观向神圣化作者观的挑战。因为"作"者是一种崇高的荣誉，是神圣的，所以每个人都想成为"作"者。于是，《吕氏春秋》和《淮南子》的出现就变成了一个必然的现象。秦相吕不韦集门下食客，撰成《吕氏春秋》一书，但最后却冠以自己的姓名。而这一风气被汉初的淮南王刘安习得。他的《淮南子》同样是集门下宾客而作。吕不韦和刘安的心理动机大致是一样的，恐怕都是想尸居"作"者之位。从二人的思想倾向而言，他们都不是传统的儒家，自然不会有"述"与"作"的纠葛，但明显还是希望以"作"者自居。《淮南子·要略》曰："故著书二十篇，则天地之理究矣，人间之事接矣，帝王之道备矣！"③这里没有使用"作"，而是用"著"，但实际与用"作"相当。张舜徽先生曾言："盖著之为义犹作也，难于述矣。"④可见，他们的心理动机，正表现出一种对"作"者地位的觊觎。

汉武帝独尊儒术之后，经学一跃成为汉代统治性的意识形态，孔子的地位也随之变成了圣人。在汉人那里，遵照以上的逻辑，自然不能称圣人孔子的著作是"述"，而应该是"作"。司马迁在他的《太史公自序》中就说："孔子厄陈蔡，作《春秋》。"⑤这样，孔子的著作就由"述"上升为"作"。而汉人对孔子的这些经典的解读和阐释，也顺理成章地希望上升到"述"的地位。但是在尊经观念盛行的汉代，希望自己的作品成为"述"，本身就存在奢求与圣人同等地位的嫌疑。

在此问题上，司马迁正是一个非常典型的例子。他的《太史公自序》对壶遂有

① （魏）何晏注、（宋）邢昺疏：《论语注疏》，（清）阮元刻：《十三经注疏》本，北京：中华书局，1980年，第843页。

② （汉）郑玄注、（唐）孔颖达疏：《礼记正义》，（清）阮元刻：《十三经注疏》本，北京：中华书局，1980年，第699页。

③ 何宁撰：《淮南子集释》，北京：中华书局，1998年，第1454页。

④ 张舜徽：《广校雠略》，武汉：华中师范大学出版社，2004年，第9页。

⑤ （汉）司马迁：《史记》，北京：中华书局，1959年，第3300页。

明确的解释："余所谓述故事,整齐其世传,非所谓作也,而君比之于《春秋》,谬矣。"① 可见,司马迁在此处明确说自己是"述故事",这是对神圣性作者观的尊崇。但同时又在此序言中加进了自己的情感抒发,使其尽量带上自己的色彩,在序目时却以"作"自居,这无疑又是对世俗化作者观的期望。司马迁既不想违反经学思想,让自己的《史记》受到觊觎圣位的责难,但又不甘心自己的作品仅仅是"述"。因为文章明明是他自己创作的,"作"正是对其著作原创性的认同,也是于他"作"者身份的一种肯定。"述"表现出来的对前代经典的依附性让他感到很不情愿。他希望自己是"作"者,而不是"述"者,因为只有这样,他借《史记》"成一家之言"的目的才会达到,借《史记》寄托自己的人生价值的愿望才能实现。司马迁这种既言"述故事",又言"作某某"的矛盾,实际上体现的正是汉人在"作"与"述"的分别中对神圣性作者观和世俗化作者观的纠葛。

司马迁之后的扬雄就更是这样。扬雄仿《周易》、《论语》而作《法言》、《太玄》。他在《法言·序》中,言及自己的作品时,用的是"譔某某"的形式。虽然他的这两部著作都明显有对儒家经典的模仿,但生性有些自负的他,既不想屈居为"述",也不好就直接临圣人而上和司马迁一样用"作",最后就用了一个"譔"来折中。但扬雄的这一行为仍然招致了强烈的指责,史载:"诸儒或讥以为扬雄非圣人而作经,犹春秋吴楚之君僭号称王,盖诛绝之罪也。"② 显然,在当时的诸儒看来,扬雄的行为无异于已经将自己的作品自视为"作"了,在宗经观念颇为盛行的汉代,这样的行为根本就是离经叛道,是对神圣性"作"者地位的挑战。同样,扬雄的自视,明显也是世俗化的"作"者观与宗经观念下的神圣性"作"者观相互斗争的结果。其实扬雄和司马迁一样,只是希望自己的著作权得到肯定而已。

王莽改制,汉运中衰,很多论者将西汉的衰亡归结为儒学的不振。于是,在光武重振汉室,建立东汉伊始,就重新加强了儒家的宗经观念。班固作为东汉经学的一代大儒,他的《汉书》就比司马迁的《史记》具有更加浓重的经学意味。他的《汉书·叙传》严守作者观的规范。他并没有司马迁和扬雄那样具有叛逆精神,所以他在这里只称自己是"述"《汉书》,在其后介绍篇次的时候,仍然是"述某某第几",

① （汉）司马迁:《史记》,北京:中华书局,1959 年,第 3300 页。
② （汉）班固撰、（唐）颜师古注:《汉书·叙传》,北京:中华书局,1962 年,第 3585 页。

丝毫不敢违背经学的这一教条。从班固这里，我们看到的是东汉经学重振之后，世俗化的作者观念在经学规范下表现出的隐退趋向。但是其在《叙传》中表现出的对圣贤著述扬名后世的艳羡以及对自己借《汉书》而传名于世的期许，同样暗含两种作者观之间的纠葛。

有了如上的考察，我们就能更好理解王符的著作意识。他的《潜夫论·叙录》自称自己是"叙某某第几"。这说明由于其著作为子书，他和班固一样，恪守着汉代经学的著述规范，表现出对经学经典及"作"者观念的一种崇奉和信仰，自不敢以"作"者、"述"者自居。但是如司马迁一样，他在《叙录》中既有对自己不平遭遇的自叙，同时也有立言以求不朽的写作动机的抒发，由此在结撰自己的作品成集时，精心思考。这些都属于他自己加在著作上的个人标识。其深层的内涵也是对自己作品所有权的一种自我体认。在这种看似平静但实际内藏矛盾的潜在著述观念之下，体现的正是东汉中晚期文人渴望突破和发现自己，但又不能完全摆脱经学束缚的心理状态。而这，实际上也是神圣性作者观与世俗化的所有权式作者观相互纠葛的表现，只是这种心理相比司马迁较隐晦罢了。

总之，通过本节的考察我们可以看出，王符在著作意识上确实存在宗经和自觉两种心理。就其内心对作者观的体认来说，也暗含着一种矛盾的心态。明白了这一点，我们也就能更加深刻地了解王符为什么能在自己的文章中虽然依经立意，但是偶尔又采诸子百家之说，使自己的文章中有时表现出一定"自我"个性的色彩。而这，正是我们后文理解王符的文章风格的前提和基础。

第二节　论王符尚用的文学观

在《潜夫论》的论政中，王符有意无意地涉及了他对文学的认识，我们从其言论中进行爬梳甄别，探讨其在中国文学观念流变中的影响和作用，更能有助于发现这位东汉文人的文学史意义及价值。然而，《潜夫论》是一部文史哲兼有的子书，并不是专门的文艺理论著作。那么，我们要考察王符的文学观，应该从何入手呢？程千帆先生曾言："所谓古代文学理论，应该包括'古代的文学理论'和'古代文学的理论'这两个层面的涵义。因而古代文论的研究，也就应该采取两条腿走路的方法，既研究古代的文学理论，也研究古代文学的理论。前者是今人所着重从事的工作，其研究对象是古代理论家的研究成果；后者是古人着重从事的，主要研究作品，从作品中抽象出文学规律和艺术方法。"① 先生的这一观点无疑给我们莫大的启示。由此反观《潜夫论》，王符政论文创作本身即是一种自觉的行为。他在其文章中对文学观念的阐释大致有两种表述方式：一种是正面对诗赋等文学作品创作及其价值的说明；另一种是通过对儒家经典的阐释和对时风的批判中侧面表达的。与此对应，我们一方面要对其直接的文学观念表述进行阐释，另一方面要对其侧面的表述进行发掘，通过对这两者的总结和相互参证，大致可以看出王符在特定时代中崇实尚用的功利主义文学观念。大致看来，可以从以下三个方面来审视。

一、美刺文学观念

重美刺的文学观念是自孔子以来的传统思想。《论语·阳货》言："诗，可以兴，可以观，可以群，可以怨。"② 汉代文人将这一观念视为圭臬，这也变成了汉代文学观念的主导精神。许结先生总结说："儒家审美思潮是推动汉代文学思想发展的主要精神。它以政治的、伦理的、道德的力量紧扣汉代文人的心弦，又以道德和艺术合一的观念成为汉代文学思想的基调……这种理论模式的思想核心，是汉人遵循的符合社会意志的文学教化意识，它突出的表现为这样三点：一是以仁义为本寻求文学之性情；二是以礼乐制度规定文学之审美范围；三是以致用精神倡扬文学之美刺功用。"③ 王符身处东汉社会中晚期，社会危机严重，文学的美刺功用自然成为其对文学的基本认识。这可以从两个方面来考察：一是从王符文章对现在视为文学作品的诗、赋、文等体裁的直接论述来考察；二是通过他对《诗》等儒家经典的阐释做侧面发掘。

首先来看王符对诗、赋等文学体裁的直接论述。《务本》篇曰：

> 诗赋者，所以颂善丑之德，泄哀乐之情也。

---

① 巩本栋编：《程千帆沈祖棻学记》，贵阳：贵州人民出版社，1997 年，第 121 页。
② （魏）何晏注、（宋）邢昺疏.《论语注疏》，北京：中华书局，1980 年，第 2499 页。
③ 许结：《汉代文学思想史》，南京：南京大学出版社，1990 年，第 4 页。

诗赋是汉代最重要的文学体裁。王符认为，这几类文学作品最主要的功用有两点：一是颂，颂美丑之德。即针对社会现实，尤其是统治者的治政进行一种评判。虽然王符此处仅言"颂"，但从其后的"美丑之德"来看，明显包含了颂扬和批判两个方面。也就是说，文学创作与现实政治是息息相关的，或美或颂，皆是对社会政治的一种反映。这一观念就其指向而言是外在的统治者。这样，文学就变成了主体抒发政治见解的一种工具。二是泄，泄哀乐之情。即文学创作者要通过自己的作品来反映包括自己在内的民众在现实政治情况下的情感，或哀或乐，同样是对现实政治好坏的一种情感表达。但就其指向而言是内在的，即主体情感的一种发泄。强调的是文学应该是民众在政治情势下的一种情感宣泄的工具。可以看出，王符对文学功用的以上两点论述，皆注重文学的工具性，即实用性。通过前者，可以为统治者的治政提供参考意见；通过后者，可以为统治者的治政提供现实依据。这两种工具性的统一，集中体现了王符思想中文学与政治的密切关系，文学的实用价值就在于其可以作为辅助政治的工具。

另外，值得注意的是，王符很重视文学的教化功能。上引王符曾言诗赋具有"颂美丑之德"的作用。同时批判那些虚张声誉，品评人才不实之人"外虽有振贤才之誉，内有伤道德之至实"。此处对文章与道德关系的强调，又说明王符充分注意到了文学对社会道德形成所具有的教化作用。

其次，王符重美刺的文学观念，还表现在他对儒家经典的使用和阐释。许结先生说："汉人的学问因建立在对先秦典籍、整理、研究的基础上，故其文学思想也就表现出对历史文化的解释特征，先秦诗、骚传统在汉代的影响、消释，以及汉人对诗、骚文学的理解、诠评，构成汉文学思想的主要范畴。"① 王符的文章中引用了大量的儒家经典，同时还随文伴有对这些经典的解说和阐释。从这些阐释文字中，可以窥知其对文学功用的一些认识。我们对王符文章中的引书曾做全面统计发现，王符在引用《诗》等儒家经典时，往往直接标明其"美刺"的性质。《潜夫论》直接引用《诗》原文或化用《诗》句者，共104次，明确标明"《诗》*"（*代表标明美刺性质的词语）者27次。其中标明《诗》美性质者，如：

《边议》：《易》制御寇，《诗》美薄伐，自古有战，非乃今也。

———

① 许结：《汉代文学思想史》，南京：南京大学出版社，1990年，第6页。

《志氏姓》：其在周世，为宣王大司马，《诗》美"王谓尹氏，命程伯休父"。其后失守，适晋为司马，迁自谓其后。

《志氏姓》：《诗》颂宣王，始有"张仲孝友"。

标明《诗》刺性质者，如：

《浮侈》：《诗》刺"不绩其麻，女也婆娑"。

《述赦》：《诗》刺"彼宜有罪，汝反脱之"。

《述赦》：《诗》讥"君子屡盟，乱是用长"。

《交际》：《诗》伤"蛇蛇硕言，出自口矣。巧言如簧，颜之厚矣"。

可见，王符对《诗》的"美刺"观念尤为强调，这是明显受到汉儒解经影响的结果。先看"美"的一面，如"《诗》美薄伐"一句，出自《诗·小雅·六月》。据《汉书·韦贤传》刘歆议曰："臣闻周室既衰，四夷并侵，猃狁最强，于今匈奴是也。至宣王而伐之，诗人美而颂之曰：'薄伐猃狁，至于太原。'"[①]王符对《六月》诗义的理解，与刘歆一样，认为它是诗人针对周宣王讨伐北方少数民族，治边安民的治政的一种赞美，《诗》的功用在这里是赞美治政的工具。

再看"刺"的一面，上引的"讥"、"痛"、"伤"同样表达的是《诗》作为对社会现实不满的一种讽刺精神。如《浮侈》篇所引"《诗》刺'不绩其麻，女也婆娑'"一句，出自《诗·陈风·东门之枌》。《毛传》曰："《东门之枌》，疾乱也。幽公淫荒，风化之所行，男女弃其旧业，亟会于道路，歌舞于市井尔。"[②]也就是说，《东门之枌》的创作，完全是对社会风气日坏，生产停滞而作的讥讽之词。《诗》的功用在这里是批判政治的工具。

不仅如此，在王符看来，除《诗》之外，《春秋》和《易》也皆有"美刺"作用。如其言：

---

① （汉）班固：《汉书》，中华书局，1962年，第3125页。
② （汉）毛亨传、（汉）郑玄笺、（唐）孔颖达疏：《毛诗正义》，（清）阮元刻：《十三经注疏》本，北京：中华书局，1980年，第376页。

《浮侈》：晋灵厚赋以雕墙，《春秋》以为非君。

《救边》：《春秋》讥："郑弃其师"，况弃人乎？

《浮侈》：故《易》美："节以制度，不伤财，不害民"；七月诗大小教之，终而复始。

如果说王符强调《春秋》的"美刺"功能是受到汉人解经注重《春秋》的"微言大义"观念影响的话，那他对《易》的"美刺"作用的强调就显得独树一帜。此处王符所引《易》文，出自《周易·节·象》："节以制度，不伤财，不害民。"[1]可见其原文并没有"美"这一文本性质的标识，此"美"应该就是王符本人对这段经典的解读和阐释。

综上所述可见，王符对儒家经典的根本看法皆有"美刺"性质。所有经典皆是针对社会现实而发，同时也皆是对社会现实的一种理论指导。这是汉人解经用经的传统观念。由此，我们再来看上论王符对诗赋等文学作品社会功用的正面阐释，完全是与其对儒家经典的功用认识一脉相承的。王符并没有明确的现代意义上的文学审美认识，文学的实用性，即为政治服务的工具性，是其最根本的文学观念。以此为基础，就必然引出王符文学观念的第二个方面，即对文学实诚精神的关注。

二、实诚文学主张

《易》曰："修辞立其诚。"[2]对于真和善的追求，本来就是中国传统文学的基本审美标准。汉代《诗》学思想为主题的文学批评，求真致善也是其主要的精神旨归。王符之前的王充就曾发愤著《论衡》并自述其主旨是"疾虚妄"[3]。王符对文学的认识是功利主义的尚用观念。在此基础上，出于文学美刺的政治作用的考虑，他又强调文学的真实性，如此就又继承了我国文学中实诚的传统思想。王符要求文学的实诚是我国以真诚为善的审美结构体系中的重要一环。因此，我们认为，王符强调文

① （魏）王弼注、（唐）孔颖达疏：《周易正义》，（清）阮元刻：《十三经注疏》本，北京：中华书局，1980年，第70页。
② （魏）王弼注、（唐）孔颖达疏：《周易正义》，（清）阮元刻：《十三经注疏》本，北京：中华书局，1980年，第321页。
③ （汉）王充著、汪晖校释：《论衡校释》，北京：中华书局，1985年，第11页。

学尚用，根本的要求是文学作品的实诚，具体包括了事真、情真、辞真三个要素。对此，我们现做具体分析。

（一）事　真

王符主张文学尚用，其首要的内涵就是文章要"事真"。这一观念，王符在对诗赋等文学体裁的批判中曾有明确的表述。他说：

> 今学问之士，好语虚无之事，争著雕丽之文，以求见异于世，品人鲜识，从而高之，此伤道德之实，而或蒙夫之大者也。诗赋者，所以颂善丑之德，泄哀乐之情也，故温雅以广文，兴喻以尽意。今赋颂之徒，苟为饶辩屈塞之辞，竟陈诬罔无然之事，以索见怪于世，愚夫慧士，从而奇之，此悖孩童之思，而长不诚之言者也。

此处，王符明确表达了对时人文章和言论中的"虚妄"之词的反对。在他看来，在文学作品中写作"虚无之事"，"陈诬罔无然之事"是应该坚决予以批判和抵制的。这种不实言论，并没有客观的现实作为依据，对于接受者来说，非但没有实际的效用，而且往往会造成"惑蒙夫"、"长不诚之言"的社会危害。此处的"此悖孩童之思"尤其值得注意。"孩童之思"，指的是一种纯真的思维模式，与沽名钓誉的功利化言辞是相对的。这可以说是王符实诚文学观念的集中体现。王符所提倡的文学创作，应该是具有实质内容的文章，强调文章要言之有物，也就是要做到"诚"、"实"。此处，王符注意到了主体的文学创作动机的问题。他批判当世的创作者写作动机是为了"求见异于世"、"索见怪于世"。正是在这样一种尚奇好怪、沽名钓誉的动机之下，文学写作中的"不诚"才成为一种风气。只有创作主体认识到写作是为现实服务，才能在作品中言真事，讲实理。

他在批判时人的人才品鉴风气时，对事真这一主张有着更加明确的阐释。如其《贤难》篇曰：

> 且闾阎凡品，何独识哉？苟望尘剿声而已矣。观其论也，非能本闺闲之行迹，察臧否之虚实也；直以面誉我者为智，谄谀己者为仁，处奸利者为行，窃禄位者为贤尔。

另，其《实贡》篇也说：

> 夫高论而相欺，不若忠论而诚实。

这里所谓的"论"，即主体对外在人物和事件观点的一种表达。这种表达的基本原则就是要做到真实可信，以客观的现实作为依据和基础。如果虚张高论，那就是一种"不诚"的表现，所以王符主张要"忠论"。王符认为，由于文学作品包括言论都是和现实紧密相连的，其内容真实与否，是会造成很大的现实影响的。如果不能做到真实，通过文学表达的意见就是虚妄的，且如果人人相互仿效，必然使得社会风气虚妄不实，造成极其恶劣的社会影响。

所以，王符在强调文学的现实功用的基础上，为文学树立的第一标准就是"事真"。只有所言之事为现实社会中的客观事实，才能保证其发表的观点和意见的客观性和准确性，也才能保证具有现实功用价值。

（二）情　真

我们说王符的文学观基本上是主张尚用的，那这种功利主义的文学观是否就排斥文学的真情实感的呢？答案是否定的。在王符尚用的文学观中，用与情是和谐统一的。不仅如此，他还要求文学在客观的基础上表现出"情真"。

首先，在王符看来，言辞是人的感情的一种外显形式。他在《潜夫论·叙录》篇叙述自己作文的缘由时说：

> 夫生于当世，贵能成大功，太上有立德，其下有立言。阘茸而不才，
> 先器能当官，未尝服斯役，无所效其勋。中心时有感，援笔纪数文，字以
> 缀愚情，财令不忽忘。刍荛虽微陋，先圣亦咨询。草创叙先贤，三十六篇，
> 以继前训，左丘明五经。

这里王符明确表达了自己写作文章的原因就在于"中心时有感"。这实际上已经触及了文学发生论的思想。创作主体受到外在现实给予的一种精神上的刺激，从而导致了其内心情感产生波澜，最终要通过写作来表达自己的观点，抒发自己的情感。而对于王符来说，自然就是面对东汉社会吏治腐败、人才失选而导致人民处于水深火热、王朝面临岌岌可危的社会现实，作为一名有强烈社会责任感的下层知识

分子不得不发的情感。王符认为，自己所写的每篇文章都是针对社会现实而发，而字里行间皆倾注着自己的"愚情"。王符并没有否认情感与文学的关系。相反，文章的写作，本身就应该是由情而发的。所以他说："诗赋者，所以颂善丑之德，泄哀乐之情也。"诗赋等文学作品的创作，本身也就是用来使得人们发泄自己的喜怒哀乐之情的。这样，文学作品就变成了情感的载体，成了人们表现自己情感的工具。王符这种注重情感对文学发生作用的观念，秉承了自《毛诗》以来的文学发生观念。《毛诗大序》曾言："诗者，志之所之也。在心为志，发言为诗。情动于中而形于言，言之不足，故嗟叹之；嗟叹之不足，故咏歌之；咏歌之不足，不知手之舞之、足之蹈之也。"①《诗序》的作者认为，《诗》的创作本身就是因为人们在现实政治情势下对自己哀乐之情的一种客观反映。因为有了现实作为基础，这里的"情"就变成了实情、真情。

这样的一种对文学的实用和情感表达的关系，我们还可以从王符的其他言论中找到佐证。他在《述赦》篇中说：

> 人之情皆见乎辞，故诸言不当赦者，非修身慎行，则必忧哀谨慎而嫉毒奸恶者也。诸利数赦者，非不达赦务，则必内怀隐忧有愿为者也。

在此，王符分析了赞成和反对数赦的两类人的不同心理。这两类人由于内心动机的不同，对赦赎的政策采取不同的态度，表现在言论上就是完全相异的外在呈现。这段话本来是王符用来论证数赦政策之不当的，但是却包含了一定的文艺理论在其中。王符认为"人之情皆见乎辞"，这种说法本来自《易传》，原文是"圣人之情见乎辞"②。王符这里把"圣人"改成"人"，使得指称的对象由特指的圣人变成了泛指的一般人。也就是说，言辞是每个人内在情感的一种表达方式。"言"由"情"生，"情"是"言"产生的前提和基础，这实际上也肯定了文由情生。

所以，文由情生是王符文学观的一个基本方面。所谓的"情"是人面对现实的情况下产生的。"文"是可以宣泄情感的，这就是"文"之"用"。而这里的喜怒

---

① （汉）毛亨传、（汉）郑玄笺、（唐）孔颖达疏：《毛诗正义》，（清）阮元刻：《十三经注疏》本，北京：中华书局，1980年，第262页。

② （魏）王弼注、（唐）孔颖达疏：《周易正义》，（清）阮元刻：《十三经注疏》本，北京：中华书局，1980年，第78页。

哀乐，主要是政治影响下的一种喜怒哀乐。这种情感的表达，对现实政治而言就是一种明确的反馈，是对现实政治的一种反映和干预。因而，在这个意义上，王符文学观中的"用"和"情"是相互贯通的。又因为这种"情"是一种难以遏制的真情实感的流露，所以，"情真"和"事真"也是相互统一的。事真，正是情真的前提和基础。

（三）辞　　真

王符这里强调的辞真，包含了两层含义：其一，主张文学的语言真实、质朴。他说："辞语者，以信顺为本，以诡丽为末。"也就是说，言辞只要能够完全表达真情实感就可以了，不要浮夸、诡丽。王符这里提出的"信顺"的要求，秉承了孔子"辞达而已矣"[①]的言辞审美标准。王符并不追求华美的辞藻，他主张文学语言质朴的风格。这一点，我们从其文章中就能明显看出。王符文章的语言质朴、准确，力求语义表达的贴切。同样，这一主张还体现在王符对当时虚张高誉的社会现实的批判中。他说：

> 夫说粱饭食肉，有好于面目，而不若粝粢藜蒸之可食于口也。图西施、毛嫱，有悦于心，而不若丑妻陋妾之可御于前也。虚张高誉，强蔽疵瑕，以相诳耀，有快于耳，而不若忠选实行可任于官也。

王符这段话的论述同样是在说明选官要注重实际才干，徒有美誉的人才是没有实际价值的。王符这段形象化的描写，客观传达出的文艺思想是，在王符看来，审美对象能带给人的愉悦感受，相比起实用价值来说就显得微不足道。过分追求形式上的感官刺激，对社会和个人来说都没有实际的作用，相反会遮蔽事物的缺点，造成认识和实践上的偏差。

其二，语言的真实和质朴，并不排斥文章形式上的技巧和构思。粗看上去，似乎王符要求语言质朴的主张否定了事物形式的审美价值。那在这样的文学思想指导下，王符的文章是否就变成了枯燥的说教了呢？当然不是，我们看王符的文章，不仅具有精美的构思，而且还十分讲究技巧，具有很强的形象性。以其句法为例，王符自己的文章句法就千变万化，具有很强的艺术性。如其《爱日》篇的首段曰：

---

① 　（魏）何晏注、（宋）邢昺疏：《论语注疏》，（清）阮元刻：《十三经注疏》本，北京：中华书局，1980年，第2517页。

> 国之所以为国者，以有民也；民之所以为民者，以有谷也；谷之所以
> 丰殖者，以有人功也；功之所以能建者，以日力也。治国之日舒以长，故
> 其民闲暇而力有余；乱国之日促以短，故其民困务而力不足。

这段文字王符使用了顶真的修辞格，这种手法运用，使得整个文章的论证如一线贯珠，层层推进，说理明晰而透辟，具有很强的说服力。可见，王符并不排斥文学创作中的技巧和构思。

我们从前引王符对诗赋的论述也可佐证以上的结论。王符言诗赋可以"兴喻以尽意"。也就是说，他是承认文学中是需要采用"兴"和"喻"等手法来委婉实现自己的表达情感目的的。这一理论继承了汉儒"主文谲谏"的讽谏模式，主张以含蓄的方式来表达自己的政治观点。所以我们发现王符的文章中时时出现比喻说理和类比说理的句例。如《赞学》篇曰：

> 夫是故道之于心也，犹火之于人目也。中阱深室，幽黑无见，及设盛烛，
> 则百物彰矣。此则火之耀也，非目之光也，而目假之，则为己明矣。

这里王符在说明道之重要性时，将其比喻为照亮人类前进道路的"火"。这一比喻形象而准确，如此说理，读者自然非常容易接受。所以，王符所谓的言辞的"信顺"，即辞真，同样是在事真、情真的基础上来谈的。这种"真"是对浮泛、虚妄言辞的一种摒弃，但是并没否定文学写作的形象性和技巧。相反，适当的文学构思和语言技巧的运用，正好可以使得自己要表达的观点和情感得到最好的呈现。

章炳麟在《与人论文书》中曾说："《易》曰：修辞立诚；子曰：辞达而已；又曰：言之无文，行之不远；三者乃文章正轨。"[①] 诚然，王符对文学情感和技巧因素的肯认，避免了其将文学单纯看成工具的片面性。这也就使得其文学观实际的表现是文质并重，更趋合理，同时实现了对汉代辞赋浮靡文风的纠偏。通过以上的分析我们看出，王符所倡导的文学作品包括了事真、情真、辞真三要素，由此三者最终形成了其文章创作的"理真"。而"理真"的实现，又统一于王符文学观念的尚用主张。唯有"理真"，通过文学表达的情感和观点才是最真实和实用的，也才是对社会治政最有价值的。

---

① 徐复点校：《章太炎全集·与人论文书》，上海：上海人民出版社，2014年，第337页。

三、本末论观念

王符文学观念主张重美刺的功用和重实诚的精神，这是否能在其哲学思维中找到根据呢？答案是肯定的，即王符对"本末"这一哲学思想的继承和思考。诚然，在这一组哲学命题的探讨中，王符主要讨论的是社会发展各方面之间的关系问题，并不专指文学问题。但是，本末兼顾这一思维方式的存在，恰是上论王符文学思想的精神前提。"他在理论思维中，已经把'本末'作为分析各种文体和治国安民的最高的、最基本的指导性观念。"[①]它不仅是王符美刺文学观念和实诚文学的哲学基础，同时还开启了随后的魏晋玄学思维，对这一时期的文学产生了极其重要的影响。因此，我们在此有必要对王符的本末论思想做一探讨。

王符作为东汉社会杰出的思想家，在对社会治政提出批判和改良方案的同时，就社会经济发展中的本末关系进行了深入的思考，提出了自己全新的本末论思想。我们要对此问题进行考察，首先要看王符的《务本》篇，他主张的是：

> 夫富民者，以农桑为本，以游业为末；百工者，以致用为本，以巧饰为末；商贾者，以通货为本，以鬻奇为末：三者守本离末则民富，离本守末则民贫，贫则陋而忘善，富则乐而可教。教训者，以道义为本，以巧辩为末；辞语者，以信顺为本，以诡丽为末；列士者以孝悌为本，以交游为末；孝悌者，以致养为本，以华观为末；人臣者，以忠正为本，以媚爱为末：五者守本离末则仁义兴，离本守末则道德崩。慎本略末犹可也，舍本务末则恶矣。

王符在这里所论述的八组本末关系，皆以"本"、"末"相对，对"本"的哲学概念的强调，本身就是希望掌握事物最基础的性质，从而为人的行为作指导的。这种思维方式带有很强的功利性。这正是王符文学思想中重美刺和重实诚的哲学基础。但这是否是意味着王符仅仅重"本"而完全摒弃"末"呢？不然，我们认为，王符对本末这对哲学概念的认识是具有一定的辩证性的。且看其具体的论述：

> 夫富民者，以农桑为本，以游业为末；百工者，以致用为本，以巧饰为末；商贾者，以通货为本，以鬻奇为末：三者守本离末则民富，离本守末则民贫，

---

① 刘文英：《王符评传》，南京：南京大学出版社，1998年，第222页。

贫则阨而忘善，富则乐而可教。

首先来看王符对"本"的重新定义。王符根据当时的社会形势，不仅将农业生产视为"本"，而且将合理的工商业发展，也视为治国之本。重视农业是王符经济思想的基础。他在《务本》的开篇即言："夫为国者，以富民为本，以正学为基。"既然富民在其经济思想中是如此重要，那怎样才能实现富民的目标呢？《叙录》："民为国基，谷为民命。"这句话简短而明确地将农业放在了发展经济最突出的地位。类似的表述又见《浮侈》篇曰：

> 一夫不耕，天下必受其饥者；一妇不织，天下必受其寒者……是则一夫耕，百人食之，一妇桑，百人衣之，以一奉百，孰能供之？天下百郡千县，市邑万数，类皆如此，本末何足相供？则民安得不饥寒？饥寒并至，则安能不为非？为非则奸宄，奸宄繁多，则吏安能无严酷？严酷数加，则下安能无愁怨？愁怨者多，则咎征并臻，下民无聊，而上天降灾，则国危矣。

可见，在王符看来，国家要安定，要发展，最基础的工作也正是解决人民的吃饭问题，通过发展农业使人民富足，才能"富乃可教"，即对人民进一步实行文化教育。最后实现人民知礼，国家富强的目标。王符在这里所说的"本"，不仅包含了传统的农业，而且包含了具有积极实用价值的工商业。他的这种经济思想，修正了汉代社会由贾谊、晁错等人一直宣扬并奉行的"重农抑商"的错误思想，对农、工、商的社会地位和实际作用给予了重新评估和肯定。相对于同时代的思想家来说，其对经济思想中的"本"的定义是相当全面的，是一种全新的经济本末论。对此，王步贵先生称颂道："（王符的）这种估计和肯定实际上是对轻工商的浅陋观点进行了深刻的批判，显示了王符经济思想的理论火花和独到见解，为当时一般思想家的认识水平和理解高度所不及。"[①]

其次，我们再来看王符对"末"的认识。王符既然也将合理实用的工商业视为"本"，那他的经济思想中的"末"又指的是什么呢？从以上的引文来看，王符的意思很明确，他为手工业制定的标准是"胶固"、"便事"，也就是要既方便操作，同时又结实耐用。但是有些"奸工"所制造的却是"雕琢之器，巧伪饬之"，这就是王符主张废弃的

---

① 王步贵：《王符思想研究》，兰州：甘肃人民出版社，1987年，第55页。

了。他认为商业发展的价值在于"通用",但是如果"竞鬻无用之货、淫侈之币,以惑民取产",那最终的后果只能是"虽于淫商有得,然国计愈失矣"。由此可见,王符所指的"末",是那些在他看来没有实用价值的"雕琢"、"淫侈"之器的生产和流通。他对当时社会"游手为巧,充盈都邑,治本者少,浮食者众"的现实情况深恶痛绝。尤其是对其中不具有实用价值的"淫巧"末业要持坚决的打击态度。他的主张是:"故为政者,明督工商,勿使淫伪,困辱游业,勿使擅利,宽假本农,而宠遂学士,则民富国平矣。"

由此可见,王符以富民为本作为根本目的,在总结前人思想成果的基础上,对传统的经济本末论提出了自己全新的阐释。他不仅充分认识到了农业生产的基础地位,同时对有助于社会发展的合理的工商业也予以肯定的态度,同样将其视为"本"业。他要反对的,仅仅是那些助长社会浮靡之风,影响国家发展的"巧饰"、"鬻奇"的工商业。所以,这也从一个侧面反映了王符并不完全排斥文学对华美的追求,他所要求的只是在美必须建立在"真"的基础上。

可见,王符在对社会经济产业的思考中,用到了"本末"这一组相对的哲学概念。对于"本"的重视,让王符重视文学的实用主义精神,由此衍生出其对文学美刺观念和实诚精神的重视。对前人"末"的观念的思考和矫正,也使得其在主张文学实诚的同时并没有完全排斥文辞的华美,在一定程度上坚持了文学真善美统一的标准。同时,虽然王符显然并没有把"本末"看成是可以包括自然界和社会生活中一切事物的哲学范畴,但是其思维方式对后世魏晋的玄学家产生了重要的启迪作用,促进了魏晋文学思想的发展。

总之,在王符所处的时代和他本人的思想中,并没有明确的现代意义上的纯文学概念,我们这里所指的,也仅仅是王符作为"思想家的杂文学观念"[①]。王符思想中的本末观念,既是其文学观念的哲学基础,又对后世魏晋玄学的思维方式产生了很大的启迪作用。王符文学观念虽然带有很强的功利色彩,但是在东汉中晚期文学思想史上具有一定代表性,同时对魏晋文学思想的形成产生了重要影响,是中国文学发展史上重要的一环。

---

① 王运熙、顾易生主编:《中国文学批评通史》(先秦两汉卷),上海:上海古籍出版社,1995年,第578页。

第五章 《潜夫论》文章的经学风格及其突破

汉代经学之于文学产生了巨大的影响，这种影响在文章写作方面尤其明显。我们本章讨论的"经学风格"，指的是自汉武帝时期儒学独尊后，汉代文章的写作无论从行文立意、用词成句上，还是文体特征上都表现出鲜明的经学色彩。王符作为自幼濡染儒家经典成长起来的作家，其文章自然也主要继承了这一风格。我们本章的研究即从此入手。首先，第一节主要从《潜夫论》整体文章风格上探讨其与汉代经学之间的关系，属于宏观上的把握。其次，《潜夫论》引用儒家经典次数最多的是《诗经》，而历代经学研究者又将王符视为《鲁诗》学派学者，所以我们设置第二节专门探讨《潜夫论》文章与《鲁诗》之间的关系，以作为对第一节的补充。再次，王符文章的可贵之处在于，他不仅有对汉代文章经学风格的继承，还且在局部上还表现出一种突破，所以我们设置第三节就此专论。以求与前两节内容一起，见出王符在东汉文章风格转变中的文学史意义。而这，也有助于对王符进行客观的文学史定位。

第一节 《潜夫论》文章与汉代经学

王符的《潜夫论》是东汉论辩文章的代表作。王符作文论证精辟，含蓄蕴藉，集中体现了汉代文章的"醇厚"本色。由于身处汉代经学盛行时期，这种"醇厚"文风的达成，很大程度上是受到了经学经典和经学活动的显著影响。具体表现为：文章结构上，体现出"依经立意"的构思方式；文章构句上，表现出对儒家经典句式的仿写和构句技巧的采纳；文章论述方式和文体上，表现出受经师解经言说方式和经学论辩活动影响的痕迹。王符散文与汉代经学关系密切，是汉代经学与文学互动的典型个案。本文拟就此做具体分析，以见《潜夫论》文章与汉代经学之关系。

一、《潜夫论》文章结构与经学经典

儒家思想在经历了春秋战国的发展，又遭受了秦王朝"焚书坑儒"的祸难之后，终于在西汉武帝当政后迎来了辉煌的鼎盛时期。汉武帝刘彻听取董仲舒的建议，颁布诏令，实行"罢黜百家，独尊儒术"的文化政策，使得儒学成为其他各家难以与之匹敌的最高显学。儒学作为汉代意识形态的统治地位也最终被确立下来。其后，儒家经典就变成了读书人最主要的研习项目。汉代社会这种意识形态方面空前的加强和统一，使得读书人的思想基本上被儒家经典思维占据。正如刘师培先生所言："两汉之世，户习七经，虽及子家，必缘经术。"① 王符的《潜夫论》，大部分文章是在经学盛行时期完成的。这些文章的创作，首先从构思立意上就明显受到了经学思想的影响。

王符文章大多是本着"依经立意"的原则来创作的。所以，文章中有大量对儒家经典的直接引用。据前文笔者统计，《潜夫论》全书直接举出五经、《论语》书名，或完整引用其语录者，共 386 次。其中引四家《诗》104 次，引《尚书》49 次，引《周易》经传 62 次，引《礼记》7 次，引《春秋》经传 111 次，引《论语》50 次，《孝经》3 次。② 可见，王符文章在很大程度上是对儒家经典意义的阐释，这些经典语句即是其文章论证的重要理论依据。王符这些论辩文章无论在开头、结尾还是论证过程中都喜欢引用儒家经典。每当重要的关节点和论点出现时，都以这些经典语句作为论据。

先看王符文章的开头对经典的引用，如《明暗》开头一段：

> 国之所以治者君明也，其所以乱者君暗也。君之所以明者兼听也，其所以暗者偏信也。是故人君通必兼听，则圣日广矣；庸说偏信，则愚日甚矣。《诗》云："先民有言，询于刍荛。"

---

① 刘师培：《中国中古文学史讲义》，上海：世纪出版集团、上海古籍出版社，2006 年，第 6 页。

② 详细统计可参见本文上编第三章《〈潜夫论〉引书考论》。

此处作为文章的开始，王符在提出了"君明"是因"兼听"之后，引用了《诗·大雅·板》之语，实际上要说明的正是君主要做到圣明，不被亲近的朝臣所蒙蔽，最好的方式就是了解广大老百姓的心声，包括那些地位低下的下层知识分子和人民的意愿。这句引《诗》深有含义。据本传所载：

> 王符，字节信，安定临泾人也……安定俗鄙庶孽，而符无外家，为乡人所贱。自和、安之后，世务游宦，当涂者更相荐引，而符独耿介不同于俗，以此遂不得升进。志意蕴愤，乃隐居书三十余篇，以讥当时失得，不欲章显其名，故号曰《潜夫论》。①

我们虽然从王符的文章中看到了他卓绝的治政见解，但是由于出生微贱，加之性格耿直，终其一生以布衣行事。"志意蕴愤"的王符是多么希望统治者能够从下层人民中听取意见。如此，像他这样的底层知识分子才能有参与政治的机会和实现抱负的可能。因而，这里看似一次普通的经典引用，却深藏着王符这位不得志的知识分子的万千隐恨与期望。可以说，王符在此处引用的《诗》文，正是其文章的最重要的核心观点体现。这句引《诗》，既使论证具有了充足说服力，又很好地表达了其内心幽愤。王符文章中很多对经典的引用，实际上就是他文章要表达的核心论点。

再看文章论证过程中引用经典，如《赞学》：

> 是故工欲善其事，必先利其器；士欲宣其义，必先读其书。易曰："君子以多志前言往行以畜其德。"是以人之有学也，犹物之有治也。故夏后之璜，楚和之璧，虽有玉璞下和之资，不琢不错，不离砥石。夫瑚簋之器，朝祭之服，其始也，乃山野之木、蚕茧之丝耳。

此处王符在论述学习对个人修养的重要性时，引用《易》之言，说明如若想让自己的修养达到"君子"的高度，必须通过"多志前言往行"，而这些"前言往行"即指前文所举出的黄帝、颛顼等圣人从师问学之事。正是在对这些"前言往行"的涵咏中，才能使自己的修养得到提升，这就是"畜其德"的工夫。文章在这句论述的基础上，其后才有"人之有学也，犹物之有治也"。"是以"一词所表达的因果

---

① （南朝·宋）范晔：《后汉书》，北京：中华书局，1965年，第1630页。

关系，正好让我们明显看出了王符所引这段《易》经文字在其论述过程中的重要作用，其后的论述正是在此基础上的引申和发挥。引文在这里承上启下，不仅在文章思想上，而且在行文结构上都起到了极其重要的贯穿作用。

王符文章在结尾处喜欢引用经典文献。这样的事例可以说比比皆是。据笔者统计，王符《潜夫论》并叙录三十六篇文章，结尾引用儒家经典的有二十四篇，其中引用《诗》经原文十篇，引《易》经原文十二篇，引《书》经五篇，引《论语》七篇，引《礼》一篇。有甚者如《本训》篇结尾更是连引《诗》、《礼》、《易》原文。于此，我们以《爱日》结尾为例：

> 孔子病夫"未之得也，患不得之，既得之，患失之"者。今公卿始起州郡而致宰相，此其聪明智虑，未必闇也，患其苟先私计而后公义尔。《诗》云："莫肯念乱，谁无父母！"今民力不暇，谷何以生？百姓不足，君孰与足？嗟哉，可无思乎！

文章的结尾部分，往往是对全文论述的一种总结和主题的升华，这里分别引用了《论语》中孔子之言和《诗·小雅·沔水》的成句来对文章进行总结性论述。这些儒家经典被引用在结尾，突出了作者的论点，增强了文章的说服力。

总之，无论在文章的开头、结尾，还是具体的论证过程中，王符都时时有对儒家经典的引用，这些经典文献是王符用来构建整个文章的有机组成部分，很多经典语言可以说就是其论点的理论依据。王符文章"依经立意"的特征是十分明显的，而这正是作家置身于汉代经学思潮中不可避免的文化折射。

二、《潜夫论》构句方式与经典语句

经学对王符散文产生的影响还体现在文章构句方式上。这主要表现在以下几个方面：

一是对经典语句的仿写和经典语句在语流中对散文句式的影响。正如前文所论，王符在他的文章中有大量对儒家经典的直接引用，这些引证成为其文章的有机组成部分，达到了极好的表达效果。不仅如此，王符在行文过程中还有意地模仿经典语句仿造句子。我们且看《赞学》曰："是故工欲善其事，必先利其器；士欲宣其义，必先读其书。"这里的"工欲善其事，必先利其器"出自《论语·卫灵公》，将其用在这里来说明学习的道理是很合适的。但是王符对这两话的引用并没有明显标示其出处，而其后的"士欲宣其义，必先读其书"一句，完全是在语流中对经典语句的仿写。这可说是王符的神来之笔，仿写后不仅使得句式上严整有序，而且由经典论据自然过渡到本段论证的中心论点即士君子应当勤学读书的问题上来，论证有力并给人以深刻印象。前后衔接自然而不着痕迹，其文笔之老辣可见一斑。

另外，王符文章中经常将经学经典原文直接入文，从而在句式上对前后文产生影响。如《浮侈》言"休其蚕织。"《诗·大雅·瞻卬》："休其蚕织。"① 由于直接把《诗》句入文，作者为了句式上的协调，往往将其他句式也进行调整，最后就使得作品中逐渐出现了很多的四言句段。

整体考察本句段为：

> 今多不修中馈，休其蚕织，而起学巫祝，鼓舞事神，以欺诬细民，荧惑百姓。

除了部分连接词外，短句的主体都是由四言句构成。这显然是出于与引文句式相搭配的需要。

另外如首段：

> 今举世舍农桑，趋商贾，牛马车舆，填塞道路，游手为巧，充盈都邑，治本者少，浮食者众。商邑翼翼，四方是极。

《浮侈》言："商邑翼翼，四方是极。"直接以《诗·商颂·殷武》："商邑翼翼，四方之极"② 入文，也是同样的道理。这种句例，在王符的文章中随处可见。

二是单纯在句式上儒家经典对王符文章产生的影响。儒家经典中有大量规整的句式，论证严密，逻辑性很强。如《礼记·大学》篇中有：

> 大学之道，在明明德，在亲民，在止于至善。知止而后有定，定而后能静，

---

① （汉）毛亨传、（汉）郑玄笺、（唐）孔颖达疏：《毛诗正义》，（清）阮元刻：《十三经注疏》本，北京：中华书局，1980年，第577页。

② （汉）毛亨传、（汉）郑玄笺、（唐）孔颖达疏：《毛诗正义》，（清）阮元刻：《十三经注疏》本，北京：中华书局，1980年，第627页。

静而后能安，安而后能虑，虑而后能得。

古之欲明明德于天下者，先治其国；欲治其国者，先齐其家；欲齐其家者，先修其身；欲修其身者，先正其心；欲正其心者，先诚其意；欲诚其意者，先致其知。致知在格物。

物格而后知至，知至而后意诚，意诚而后心正，心正而后身修，身修而后家齐，家齐而后国治，国治而后天下平。①

同样的句式还见于《中庸》篇：

唯天下至诚，为能尽其性。能尽其性，则能尽人之性。能尽人之性，则能尽物之性。能尽物之性，则可以赞天地之化育。可以赞天地之化育，则可以与天地参矣。②

我们这里以《大学》篇为例，《大学》篇在说理时，使用了大量的这样的层递句式。这种句法实际上就是我们今天修辞学所说的顶真。顶真是用前一句的结尾来做后一句的开头，使邻接的句子头尾蝉联而有上递下接趣味的一种措辞法。③顶真作为一种修辞手法，由于特殊的语言形式，给人一种贯珠相连之感，环环相扣，不仅在逻辑上，而且在形式上形成一种连环推理。《大学》文章借此造成论证过程的层层推进，丝丝入扣，形式严整而论证严密。不仅如此，由于顶真这种特殊的句法，特别适合短句相连，形成急促而严整的结构，使得论述语气短促而气势浩大，给人一种目不暇接之感，大大增强了论证的说服力。王符的文章很多地方都借鉴了这种如贯珠蝉联的顶真句法，同样达到了极好的论证效果。如《遏利》：

终必觉，觉必诛矣。盗人必诛，况乃盗天乎？

又，《考绩》：

凡南面之大务，莫急于知贤；知贤之近途，莫急于考功。功诚考则治

① （汉）郑玄注、（唐）孔颖达疏：《礼记正义》，（清）阮元刻：《十三经注疏》本，北京：中华书局，1980年，第1673—1674页。
② （汉）郑玄注、（唐）孔颖达疏：《礼记正义》，（清）阮元刻：《十三经注疏》本，北京：中华书局，1980年，第1634页。
③ 陈望道：《修辞学发凡》，上海：上海教育出版社，1976年，第216页。

乱暴而明，善恶信则直。

再看《本政》曰：

> 故君臣法令善则民安乐，民安乐则天心慰，天心慰则阴阳和，阴阳和
> 则五谷丰，五谷丰而民眉寿，民眉寿则兴于义，兴于义而无奸行，无奸行
> 则世平，而国家宁、社稷安，而君尊荣矣。

此处王符在论证治政之本时，着重提出了法令的重要作用。唯有"君臣法令善"才是治政的最有效措施。以此为本，其后将一步步实现"民安乐"、"天心慰"、"阴阳和"、"五谷丰"、"民眉寿"、"兴于义"、"无奸行"，最后达到了"世平"、"国家宁、社稷安，而君尊荣矣"的治政目的，这些由顶真句式引申出来的阶段性目标，逻辑上层层推进，前者是后者的前提和基础。王符如贯珠般的推理短句句群，丝丝合缝，论证有力。而这一论辩力的达成完全得益于对《大学》等儒家经典论证句式上的借鉴。

三是汉代经学经典文献对王符文章句式的影响还体现在大量四言句式的出现。而这明显是受到了经学经典尤其是《诗》经句式的影响。以《劝将》篇为例，全文共 205 句[①]，而四言句有 85 句，占到整个文章的 41.46%，其第一段为：

> 太古之民，淳厚敦朴，上圣抚之，恬澹无为，体道履德，简刑薄威，
> 不杀不诛，而民自化，此德之上也。德稍弊薄，邪心孽生，次圣继之，观
> 民设教，作为诛赏，以威劝之，既作五兵，又为之宪，以正历之。《诗》云："修
> 尔舆马，弓矢戈兵，用戒作则，用逖蛮方。"故曰：兵之设也久矣。涉历五代，
> 以迄于今，国未尝不以德昌而以兵强也。

这段文字是王符文章中典型的四言句段。这种句式的大量出现，应该即是受到了《诗》经四言体的长期熏陶的结果。《诗》在汉代被作为经来看待，拥有非常崇高的地位。尤其是这里所叙述的又是太古之时的上圣及其后的次圣的治民方针，这就如同《诗》经中颂体诗歌对祖先功绩的称颂，而四言体句式就显得庄重而典雅，王符采用这种句式，正是为了达到这一艺术效果。而这种现象，在王符的其他文章

---

① 　这里的句数统计，凡有句读者，皆算作一句。

中可以说是一种常态。

总之，王符"少好学"，从小就熟读儒家经典，基本上是在这些经典的濡染之下成长的。因此，写作时必然会把这些经典作为自己遵循的模板，在文章的句式上很多地方都借鉴了儒家经典的构句方式。从而形成了其文章严整、庄重而又醇厚的美学风格。

三、《潜夫论》说理方式与经学活动

《潜夫论》的文章，还明显受到汉代经学活动的影响。

首先是汉代经师解经言说方式的影响。汉代社会，经学作为一门学问，是要有专门的经师来为学生讲解的，而这种讲解有其特殊的言说方式。王符《潜夫论》的文章，明显有经师解经言说方式的痕迹。我们来看其《班禄》的一段文字：

> 故天之立君，非私此人也，以役民，盖以诛暴除害利黎元也。是以人谋鬼谋，能者处之。诗云："皇矣上帝！临下以赫。监观四方，求民之瘼。惟此二国，其政不获。惟此四国，爰究爰度。上帝指之，憎其式恶。乃眷西顾，此惟与度。"盖此言也，言夏、殷二国之政不得，乃用奢夸廓大，上帝憎之，更求民之瘼圣人，与天下四国究度而使居之也。

这段论述在引用了《诗》经的一段文字之后，紧接的是"盖此言也，言……"的句式。这样的言说方式，很明显带有一种解说经典的性质，这和汉代经师为弟子讲解经典时的语气是十分相似的。王符将这样的一种言说方式带到了自己的文章中，并成为其文章的一种常见现象。

于此，我们可先从"潜夫论"这一书名看出端倪。王符将其文章最后结集并命名为"潜夫论"，可见他对其文章的自我认同是"论"。"论"作为一种文体，在先秦文献中就被人们广为接受，如儒家经典《论语》。这种文体在其后漫长的历史中自然又有新的发展和变异。刘勰《文心雕龙》中对"论"的阐释是：

> 圣哲彝训曰经，述经叙理曰论。论者，伦也；伦理无爽，则圣意不坠。昔仲尼微言，门人追记，故抑其经目，称为《论语》。盖群论立名，始于兹矣。自《论语》以前，经无"论"字。《六韬》二论，后人追题乎！

> 详观论体，条流多品：陈政则与议说合契，释经则与传注参体，辨史则与赞评齐行，铨文则与叙引共纪。故议者宜言，说者说语，传者转师，注者主解，赞者明意，评者平理，序者次事，引者胤辞：八名区分，一揆宗论。论也者，弥纶群言，而研精一理者也。

又如林纾在其《春觉斋论文》中言："论之为体，包括弥广。议政，议战，议刑，可以抒己所见，陈其得失利弊，虽名为议，实论体也。释经文，辨家法，争同异，虽名为传注之体，亦在在可以出议论。"[①] 可见，"论"作为一种文体具有"释经"的作用。这样，再结合王符文章中前文所论的大量解说经典的论说方式，就更能见其文章受到汉儒解经活动的影响。

而这，与经师在汉代社会的地位及王符对儒家经典及经师的态度有很密切的关系。如《赞学》中言：

> 是故索物于夜室者，莫良于火；索道于当世者，莫良于典。典者，经也。先圣之所制；先圣得道之精者以行其身，欲贤人自勉以入于道。故圣人之制经以遗后贤也，譬犹巧倕之为规矩准绳以遗后工也。

可见，王符是把儒家经典视作黑暗中的火光，它可以为人们照亮前进的道路。这其中包含着人们立身处世的基本原则和准绳，能使人们"聪明无蔽，心智无滞"。王符充分认识到了这些经典所包含的前人智慧结晶的重要性。而且，王符对解说这些经典的经师更是推崇有加。他主张学习儒家经典要"摄之以良朋，教之以明师"。他所推崇的汉代著名学者，无一不是经师，他说：

> 夫道成于学而藏于书，学进于振而废于穷。是故董仲舒终身不问家事，景君明经年不出户庭，得锐精其学而显昭其业者，家富也；富佚若彼，而能勤精若此者，材子也。倪宽卖力于都巷，匡衡自鬻于保徒者，身贫也；贫阨若彼，而能进学若此者，秀士也。

王符这里推崇的汉代学者有董仲舒、景君明、倪宽、匡衡，他们被王符作为汉代能够专心研习经典的典范人物，而这些人多是著名经师。其中董仲舒是汉武帝独

---

① 林纾：《春觉斋论文》，北京：人民文学出版社，1957年，第61页。

尊儒术政策的最主要倡导者和推动者，他治《公羊春秋》，著有《春秋繁露》，"下帷讲诵，弟子传以久次相授业，或莫见其面。盖三年不窥园，其精如此。进退容止，非礼不行，学士皆师尊之"①。可见正是当时颇受学人尊敬的经师。而景君明即京房，则治《周易》，"事梁人焦延寿"②，著有《京房易传》。倪宽则"治《尚书》，事欧阳生。以郡国选诣博士，受业孔安国"③，其后又复授业于欧阳生子。匡衡则专治《诗》，受业于后苍，有"无说《诗》，匡鼎来；匡语《诗》，解人颐"④的美誉。我们看到，王符身处汉季，郁郁不得志，自然也未成经师，但是他对经师的推崇却是显而易见的。可能也正是由于此种情愫，使得王符在他的文章中不自然地带上了经师解经的言说方式。

其次，王符文章在文体方面也受到了经学论辩风气的影响。这方面的例证莫过于《释难》篇。这篇文章对当时学术界争论较大的几个问题用主客问答的形式进行了释疑答惑。文章假设了庚子、秦子等人物与"潜夫"进行论辩，对经典中存在的疑问进行解答。所论《韩非子》中尧舜不可两美的问题及《孟子》中"周公诛管、蔡"的问题，实际上都是儒家经典中很重要的伦理道德问题。王符在此处设问，与假设的人物一问一答，颇有经学问难中相互诘责的味道。而王符采用这种变正面立论为辩难问答的论说形式，无疑为文章增加了很多情趣。而这，很明显是受到了当时经学问难形式的影响。

汉代社会，有关经学问题的相互切磋问难，实际上是十分平常的学术活动，甚至是受到皇帝倡导的。这种学术争辩的论难活动，正能大大促进学术的发展。所以，汉代朝廷曾专门组织两次综合性经学讨论会。一次是西汉甘露三年，汉宣帝在石渠阁讨论五经异同，会议的结果最终设立了梁丘《易》，大小夏侯《尚书》和《谷梁》春秋博士⑤。另一次是东汉建初四年，汉章帝召集群儒集会白虎观，讲议《五经》异同，会间也有激烈的学术论辩。两次会议最终以《石渠阁议》和《白虎通义》的形式确定下来。不仅官方组织这种学术论辩，即使是在普通的经学之士之间也随时随地都

---

① （东汉）班固撰、（唐）颜师古注：《汉书》，北京：中华书局，1962年，第2495页。
② （东汉）班固撰、（唐）颜师古注：《汉书》，北京：中华书局，1962年，第3160页。
③ （东汉）班固撰、（唐）颜师古注：《汉书》，北京：中华书局，1962年，第2628页。
④ （东汉）班固撰、（唐）颜师古注：《汉书》，北京：中华书局，1962年，第3331页。
⑤ 刘汝霖：《汉晋学术编年》，北京：商务印书馆，1935年，第132页。

可能发生问难活动。如张玄"少习《颜氏春秋》，兼通数家法"。右扶风徐业就曾与他"难问极日"①。另据《后汉书·郑玄传》：

> 时大将军袁绍总兵冀州，遣使要玄，大会宾客，玄最后至，乃延升上座。身长八尺，饮酒一斛，秀眉明目容仪温伟。绍客多豪俊，并有才说，见玄儒者，未以通人许之，竞设异端，百家互起。玄依方辩对，咸出问表，皆得所未闻，莫不嗟服。②

袁绍设宴只是为了招待郑玄，但是这场学术讨论正是在这样的一种情况下发生了。问难的话题是"百家"和"异端"，而郑玄"依方辩对"，最终在座宾客"莫不嗟服"。这次问难虽然在内容上不尽为经学内容，但是与经学论辩形式是一脉相承的。由此，我们也可以看到汉代经学论辩的普遍性。正如皮锡瑞所言："后汉经学盛于前汉者，有二事。一则前汉多专一经，罕能兼通……一则前汉笃守遗经，罕有著述。"③正是在这种学术背景下，东汉社会由学术论辩而崇尚著述。而王充、王符等人的论文写作正是在这样的学术风气下产生的，其文体也必然受到了这些问难论辩形式的影响。正如尚雪锋先生认为的："到了东汉，伴随经学论辩的流行，问难体散文又重新兴盛起来。"④王符文章中《释难》一篇问难体的出现，正是这种经学论难在文体上的具体反映。

总之，汉代社会是经学兴盛的时代。王符从小就饱受经学思想的熏陶，不仅对儒家经学经典非常熟悉，而且对当时经师解经、讲经及经学论辩等活动推崇备至。而这些，势必影响到他自己的文章写作。王符自觉汲取儒家经典的艺术营养，但又不完全被经学思想所禁锢⑤。我们看王符文章，"醇厚"但不陈腐，典雅而不失激愤，不愧为东汉文章之"佼佼者"⑥。

---

① （南朝·宋）范晔：《后汉书》，北京：中华书局，1965年，第2581页。

② （南朝·宋）范晔：《后汉书》，北京：中华书局，1965年，第1211页。

③ （清）皮锡瑞著、周予同注释：《经学历史》，北京：中华书局，2004年，第84页。

④ 尚雪锋：《经学辩论与东汉论说文的变化》，《北京师范大学学报》（社会科学版），2007年第4期，第37页。

⑤ 参见本章第三节"论王符对汉代经学文章风格的突破"。

⑥ （清）刘熙载：《艺概·文概》，上海：上海古籍出版社，1978年，第16页。

第二节 《潜夫论》文章与《鲁诗》

第一节我们从《潜夫论》文章的整体上考察了汉代经学对其产生的影响。本节我们主要探讨《鲁诗》及其学派风气与《潜夫论》文章之间的关系。《潜夫论》中引《诗》众多，历代经学研究者多将这些引诗视为《鲁诗》，而王符也被归入《鲁诗》学派。这样的结论虽然稍显武断，毕竟王符并不是拘守门派的经师，但还是可以看出其与《鲁诗》学派之间的密切联系。通过考察我们发现，《鲁诗》学派关注现实的经世致用精神、不畏强权的斗争精神及《诗》史互证的文风都对《潜夫论》文章产生了巨大的影响，以下我们具体阐释。

一、《潜夫论》引《鲁诗》考略

王符《潜夫论》引《诗》颇多，查王应麟《诗考》、陈乔枞《三家诗遗说考》、冯登府《三家诗遗说》、王先谦《诗三家义集疏》及相关史料，或从诗句异文，或从诗意异解，排比参对可明证得王符《潜夫论》文章与《鲁诗》关系密切。

由文字异同，比勘而证《潜夫论》引诗确为《鲁诗》者如：

（1）《赞学》：诗曰：题彼脊令，载飞载鸣。我日斯迈，而月斯征。夙兴夜寐，无忝尔所生。自《诗经·小雅·小宛》。"题彼脊令"，"题"鲁诗作"相"，"脊令"鲁诗文，《毛诗》作"脊令"。"毋忝尔所生"，三家诗"毋"作"无"。由此王先谦得出结论："王（符）亦用鲁诗，仍作'题彼脊令'，疑后人顺毛所改耳。"[①]

（2）《贤难》：诗云："无罪无辜，谗口敖敖。"自《诗·小雅·十月之交》。今文作："无罪无辜，谗口嚣嚣。"鲁诗"嚣"作"敖"，《毛诗》作"嚣"。[②]刘向传《鲁诗》，其《条灾异封事》引作"谗口嗷嗷"。据姚振宗《汉书·艺文志》："（楚）元王诗在鲁、齐、韩三家未分之前固与申培公同为'鲁诗'宗，其后刘向家世'鲁诗'。"[③]

---

① （清）王先谦：《诗三家义集疏》，北京：中华书局，1962 年，第 695 页。

② （清）王先谦：《诗三家义集疏》，北京：中华书局，1962 年，第 681 页。

③ （清）姚振宗：《汉书艺文志拾补》，北京：中华书局，1956 年，第 1443 页。

可证其为《鲁诗》。

（3）《慎微》：诗曰："天保定尔，亦孔之固。俾尔亶厚，胡福不除？俾尔多益，以莫不庶。"自《诗·小雅·天保》，《毛诗》作"天保定尔，亦孔之固。俾尔单厚，何福不除？俾尔多益，以莫不庶。"按，鲁诗"单"作"亶"，"何"作"胡"。①

（4）《班禄》：诗云："皇矣上帝！临下以赫。监观四方，求民之瘼。惟此二国，其政不获。惟此四国，爰究爰度。上帝指之，憎其式恶。乃睠西顾，此惟与度。"自《诗·大雅·皇矣》。《毛诗》作：皇矣上帝，临下有赫。监观四方，求民之莫。维此二国，其政不获。维彼四国，爰究爰度。上帝耆之，憎其式廓。乃眷西顾，此维与宅。鲁、齐"莫"作"瘼"，"维"皆作"惟"。②

（5）《班禄》："尔之教矣，民斯效矣。"自《诗·小雅·角弓》。《毛诗》作"斯效"作"胥效"。参《白虎通义·三教篇》引"《诗》云：'尔之教矣，欲民斯效'"③。据《后汉书·鲁恭传》鲁恭"习《鲁诗》"，"肃宗集诸儒于白虎观，恭特以经明得召，与其议"④。《后汉书·魏应传》魏应"习《鲁诗》"，"时会京师诸儒于白虎观，讲论《五经》同异，使应专掌难问，侍中淳于恭奏之，帝亲临称制，如石渠故事"⑤。可知《白虎通义》引《诗》为《鲁诗》，此处王符所引正与此同，亦为《鲁诗》。

由比较诗意异解可证为引《鲁诗》者如：

（1）《班禄》：其后忽养贤而鹿鸣思。指的是《诗·小雅·鹿鸣》。毛序曰："燕群臣嘉宾也，既饮食之，又实币帛筐篚，以将其厚意，然后忠臣嘉宾得尽其心矣。"⑥可见王符这里将《鹿鸣》视为怨诗，与《毛诗》迥然不同。参证《史记·十二诸侯年表》

①　（清）王先谦：《诗三家义集疏》，北京：中华书局，1962年，第576页。
②　（清）王先谦：《诗三家义集疏》，北京：中华书局，1962年，第852页。
③　（清）陈立撰、吴则虞点校：《白虎通疏证》，北京：中华书局，1994年，第371页。
④　（南朝·宋）范晔：《后汉书》，北京：中华书局，1965年，第873—874页。
⑤　（南朝·宋）范晔：《后汉书》，北京：中华书局，1965年，第2571页。
⑥　（汉）毛亨传、（汉）郑玄笺、（唐）孔颖达疏：《毛诗正义》，（清）阮元刻：《十三经注疏》本，北京：中华书局，1980年，第356页。

太史公言："仁义陵迟，鹿鸣刺焉。"①而司马迁所传为《鲁诗》，此已为研究者证明。②所以此处可断定王符所引为《鲁诗》。

（2）《德化》：诗云："敦彼行苇，羊牛勿践履。方苞方体，惟叶椤椤。"自《诗·大雅·行苇》。《毛诗》作：敦彼行苇，牛羊勿践履。方苞方体，维叶泥泥。王符在这句引《诗》后曰："公刘厚德，恩及草木，羊牛六畜，且犹感德，仁不忍践履生草，则又况于民萌而有不化者乎？"可知王符将《行苇》一诗明确看作是颂扬公刘之作。《毛序》则曰："《行苇》，忠厚也。周家忠厚，仁及草木，故能内睦九族，外尊事黄耇，养老乞言，以成其福禄也。"可见，毛诗并未特指此诗赞颂公刘。而据《列女传·晋弓工妻传》："平公见之，妻曰：'君闻昔者公刘之行乎？羊牛践葭苇，恻然为民痛之。恩及草木，岂欲杀不辜者乎！'"③而《列女传》撰者刘向的传《鲁诗》，王符此处引《行苇》诗意与刘向正同，可见其亦用《鲁诗》义。

由此可知，王符文章引《诗》，无论从文字上，还是诗意上都可以明显看出偏重于《鲁诗》。《两汉三国学案》将其列为《鲁诗》派，并列其引《鲁诗》例凡十一条。④陈乔枞等《鲁诗》研究者，也直接把王符《潜夫论》引《诗》归入了《鲁诗》系统。这些说法虽然有失笼统，王符毕竟不是恪守一家一姓诗学传统的经师。但王符《诗》学与《鲁诗》关系至为密切当是可以肯定的。既然如此，《鲁诗》是否在学术上对《潜夫论》思想及文学产生了影响呢？要探讨此问题，我们需要先考察一下《鲁诗》学派的学术特点。

二、《鲁诗》学派的学术特色

台湾《诗经》学者黄振民曾说："按三家《诗》，以《鲁诗》传授最广，学最称盛。"⑤

① （汉）司马迁：《史记·十二诸侯年表》，北京：中华书局，1959年，第509页。
② 关于此问题的考证，陈乔枞在其《三家诗遗说考·鲁诗遗说考》中言："今即以《史记》证之，其传儒林首列申公，叙申公弟子首数孔安国，此太史公尊其师故，特先之据，是以断《史记》所载之《诗》必为鲁说无疑矣。"（（清）陈寿祺撰、（清）陈乔枞述：《三家诗遗说考·鲁诗叙录》，上海：上海古籍出版社，《续修四库全书》本，1996年，第43页。）今人对此问题的研究可看左洪涛：《〈诗经〉之〈鲁诗〉传授考》，《山东师范大学学报》（人文社会科学版），2003年第2期。
③ （汉）刘向：《列女传》，北京：中华书局，1985年，第209页。
④ （清）唐晏著、吴东民点校：《两汉三国学案．》，北京：中华书局，1986年，第249—250页。
⑤ （台湾）黄振民：《诗经研究》，台北：正中书局，1982年，第212页。

《鲁诗》之所以能在汉代社会有如此广泛的流布和传播，有其自身显著的学术特色。

其一，《鲁诗》学派治学严谨，解经精要简约，注重实用。班固曾经在《汉书·艺文志·六艺略》中说："汉兴，鲁申公为《诗》训故，而齐辕固、燕韩生皆为之传。或取《春秋》，采杂说，咸非其本义。与不得已，鲁最为近之。"① 可见班固对《鲁诗》的评价是很高的。《鲁诗》在传承的过程中较少变异，保留了较为原始的经义，主要还是因为其学派严谨的学风。这一点从《鲁诗》的代表人物申公身上就可看出。"文帝时，闻申公为《诗》最精，以为博士。"② 另史载："申公独以诗经为训以教，无传，疑者则阙不传。"③ 其"疑者则阙不传"的传《诗》态度，更是为其后学师承。王式是申公的三传弟子，据《汉书》本传载："山阳张长安幼君先事式，后东平唐长宾、沛褚少孙亦来事式，问经数篇，式谢曰：'闻之于师具是矣，自润色之。'不肯复授。"颜师古注曰："言所闻师说具尽于此，若嫌简略，任更润色。"④ 于此，其学派解诗之精约可见一斑。

不仅如此，《鲁诗》学派还注重经世致用的实际践行，对于经典的解读，往往体现出重实用的色彩。《汉书·儒林传》载：

> 武帝初即位，臧乃上书宿卫，累迁，一岁至郎中令。及代赵绾亦尝受《诗》申公，为御史大夫。绾、臧请立明堂以朝诸侯，不能就其事，乃言师申公。于是上使使束帛加璧，安车以蒲裹轮，驾驷迎申公，弟子二人乘轺传从。至，见上，上问治乱之事。申公时已八十余，老，对曰："为治者不在多言，顾力行何如耳。"是时，上方好文辞，见申公对，默然。⑤

汉武帝好大喜功，立明堂实为满足自己的一己私欲。招申公虽问以"治乱之事"，实为请教明堂之事张本。而申公此时以"为治者不在多言，顾力行何如耳"一语回答，对汉武来说无异于当头棒喝，终究"默然"以对。申公之言正表明《鲁诗》学派注重经世致用的实际效果，并不注重繁琐的章句解说，这和其精约简要的解经传统也

---

① （汉）班固撰、（唐）颜师古注：《汉书·艺文志》，北京：中华书局，1962年，第1708页。
② （汉）班固撰、（唐）颜师古注：《汉书·楚元王传》，北京：中华书局，1962年，第1922页。
③ （汉）司马迁：《史记·儒林列传·申公传》，北京：中华书局，1959年，第121页。
④ （汉）班固撰、（唐）颜师古注：《汉书》，北京：中华书局，1962年，第3610页。
⑤ （汉）班固撰、（唐）颜师古注：《汉书》，北京：中华书局，1962年，第3608页。

是相通的。

其二，《鲁诗》学派学者往往表现出高洁的品行。申公的弟子博士十余人，"其治官民皆有廉节称"①。这可以说是《鲁诗》学派承传的可贵品质。这种品质的集中体现于王莽篡政的历史考验之中。齐、鲁、韩三家在西汉皆被列为学官，地位相当。及王莽篡政，《齐诗》学派走上了与其合作的道路，而鲁、韩学派则采取了决裂的态度，其中尤以《鲁诗》学派最为决绝。下面列举几位《鲁诗》学者以证：

龚胜，据《汉书·儒林传·王式传》："初，薛广德亦事王式，以博士论石渠，授龚舍。"②《汉书·薛广德传》："薛广德字长卿，沛郡相人也。以《鲁诗》教授楚国，龚胜、舍师事焉。"③据此，龚胜当为《鲁诗》传人。查《汉书·王莽传中》："（王莽）遣谒者持安车印绶，即拜楚国龚胜为太子师友祭酒，胜不应征，不食而死。"④

李业，《后汉书·李业传》载："（李业）习《鲁诗》"，"王莽以业为酒士，病不之官，遂隐藏山谷，绝匿名迹，终莽之世"。"及公孙述僭号，素闻业贤，征之，欲以为博士，业固疾不起。数年，述羞不致之，乃使大鸿胪尹融持毒酒、奉诏命以劫业：若起，则受公侯之位；不起，赐之以药。融譬旨曰：'方今天下分崩，孰知是非？而以区区之身，试于不测之渊乎！朝廷贪慕名德，旷官缺位，于今七年，四时珍御，不以忘君。宜上奉知己，下为子孙，身名俱全，不亦优乎！今数年不起，猜疑寇心，凶祸立加，非计之得者也。'业乃叹曰：'危国不入，乱国不居。亲于其身为不善者，义所不从。君子见危授命，何乃诱以高位重饵哉？'融见业辞志不屈，复曰：'宜呼室家计之。'业曰：'丈夫断之于心久矣，何妻、子之为？'遂饮毒而死。述闻业死，大惊，又耻有杀贤之名，乃遣使吊祠，赙赠百匹。业子翚，逃避不受。"⑤

高嘉、高容、高诩，《后汉书·高诩传》："高诩字季回，平原般人也。曾祖父嘉，以《鲁诗》授元帝，仕至上谷太守。父容，少传嘉学，哀、平间为光禄大夫。诩以父任为郎中，世传《鲁诗》。以信行清操知名。王莽篡位，父子称盲，逃，不仕莽世。"⑥

---

① （汉）班固撰、（唐）颜师古注：《汉书》，北京：中华书局，1962年，第3608页。

② （汉）班固撰、（唐）颜师古注：《汉书》，北京：中华书局，1962年，第3610页。

③ （汉）班固撰、（唐）颜师古注：《汉书》，北京：中华书局，1962年，第3046页。

④ （汉）班固撰、（唐）颜师古注：《汉书》，北京：中华书局，1962年，第4127页。

⑤ （南朝·宋）范晔：《后汉书》，北京：中华书局，1965年，第2668—2670页。

⑥ （南朝·宋）范晔：《后汉书》，北京：中华书局，1965年，第2569页。

陈宣，"刚猛性毅，博学明鲁诗。遭王莽篡位，隐处不仕"①。

从以上史料可以明显看出《鲁诗》学者多能够誓死恪守忠义品节，表现出极高的人格品质。面对王莽新朝及军阀公孙述的威逼利诱，或坚贞不屈，或隐居不仕，其忠贞的品格令人千载之下为之动容。而这，恐怕正来自于《鲁诗》严谨的学术态度及强烈的经世致用精神。

其三，由强烈的社会责任感而来的是，《鲁诗》传承者经以致用的品格使得其在文章中喜以《诗》论事。王式尝为昌邑王师，"昭帝崩，昌邑王嗣立，以行淫乱废，昌邑群臣皆下狱诛，唯中尉王吉、郎中令龚遂以数谏减死论。式系狱当死，治事使者责问曰：'师何以无谏书？'式对曰：'臣以《诗》三百五篇朝夕授王，至于忠臣孝子之篇，未尝不为王反复诵之也；至于危亡失道之君，未尝不流涕为王深陈之也。臣以三百五篇谏，是以亡谏书。'使者以闻，亦得减死论，归家不教授"②。"以三百五篇谏"可以说正是《鲁诗》学派的学术传统。刘向传《鲁诗》，《汉书·楚元王传》载：

> 向睹俗弥奢淫，而赵、卫之属起微贱，逾礼制。向以为王教由内及外，
> 自近者始。故采取《诗》、《书》所载贤妃贞妇，兴国显家可法则，及孽
> 嬖乱亡者，序次为《列女传》，凡八篇，以戒天子。③

同样，刘向也以《诗》警戒天子。另查《全上古三代秦汉三国六朝文》辑录刘向奏章疏议等各类文章11篇，直接明引《诗》处达16次。而且，这些《诗》句往往被当成史实论据来运用。他们很注重《诗》史互证。以刘向的《条灾异封事》一段为例：

> 臣闻舜命九官，济济相让，和之至也。众贤和于朝，则万物和于野。
> 故箫《韶》九成，而凤皇来仪；击石拊石，百兽率舞。四海之内，靡不和宁。
> 及至周文，开基西郊，杂聚众贤，罔不肃和，崇推让之风，以销分争之讼。
> 文王既没，周公思慕，歌咏文王之德，其《诗》曰："于穆清庙，肃雍显相；

---

① （三国·吴）谢承：《后汉书》，周天游辑注：《八家后汉书辑注》（上册），上海：上海古籍出版社，1986年，第209页。
② （汉）班固撰、（唐）颜师古注：《汉书》，北京：中华书局，1962年，第3610页。
③ （汉）班固撰、（唐）颜师古注：《汉书》，北京：中华书局，1962年，第1957页。

> 济济多士，秉文之德。"当此之时，武王、周公继政，朝臣和于内，万国欢于外，故尽得其欢心，以事其先祖。其《诗》曰："有来雍雍，至止肃肃，相维辟公，天子穆穆。"言四方皆以和来也。诸侯和于下，天应报于上，故《周颂》曰"降福穰穰"，又曰"饴我釐麰。"釐麰，麦也，始自天降。此皆以和致和，获天助也。①

刘向的这段论述，时时将《诗》作为自己的理论依据，并且结合史实进行解说，大段文字都是由这种《诗》史互证的方式敷衍而成，从而将《鲁诗》经世致用的学术特征发挥到了极致。

总之，《鲁诗》学派在整个汉代经学史上，以其严谨的学术态度、经世致用的实用理性和极强的社会责任感赢得了崇高的学术地位，对汉代社会的知识分子，产生了巨大的砥砺作用。王符作为与《鲁诗》关系密切的汉代思想家，无论从人格还是文风上都明显受其影响。

三、《鲁诗》对王符人格及文章之影响

细检王符《潜夫论》三十六篇文章，并结合史传资料中对其身平事迹记载，可看出《鲁诗》对王符文章确实产生了很大影响。具体表现如下。

（一）王符文章忧国忧民，针对时弊而发，表现出极强的社会责任感

王符生当汉代社会由盛转衰之际，社会上各种矛盾日益激化，社会危机一触即发。本传称"和、安之后，世务游宦，当涂者更相荐引，而符独耿介不同于俗，以此遂不得升进"②。虽然终身布衣行事，王符却以其忧国忧民之心对社会治政及风俗进行了深刻而卓绝的批判。

先看社会治政方面，东汉社会发展到和帝、安帝之后，社会各种弊端日益显现。作为社会最主要人才选拔途径的察举制度，逐渐变成了世家贵族培植荫亲的手段和工具。官员们徇私舞弊，导致了人才贡举的严重失实，造成了社会治政的严重混乱。于此王符在《考绩》篇中抨击：

---

① （汉）班固撰、（唐）颜师古注：《汉书》，北京：中华书局，1962年，第1933—1935页。
② （南朝·宋）范晔：《后汉书》，北京：中华书局，1965年，第1630页。

今则不然，令长守相不思立功，贪残专恣，不奉法令，侵冤小民。州司不治，令远诣阙上书讼诉……群僚举士者，或以顽鲁应茂才，以桀逆应至孝，以贪饕应廉吏，以狡猾应方正，以谀谄应直言，以轻薄应敦厚，以空虚应有道，以罢闇应明经，以残酷应宽博，以怯弱应武猛，以愚顽应治剧，名实不相副，求贡不相称。富者乘其材力，贵者阻其势要，以钱多为贤，以刚强为上。凡在位所以多非其人，而官听所以数乱荒也。

此处王符先用四言短句，再用层递句法，紧接"以"字引导的 11 个排比短句，语气上急促而充满气势，谴责之声如暴风疾雨般一气涌来。读之，令正直士子畅快，使贪官污吏胆寒。王符一段论述，可谓切中时弊，有理有据。

再看社会风俗方面。东汉社会不仅皇权统治腐朽黑暗，就连社会风气也日趋畸形。统治者安于享乐，奢侈浮靡，起居饮食，动辄耗资上万。不仅如此，整个社会上行下效，就连民间也弥漫奢侈享乐之风。于此，王符专门作《浮侈》篇对其进行了严厉的批驳。而面对当时社会中"富贵则人争附之"、"贫贱则人争取之"的畸形交际伦理，王符更是在《交际》篇中指出"恕、平、恭、守"的交际四原则，并对当世"情实薄而辞称厚，念实忽而文想忧，怀不来而外克期"的虚伪现状进行了揭露和讽刺。

可见，王符作为一个满怀社会忧患意识的知识人，对身处的世道做出了深刻的批评和透视。王符身上这种强烈的社会责任意识，当与《鲁诗》学派的经世致用精神是一脉相承的。

（二）《鲁诗》经师坚守节操的高洁品质，同样给王符以巨大影响

王符所面对的社会现实，虽然并不如前论《鲁诗》经师一样要以死来坚守自己的忠贞品节，但不畏强权，坚守信念的儒家传统却是王符批判现实的内在精神支柱。王符之所以能够对现实统治进行大胆而辛辣的讽刺和批驳，应该说正是传承《鲁诗》学派崇尚品节的优秀传统并将其内化的必然结果。

我们读《潜夫论》，时时可以看到他对统治者的辛辣的批判。王符文章中对当朝权臣的无耻行径往往严厉声讨。如面对西羌的边患，东汉朝廷权贵采取的是放弃边疆，内迁民众的投降态度。王符在《救边》中描写这些朝臣的表现是：

今苟以己无惨怛冤痛，故端坐相仍，又不明修守御之备，陶陶闲澹，

卧委天职。羌独往来，深入多杀，己乃陆陆，相将诣阙，谐辞礼谢，退云状，会坐朝堂，则无忧国哀民恳恻之诚，苟转相顾望，莫肯违止，日晏时移，议无所定，己且须后。后得小安，则恬然弃忘。旬时之闲，虏复为害，军书交驰，羽檄狎至，乃复怔忪如前。

这样一段漫画似的叙写，将这些尸位素餐的投降主义朝臣的丑态刻画得入木三分。而在《边议》中更是对这些权贵厉声斥骂：

羌始反时……若此已积十岁矣。百姓被害，迄今不止。而痴儿騃子，尚云不当救助，且待天时。用意若此，岂人也哉！

王符这里对这些朝臣已经无法抑制自己满腔的愤怒，直接对其发出了"用意若此，岂人也哉"的斥责。

王符不仅对权臣的批驳毫无隐晦，有时甚至对当朝最高统治者也直接评判。《浮侈》篇的结尾为：

凡诸所讥，皆非民性，而竞务者，乱政薄化使之然也。王者统世，观民设教，乃能变风易俗，以致太平。

这是王符在逐次批判了权贵及贫民的崇尚奢侈的不良社会风气之后的总结之词。王符此处毫不避讳地将全部的原因归结为"乱政薄化"，而这一责任的主要承担者就是"王者"。这对当朝君主来说，可以说是一种直白的批评。另外，《贤难》篇中王符甚至直接斥责当朝君主说："时君俗主不此察也。"这样的胆魄在"温柔敦厚"的汉代社会中是少见的。王符这种不畏权贵的斗争精神，当正来自于《鲁诗》学派的影响。

（三）引《诗》入文，《诗》史互证同样是王符文章的重要特色

王符文章中大量引《诗》作为自己的理论论据。据笔者统计，现存《潜夫论》并叙录三十六篇文章，王符引《诗》共104处，在其文章引用的各种儒家经典中居首位。可以说，几乎王符文章篇篇引《诗》。而且，王符在其文章中同样很注重《诗》经的史学价值。经常是《诗》史互证来充当文章中的理论及事实论据，这与上论刘向文章引《鲁诗》非常相似。我们且看《德化》篇曰：

夫化变民心也，犹政变民体也。德政加于民，则多涤畅姣好坚强考寿；恶政加于民，则多罢癃尪病夭昏札瘥。故尚书美"考终命"，而恶"凶短折"。国有伤明之政，则民多病目；有伤聪之政，则民多病耳；有伤贤之政，则贤多横天。夫形体骨干为坚疆也，然犹随政变易，又况乎心气精微不可养哉？诗云："敦彼行苇，羊牛勿践履。方苞方体，惟叶柅柅。"又曰："鸢飞戾天，鱼跃于渊。恺悌君子，胡不作人？"公刘厚德，恩及草木，羊牛六畜，且犹感德，仁不忍践履生草，则又况于民萌而有不化者乎？

很明显，王符是接受了《鲁诗》说中将《行苇》一诗是颂扬公刘仁德的说法。并且将其当成了史实来作为自己的论证依据。再如《遏利》篇曰：

昔周厉王好专利，芮良夫谏而不入，退赋桑柔之诗以讽，言是大风也，必将有隧；是贪民也，必将败其类。王又不悟，故遂流死于彘。

又如《班禄》曰：

故天之立君，非私此人也，以役民，盖以诛暴除害利黎元也。是以人谋鬼谋，能者处之。诗云："皇矣上帝！临下以赫。监观四方，求民之瘼。惟此二国，其政不获。惟此四国，爰究爰度。上帝指之，憎其式恶。乃眷西顾，此惟与度。"盖此言也，言夏、殷二国之政不得，乃用奢夸廓大，上帝憎之，更求民之瘼圣人，与天下四国究度而使居之也。

我们看到，在这些材料中王符也是同样把《诗》作为自己论述的主要依据，而且作为史料的有益补充，从而使得自己的论述更加完整和严密。至此，王符文章中的引《诗》与其所征引的其他儒家经典一起，共同构成了其散文"依经立意"的"醇厚"美学风格。

总之，我们认为，王符虽然并不是恪守一家一姓的经师，但是其文章及其人格还是受到了《鲁诗》学派的巨大影响。《鲁诗》学派严谨的学术态度和经世致用的现实精神贯注于王符对社会问题的思考和批判之中。《鲁诗》经师不畏强权，坚守节操的优秀品质内化为王符批判现实统治的斗争精神。《鲁诗》学派以《诗》证史，《诗》史互证的文风也是王符文章"醇厚"特色的有机组成部分。王符《潜夫论》与《鲁诗》

之间的关系，是汉代经学影响文学的典型个案。

第三节　论王符对汉代文章经学风格的突破

汉武帝"罢黜百家，独尊儒术"之后，汉代文章风格在很大程度上受到了经学的影响。这种影响不仅有积极的一面，也有其消极的一面。经学影响下的汉代文章，强化了作家的宗经意识，在思维模式上主张"依经立意"，在引《诗》论政上强调"美刺"观念，在文章风格上要求"温柔敦厚"。我们这里的汉代文章经学风格正指此。这种文章风格的形成，实际上是汉代儒学与政治联姻后，儒家之"道"与皇权妥协的结果。王符的《潜夫论》也不能免俗，其文章在很大程度行表现出对这种风格的承继。但可贵的是，他的文章在局部上又表现出一些新变和突破。这种突破具有重要的文学史意义。本节我们将就此问题进行阐释。

一、以民间谚语作为论政的重要依据

汉武帝"罢黜百家，独尊儒术"之后，经学对文章的影响日益加剧。这首先表现在论政思维上的"依经立意"。从西汉后期到东汉，"皇帝诏书，群臣奏议，莫不援引经文，以为据依"①。可以说，儒家经典已经变成了汉人作文的主要论据。王符文章正具有这样的特点，其文章无论在开头提出论点，还是结尾深化主题，以及具体的论证过程中，都引用儒家经典，表现出明显的"依经立意"的特色。②然与此同时，王符对这种政论模式，却进行着一些悄然的改变和突破。其中最为突出的一点就是：论政时，以民间谚语作为重要论据。据笔者统计，《潜夫论》不计《叙录》共35篇文章，其中引用民间谚语达9次之多，这可以说是绝无仅有的。分别是：

1、《遏利》：愿鉴于道，勿鉴于水。《国语·吴语》：申胥云："王其盍亦鉴于人，无鉴于水！"③《尚书·酒诰》：古人有言曰："人无于水

---

① （清）皮锡瑞著、周予同注释：《经学历史》，北京：中华书局，2004年，第67页。
② 参见本章第一节。
③ 徐元诰撰，王树民、沈长云点校：《国语集解》，北京：中华书局，2002年，第541页。

监，当于民监。"①《史记·蔡泽传》："鉴于水者，见面之容；鉴于人者，知吉与凶。"②可见为古谚语，因相传致语异。

2、《贤难》：谚曰："一犬吠形，百犬吠声。"

3、《考绩》：谚曰："曲木恶直绳，重罚恶明证。"

4、《实贡》：夫圣人纯，贤者驳。《论衡·明雩》云："世称圣人纯而贤者驳。"③可见为当时习见谚语。

5、《述赦》：故其谚曰："一岁载赦，奴儿噫嗟。"

6、《述赦》：与狐议裘，无时焉可。汪继培笺注曰：《天中记》引《符子》云："鲁侯欲以孔子为司徒，将召三桓而议之，左邱明曰：'周人有爱裘而好珍羞，欲为千金之裘而与狐谋其皮，欲具少牢之珍而与羊谋其羞，言未卒，狐相率逃于重邱之下，羊相呼藏于深林之中，故周人之谋失之矣。今君欲以孔子为司徒，召三桓谋之，非亦与狐谋裘，羊谋羞哉？'"可知为民间谚语。

7、《救边》：谚曰："痛不着身言忍之，钱不出家言与之。"

8、《边议》：谚曰："何以服很？莫若听之。"

9、《遏利》：匹夫无辜，怀璧其罪。自《左传·桓公十年》：初，虞叔有玉，虞公求旃。弗献，既而悔之，曰："周谚有之：'匹夫无罪，怀璧其罪。'"。④

以上，王符这九次引用民间谚语，全部将其作为论政的重要依据，用来规劝当朝统治者。而这一现象，在整个汉代论政的奏议、子书中是十分罕见的。我们对《全

---

① （汉）孔安国传、（唐）孔颖达疏：《尚书正义》，（清）阮元刻：《十三经注疏》本，北京：中华书局，1980 年，第 206 页。
② （汉）司马迁：《史记》，北京：中华书局，1959 年，第 2423 页。
③ 黄晖校释：《论衡校释》，北京：中华书局，1990 年，第 670 页。
④ （周）左丘明传、（晋）杜预注、（唐）孔颖达正义：《春秋左传正义》，（清）阮元刻：《十三经注疏》本，北京：中华书局，1980 年，第 2220 页。

汉文》、《汉书》、《后汉书》及汉代子书引民间谚语、俗语情况，粗略统计如下：

著者	篇名	引用次数	文献出处
路温舒	《上书言尚德缓刑》	1	《汉书·路温舒传》
贡禹	赎罪	1	《汉书·贡禹传》
贾谊	《上疏陈政事》	2	《汉书·贾谊传》
贾谊	《过秦论》	1	《史记·秦始皇纪》
司马相如	《上书谏猎》	1	《史记·司马相如传》
王嘉	《谏益封董贤等封事》	1	《汉书·王嘉传》
王充	《言毒》	1	《论衡》
桓谭	《启寤》、《道赋》、《闵友》	4	《新论》
桓宽	《崇礼》	1	《盐铁论》
王符	（如上）	9	《潜夫论》
陈蕃	《谏封赏内宠疏》	1	《后汉书·陈蕃传》
李固	《驳发荆杨兖豫卒赴日南议》	1	《全后汉文》
陈琳	《谏何进招外兵》	1	《后汉书·何进传》
程苞	《征讨板盾蛮方略对》	1	《全后汉文》
崔寔	《政论》	1	《后汉书·崔寔传》

就汉代政论散文可观的总数来看，汉人引用民间谚语的次数是少得可怜的，合计 27 次。其中王符一人引用就有 9 次之多。虽然我们需要考虑到文献流传过程中缺失的情况，但就概率而言，这种现象也深值得我们注意。

民间谚语，是人们在日常生活中以浅俗质朴的语言对生活经验的总结和记录，一般具有言简意赅、说理形象的特点。刘勰在《文心雕龙·书记》篇中说：

> 谚者，直语也。丧言亦不及文，故吊亦称谚。廛路浅言，有实无华……夫文辞鄙俚，莫过于谚，而圣贤诗书，采以为谈，况逾于此，岂可忽哉！①

可见，这种来自于民间的特殊语汇，实际上包含了很多真理，连刘勰也认为不

---

① （梁）范文澜：《文心雕龙注》，北京：人民文学出版社，1978 年，第 460 页。

应该忽视它们。但是，为什么在汉代社会政论文中却很少看到呢？这主要是与汉人"依经立意"的散文观念有关。在汉代政论文中，随处可见的是对儒家经典的引证。首先是《诗》，其次是《尚书》、《易》等儒家经典。在汉儒看来，儒家经典是对治政的最好指导，其中包含的经典教义，正是千百年来治政经验的总结。以这些文献作为自己论证的依据，具有极强的说服力。同时，汉儒在对儒家先师的崇拜中，进一步将这些经典神圣化，成为一种习以为常的雅文化的代表。这样，在汉儒看来，以经文作为自己的论政依据，一方面表现自己学识渊博，另一方面使文章显得雍容典雅。

而民间谚语、俗语在汉儒看来就显得鄙俗。以上统计中，贾谊的两次引用分别称为"鄙谚"和"野谚"，王嘉称为"里谚"，《盐铁论》中大夫引称为"鄙语"，陈蕃称为"鄙谚"。由此，文士们对民间谚语的鄙薄态度可见一斑，即使是极偶然的引用也常常表现出不屑的态度。而在论政这样严肃的文体中使用"廛路浅言"的民间谚语，就容易使得自己的文章显得鄙俗。在这样一种文化语境中，汉人绝少用民间谚语论政就是完全可以理解的事情了。然而，我们看王符文章中的9次引用，丝毫没有见到这种鄙夷的语气，相反，往往是将其作为提出自己治政见解的重要根据。王符这种以民谚、俗语论政的实践，恰是对"依经立意"政论思维的悄然突破。

二、以五言韵语作《叙录》大序

经学独尊后的汉代文章，文人多是在经学熏染下成长。所以，"自西汉中期到东汉，拟经成了写文章的一种风气"[①]。其中最典型的莫过于扬雄，他仿《论语》而作《法言》，仿《易》而作《太玄》，确为一时拟经风气的代表。同样，这一风气也影响到了王符，他的《潜夫论》，也有一篇明显的拟经之作，即列于全书最后的《叙录》。

王符这篇《叙录》，首段简要介绍了自己的身世和"发愤著书"的创作动机。其后是以四言韵语的形式，逐篇介绍《潜夫论》各篇的写作缘起和主旨，以"故叙某某第几"的形式结尾。该文实际上就是王符给自己的著作所作的序言和目录。就以上的考察来看，王符在文体上采用的是大序、小序结合的方式，而这种写作序言的方式，明显是对儒家经典的模仿。

---

① 王洲明：《汉代散文风格与汉代经学的关系》，《泰安师专学报》，1999年第5期，第29页。

"序"作为一种文体，本来就来自于汉代奉若神明的儒家经典。刘勰在《文心雕龙·宗经》中说："论说辞序，则《易》统其首。"① 其后的颜之推在《颜氏家训·文章》中说："序述论议，生于《易》者也。"② 可见，在这些文论家看来，"序"这一文体源自儒家经典。诚然，汉代流传的《周易》有《序卦传》一篇，这篇"序"相传是孔子对《易》所作的解释。文章分别对《易》六十四卦的含义及编排的顺序进行了解说。另据《汉书·艺文志》载："故《书》之所起远矣，至孔子纂焉，上断于尧，下讫于秦，凡百篇，而为之序，言其作意。"③ 可见，汉代还流传有一篇《书》序，相传也是孔子所作。虽然这种说法后世学者颇有疑义，但是在汉代流传着这样一篇对《书》经作精要解释的文章当是可信的。另外，汉代列为学官的齐、鲁、韩、毛四家诗皆有"序"，今天完整流传下来的还有《毛诗序》。这篇序言的体例就是首段为大序，其后逐篇有阐释写作缘起及意义的小序，文体上正是大序与小序结合的方式。

据尚雪锋先生的研究，司马迁《史记·太史公自序》、班固《汉书·叙传》的体例，正是来自于对儒家经典《周易·序卦传》及《毛诗序》体例的模仿。④ 可见当时仿儒家经典的序言体例作序已经蔚然成风。因而，以王符对儒家经典的尊崇，他的这篇《叙录》在体例上模仿了儒家经典正是顺理成章的事情。所以，这篇序言带有明显的宗经色彩。然而，该《叙录》的首段却颇有些让人不解。其文曰：

> 夫生于当世，贵能成大功，太上有立德，其下有立言。阘茸而不才，先器能当官，未尝服斯役，无所效其勋。中心时有感，援笔纪数文，字以缀愚情，财令不忽忘。刍荛虽微陋，先圣亦咨询。草创叙先贤，三十六篇，以继前训，左丘明五经。

照此序言体例，文章首段应该是其大序。大序一般是著书者对本人身世及著书动机的介绍，也是其著作及声名得以流传后世的重要文献。按照当时经学散文的语境，王符自然应该用儒家经典句法，至少是用散体句来记述这些内容。然而，他使用的

---

① 范文澜：《文心雕龙注》，北京：人民文学出版社，1978年，第22页。

② （北齐）颜之推撰、王利器集解：《颜氏家训集解》，上海：上海古籍出版社，1980年，第221页。

③ （汉）班固：《汉书·艺文志》，北京：中华书局，1962年，第1706页。

④ 尚雪锋：《汉代经学与文体嬗变》，《长江学术》，2007年第3期，第72—73页。

却是相当整齐的五言句式，且其中"功"、"官"、"勋"、"忘"、"询"、"训"等字押韵（详可查郭锡良《汉字古音手册》商务印书馆，2010 年）。这恰好与其宗经的文章体例形成了鲜明的反差。

王符所生活的东汉社会中期，受宗经观念的影响，散文中常见的句段为四言。这种句段往往模仿《诗》经句式，这在汉人看来是非常典雅的。五言句式在散文中偶见，而五言句段则几乎是看不到的，原因是这种句式"于俳谐倡乐多用之"[①]。诚然，五言句式在汉代的民谣和汉乐府民歌中常常使用，这两者都带有很强的民间性质。可能也正是这种民间性质，五言句式一般显得通俗质朴，因而为崇尚典雅的正统文人所鄙视。散文中的偶一用之，也本是杂言体散文的正常语流句式，并非有意为之。至于说整段五言句式的出现就自是不可能的事情。然王符不仅采用这样一种"鄙俗"的句段，且其韵语的性质，更可见其是受到民间歌谣影响的结果。他以这种语句形式来写作模仿儒家经典所作的大序，同时还是关系到自己著作流传的重要文献，这种现象本身就体现出王符散文对宗经文风的又一种背离。

三、直斥君过的言辞时有出现

在经学影响下的汉代文学，形成了"温柔敦厚"的文风，王符散文的这一特色也十分明显。这一点，我们从他散文结尾常常"曲终奏雅"的模式就可见一斑。这种情况占据了《潜夫论》三十六篇文章的大多数。王符这些指责时政的论辩文章，虽然在每篇的论述中情绪激愤，但在结尾部分，却表现出明显的规劝色彩，情感上往往舒缓纡徐。如《务本》篇曰：

> 夫本末消息之争，皆在于君，非下民之所能移也。夫民固随君之好，从利以生者也。是故务本则虽虚伪之人皆归本，居末则虽笃敬之人皆就末。且冻馁之所在，民不得不去也；温饱之所在，民不得不居也。故衰暗之世，本末之人，未必贤不肖也，祸福之所，势不得无然尔。故明君莅国，必崇本抑末，以遏乱危之萌。此诚治之危渐，不可不察也。

---

① （清）严可均辑：《全上古三代秦汉三国六朝文·全晋文》（卷17），北京：中华书局，1958 年，第 1905 页。

本段首句上承上而来，采用顿笔，语气上明显表现得舒缓，带有一种"曲终奏雅"的色彩，特别是"不可不察也"一句，更是将作者苦苦哀劝之情态表现得形象逼真。这种文风的形成，与经学观念密切相关。汉代经学赋予"君"以神授的权利，对其进行制约的只有"天"。在这样的语境下，"温柔敦厚"的散文观念，就是为了保证君与士之间的一种权利和道义上的平衡。所以，作为臣民的"士"只能以一种相对来说含蓄的方式对君王的不当行为进行劝谏。即使"君"有很大的过错，也主张以曲折、委婉的方式指出，避免直斥君过，这就是王符散文为何在结尾时往往变成苦苦劝谏的原因。

但是，王符有时在情绪激愤时，又表现出对"温柔敦厚"文风的背离。这主要体现在对最高统治者"君"的态度上。我们发现，王符不仅"把批判的矛头直接指向了东汉王朝的统治者"[①]，有时还对当朝君王正面斥责，而且语气还十分严厉。如《述赦》篇曰：

> 今日贼良民之甚者，莫大于数赦。赦赎数，则恶人昌而善人伤矣。奚以明之哉？……今主上妄行刑辟，高至死徙，下乃沦冤，而被冤之家，乃甫当乞鞠告故以信直，亦无益于死亡矣。

赦免之令为古代帝王专有之特权，一般为新帝登基或改朝换代时才由帝王颁布，以示与民更始之意。然王符所处的东汉中晚期却赦赎令频发，直接导致了社会法制的严重混乱，给人民带来了无穷的灾难。对此，王符并没有顾及帝王的威严，将批判的矛头直接指向了当朝君主。我们从其"贼良民"及"妄行"的措辞中，可以看出王符是赤裸裸地表达了自己对昏君的不满。另如《贤难》篇云：

> 夫众小朋党而固位，谗妒群吠啮贤，为祸败也岂希？三代之以覆，列国之以灭，后人犹不能革，此万官所以屡失守，而天命数靡常者也。诗云："国既卒斩，何用不监！"呜呼！时君俗主不此察也。

这里王符对东汉社会贤者遭难的现实进行了批判，而批判的矛头直指当朝君王，即这里的"时君俗主"。考《吕氏春秋·异宝》云："其主，俗主也"，高诱注："俗

---

① 王步贵：《王符论政》，《甘肃社会科学》，1995 年第 2 期，第 14 页。

主，不肖凡君。"[1] 王符对当世君王居然直斥为"不肖凡君"，这与"温柔敦厚"的汉代经学散文风格是颇为不符的，同样体现出一种背离与突破。

四、王符突破经学文章风格的原因探析

我们发现，王符打破了以儒家经典为主要引证对象的格局，在散文中较多引用民间谚语，体现出一种向民间俗文化的亲近。王符《叙录》中大序写作的五言化现象，也正来自于对民间歌谣及乐府民歌的认同。王符散文有时对当朝君主的正面严厉斥责，也有悖于汉代"温柔敦厚"的文论观。而这些，共同形成了对汉代儒家独尊以来经学散文风格的局部突破。需要追问的是，王符何以会有这种突破？我们认为，原因大致有三。

（一）王符散文的突破来自于他对先秦民本主义思想的复归

民本思想本是先秦最重要的政治思想。如《尚书·五子之歌》曰："民惟邦本，本固邦宁。"[2]《尚书·泰誓上》："天矜于民，民之所欲，天必从之。"[3] 孟子曾有过"民为贵，社稷次之，君为轻"[4] 的著名命题。荀子也说："君者，舟也；庶人者，水也。水则载舟，水则覆舟。"[5] 可见在这些先秦的思想家看来，民才是社会治政的根本。汉代社会发展到武帝时期，实行了"罢黜百家，独尊儒术"的文化政策。董仲舒糅合了阴阳五行等观念提出了"君权神授"的理论，大倡"受命之君，天意之所予也"，[6] 以此来保证皇权存在的合法性。其"屈民而伸君"[7] 的理论，将民权置于受漠视的地位。汉儒将这种理论视为圭臬，在对儒家经典的阐释和尊崇中，自然在雅化经典的同时，脱离了先秦各家包括儒学所主张的民本思想。他们以儒家经典视为自己论政的重要

---

① 许维遹撰、梁运华整理：《吕氏春秋集释》，北京：中华书局，2009 年，第 231 页。

② （汉）孔安国传、（唐）孔颖达疏：《尚书正义》，（清）阮元刻：《十三经注疏》本，北京：中华书局，1980 年，第 156 页。

③ （汉）孔安国传、（唐）孔颖达疏：《尚书正义》，（清）阮元刻：《十三经注疏》本，北京：中华书局，1980 年，第 179 页。

④ （汉）赵岐注、（宋）孙奭疏：《孟子注疏》，（清）阮元刻：《十三经注疏》本，北京：中华书局，1980 年，第 2690 页。

⑤ （清）王先谦撰、沈啸寰、王星贤点校：《荀子集解》，北京：中华书局，1988 年，第 544 页。

⑥ 苏舆撰、钟哲点校：《春秋繁露义证》，北京：中华书局，1992 年，第 286 页。

⑦ 苏舆撰、钟哲点校：《春秋繁露义证》，北京：中华书局，1992 年，第 31—32 页。

依据，对来自民间的民谣谚语却是不屑一顾的。

然而，王符在其政治理论中却大倡民本主义。我们对《潜夫论》全部文章进行了统计，其中"民"字出现多达 325 次。可见王符对"民"生的关注。此处略举几例：

> 《遏利》：帝以天为制，天以民为心，民之所欲，天必从之。

> 《本政》：天以民为心，民安乐则天心顺，民愁苦则天心逆。

> 《爱日》：国之所以为国者，以有民也。

> 《救边》：且夫国以民为基，贵以贱为本。

在王符看来，国家一切治政方针都是以民心作为首要依据，这正是对先秦民本思想的复归。王符在对民本主义的强调中，实际上想达到的正是希望人君能够让出自己实际的政治主体性位置，实现以民为主体性的"无为状态"①。由此，在国家的治理上，"民"才是治政的根本，"政本的内涵即是民本"②，国家治理一定要听取来自民间的声音。因而他在《明暗》篇中批评秦二世"不受民氓之谣言"终致祸国亡身，在《潜叹》篇中批判君主"不能参听民氓"，同时又一再强调"先民有言，访之刍荛"。

有了这样的思想基础，王符自然不会视民间歌谣谚语为鄙俗。他在文章中经常引用，并以之作为自己表达政见的重要依据。在他看来，只有这些来自于民间的对治政及生活经验的总结和表达，才是来自民间的最真实的声音，也才是君主治政最应该参考的意见。

（二）王符散文的这种突破，有赖于其哲学思想中对"人"的价值的重新考量和发现

王符提出了一个非常伟大的命题："天道曰施，地道曰化，人道曰为。"③董仲

---

① 徐复观：《中国的治道——读陆宣公传集书后》，李维武编：《徐复观文集》（第二卷），武汉：湖北人民出版社，2002 年，第 269—294 页。

② 李学勇：《试论民本思想在王符思想中的地位》，《甘肃社会科学》，1994 年第 3 期，第 36 页。

③ （汉）王符著、（清）汪继培笺、彭铎校正：《潜夫论笺校正》，北京：中华书局，1985 年，第 366 页。

舒的"君权神授"理论，掺杂了阴阳五行等观念，在给皇权披上神学外衣的同时，也使得"天"变得人格化，神性化。这种思想的进一步发展，就是其后乌烟瘴气的谶纬迷信思想泛滥。东汉建立之初，光武帝更是"宣布图谶于天下"①，直接导致东汉政论文中充斥着阴阳灾异观念。其现象背后的本质，则是"人"作为世界主体性的逐步丧失。作为这种思想下成长起来的文人，自然失去了对个体存在价值的体认。儒学在与皇权的角逐中妥协，更是导致了士人已经完全失去了独立的人格。汉儒们谨守着"以礼节情"的经学教条，个体的感情，也完全为一种集体意识形态的情感所代替。王符"人道曰为"理论的提出，恰恰是对这种畸形思潮的有力反拨。他的这种主张，张扬了先秦人文主义精神，是对人的价值的一次重新发现。

在这种思想的指引下，王符开始有了对自我真性情的觉醒。这也就是为什么其文章中能"有个自家在"②的原因。所以，加之上论王符对民本主义的复归，对君权的重新定位，其文中时时越出"温柔敦厚"的汉代散文规范，对当时君王甚至厉声呵斥，也自是情理中之事。

（三）王符作为失意的下层文人的身份，也是我们必须考虑的原因

首先，王符作为一个传统士人，在仕途失意之后，自觉追求个人价值的实现。他在自己的《叙录》中对《潜夫论》创作动机的描述，正是对自司马迁以来"发愤著书"意识的认同和承继。在"隐居著书"，以布衣行事的生活体验中，让他对现实社会有了更深刻的理解，也对下层民众有了更多的关注和认同。这一点有助于他走出高高在上的经学意识形态，思想上更加务实。他一再强调统治者要"访之刍荛"，而很明显的是，他自己也在"刍荛"之列。与此相应，民间的歌谣、谚语，正是"饥者歌其食，劳者歌其事"的民众真性情的反映。王符作为一介草民，以民众最常用的五言句式来写作同样是自己真情流露的《叙录》，自然也是可以理解的事。而这，正体现了东汉中后期失意的知识分子在个性觉醒后对民间文学的亲近。

可见，正是王符政治思想中对民本主义和人文主义的重振和复归，加之其仕途失意后对社会底层民众生活的认同和接受，导致了其创作上对汉代经学散文风格的突破。虽然这种突破仅仅是一种局部的尝试，但却是非常可贵的。

---

① （南朝·宋）范晔：《后汉书》，北京：中华书局，1965年，第84页。
② （清）刘熙载：《艺概·文概》上海：上海古籍出版社，1978年，第9页。

五、王符突破经学文章风格的意义

如上所述，深层的思想文化上的变化，其影响文学总是有一个逐渐嬗变的过程。王符对经学散文风格的突破也仅是部分的，但就这种尝试而言，仍具有显著的意义，是汉代文学走出经学禁锢的重要一环。其意义主要为：

第一，王符将民间谚语运用到自己的散文创作中，打破了汉代经学文章以《诗》及儒家经典为主要论证依据的文学观念。其背后是对先秦民本主义的复归。这种尝试对经学影响下日益僵化的汉代散文来说，正是一条健康之路。王符无意中打破的雅俗观念，也正是中国文学发展中雅俗互动的一个典型案例。

第二，王符在张扬人文主义的同时，在自己的文章中开始出现自我意识的觉醒，时时表现出一种自我真性情。促进了文学由经学笼罩下的集体化意识向文人个体化意识迈进。其后汉末政论文往往言辞激切，王符正是其先声。而这，正为其后"文学自觉"奠定了良好的基础。

第三，王符由"志意蕴愤"而发愤著书，写作《潜夫论》，表达的是一个汉代中下层文人的真性情。他用五言体来写自己的创作动机，说明汉代下层知识分子开始转变自己的经学思维，由对经典文章的模仿向尝试用民间五言体句法写作，这对其后《古诗十九首》等五言诗歌的出现，有很大的启发意义。

第六章 "后汉三贤"文章比较研究

王充、王符、仲长统是东汉中后期社会批判思潮的三个杰出代表。我们将三者作为研究对象，用本章的内容对其文章进行比较，主要是基于以下的考虑：

首先，作为东汉社会代表性的批判家，历代论者多将三人作为一个整体来讨论。如范晔在《后汉书》中将三人同传，唐代文学家韩愈也曾作《后汉三贤赞》对三人进行褒扬。而四库馆臣在《四库全书总目提要》中论及王符《潜夫论》时也评价说："洞悉政体似《昌言》，而明切过之；辨别是非似《论衡》，而醇正过之。"①

其次，从三人成人活动期的时间限段来看，王充处于东汉社会前期，王符处于中期，而仲长统主要活动于晚期。并且，王充生于光武帝建武三年（27），其时东汉王朝刚刚建立，而仲长统卒于献帝延康元年（220），本年献帝逊位于曹丕。可以说，"三贤"的活动贯穿了东汉王朝始终。

基于以上的事实，我们将王符与王充、仲长统的文章风格进行比较，重在阐释其相异之处，并且对造成这种不同风格的原因进行探析。如此，不仅可以进一步阐释王符文章醇厚、含蓄风格形成的原因，还有助于对王符在东汉文学发展史中的定位，从而深化对王符文章的研究。

---

① （清）永瑢等：《四库全书总目提要》，《万有文库》本（第18册），上海：商务印书馆，民国二十四年，第11页。

第一节　王符与王充文章比较研究

王充和王符是东汉两位著名的批判家，其论著都带有很强的文学性。从其著述的动机来看，两人皆是希望有益于社会治政。且据邵毅平先生的推断，王符著《潜夫论》很可能是受到了《论衡》的影响。[①] 但是总结起来，王充和王符的文章相比，虽然也有对文章章法和句法的追求，即主题明确，同时在句法上表现出一定的艺术性。但在文章风格上还是呈现出不同的特色。具体有以下几个方面。

一、文章气势不同

王充和王符在文章的风格上的差异，首先在于文章表现出来的气势不同。王充气雄、语急，而王符气定、阐缓。这一点，我们可以从两个方面来考察。

（一）王充文章中的反问句和感叹句使用十分频繁

王充的文章在于明辨是非，所以其文章的写作往往先有提出一种"虚妄"的观点作为自己批驳的对象，而问句和叹句就是对这个假想的论敌而发。我们对《论衡》全文进行了句式统计，该书八十五篇文章共计 12 289 句[②]，其中问句 1 870 句，叹句 300 句，两者约占全书总句数的 17.66%。也就是说，王充文章大约每五句话就有一句是疑问句或叹句。这些表达强烈情感的句式的频繁使用，很大程度上加强了文章的语势。对此进一步分析我们发现，王充使用这些问句和叹句时，往往在句段中连环出现，且以问句连环出现较多。如其《四讳》篇曰：

> 令史与宰质睢止其益宅，徒为烦扰，则西益宅祥与不祥未可知也。令史、质睢以为西益宅审不祥，则史与质睢与今俗人等也。夫宅之四面皆地也，三面不谓之凶，益西面独谓不祥，何哉？西益宅何伤于地体，何害于

---

① 邵毅平：《论衡研究》，上海：复旦大学出版社，2009 年，第 148—152 页。
② 该统计版本按黄晖校释：《论衡校释》（北京：中华书局，1990 年），以出现句号、问号、叹号处为一句计算。

宅神？西益不祥，损之能善乎？西益不祥，东益能吉乎？夫不祥必有祥者，犹不吉必有吉矣。宅有形体，神有吉凶，动德致福，犯刑起祸。今言西益宅谓之不祥，何益而祥者？且恶人西益宅者，谁也？如地恶之，益东家之西，损西家之东，何伤于地？如以宅神不欲西益，神犹人也，人这处宅欲得广大，何故恶之？而以宅神恶烦扰，则四面益宅，皆当不祥。诸工技之家，说吉凶之占，皆有事状。宅家言治宅犯凶神，移徙言忌岁月，祭祀言触血忌，丧葬言犯刚柔，皆有鬼神凶恶之禁，人不忌避，有病死之祸。至于西益宅何害而谓之不祥？不祥之祸，何以为败？①

这是王充论辩的典型段落。在这段文字中，共包含17个句子，其中问句就有10句，占到半数还强。且其中如"益西面独谓不祥，何哉？西益宅何伤于地体，何害于宅神？西益不祥，损之能善乎？西益不祥，东益能吉乎？"这样的连环问句出现三次，这就使得王充在论证事理上呈现出一种咄咄逼人之态，对假想论敌的不断追问构成了文章强劲雄健的句群。这种句法的使用，文义上对论题不断诘难，不仅在事理分析上层层深入，而且不给论敌以任何喘息的机会，读来令人称奇。王充文章雄壮的气势，正是借助于问句和叹句的连环使用而达成。

这一文风与王符文章恰好形成鲜明的对比。前文我们提到对王符《潜夫论》中句式的统计为感叹句和问句合计共占全文的10%。而就王符文章中连环问句的出现情况来看，只是少有的一两次。他只有在偶尔情绪激愤时才会写出这样的句群，且在文章最后往往以顿笔收束，对这种强烈的情感进行有意的克制。②所以，王符的文章表现得气定、含蓄。这样，王充较王符就较多用问句和叹句来表达自己的观点和见解。而这种强烈感情的抒发往往是接踵而至的，这就助成了王充文章的雄壮之气。

（二）语势上的缓急不同

王充语急、王符阐缓。王充在文章风格上表现出来的往往是语气急促。这主要体现在其文章中短句多而长句少。我们对《论衡》全书句读进行统计，八十五篇文章共37 947次句读，其中五字以上句读仅有5 436次，占总数的14.32%，也就是说，

① 黄晖校释：《论衡校释》，北京：中华书局，1990年，第969页。
② 详见拙文《试论〈潜夫论〉散文之"潜"》，《三峡大学学报》（人文社会科学版），2012年第3期。

王充文章使用的一般是五言以内的短句。来裕恂在《汉文典·文章典》中论句法说：
"短句主劲拔。"① 可见，短句造成的表达效果是急促而有力。所以，王充这种短促
的句式连接在一起，就导致了其论述时语气急促而铿锵。如其《逢遇》篇曰：

> 操行有常贤，仕宦无常遇。贤不贤，才也；遇不遇，时也。才高行洁，
> 不可保以必尊贵；能薄操浊，不可保以必卑贱。或高才洁行，不遇退在下流；
> 薄能浊操，遇在众上。世各自有以取士，士亦各自得以进。进在遇，退在不遇。
> 处尊居显，未必贤，遇也；位卑在下，未必愚，不遇也。故遇，或抱行，
> 尊于桀之朝；不遇，或持洁节，卑于尧之廷。所以遇不遇，非一也：或时
> 贤而辅恶；或以大才从于小才；或俱大才，道有清浊；或无道德而以技合；
> 或无技能而以色幸。②

以上这段文字中，共出现句读 38 次，其中五言以上的句读仅有 9 次。尤其是其
中还出现了大量的二字句和三字句，这种连环的短句相接出现，使得王充的文章如
散珠撒落，掷地有声。这样短促的句段，成就了王充劲拔、雄健的文风，形成了很
强的气势。

我们此处仅是略举一例说明，这样的句段，在王充的文章中并不是个例，而是
一种常态。这种情况，也与王符形成了鲜明的对比。我们对王符文章的长短句比例
也进行同样的统计，其中五言以上句读在《潜夫论》全书中所占的比例为 41.23%。
这就是说，王符在长短句的使用上基本处于一种均衡搭配的状态，且其中很多四言
句段是来自对《诗》经句式的模仿③，风格上表现得雍容阐缓。

综上所述，我们通过对王充和王符句式的考察发现，王充在其文章中多用问句
和叹句，且经常出现连环问句的情况。王充喜用五言以下的简短句读来加强自己的
语势。这些都使得王充在文章风格上表现出一种雄健、劲拔的气势。而王符则不然，
其文章主要使用的多是与其舒缓的陈述句，连环问句仅是偶尔表达强烈情感，且注
意克制。简短句式在王符文章中出现的比例也基本属于范围，且多是出于对《诗经》
雅颂体的模仿，所以在总体风格上王符文章显得阐缓。

---

① 来裕恂：《汉文典》，天津：南开大学出版社，1993 年，第 167 页。
② 黄晖校释：《论衡校释》，北京：中华书局，1990 年，第 1 页。
③ 可参见本文第三编第三章第一节《王符文章与汉代经学》，此不赘述。

二、文章繁简不同

文章风格的繁与简，并没有一定的标准。刘勰在《文心雕龙·镕裁》篇说："谓繁与略，随分所好。"①李涂在《文章精义》中也说："文字贵相题广狭。晦庵先生诸微子，如长江大河，滔滔汨汨，动数十万言而不足。及作《六君子赞》，人各三十二字，尽得描画其平生，无欠无余，所谓相题而施者也。"②可见，文章的繁简，主要是要以自己的表达意图为准。文章不宜太繁琐，繁琐则导致文章冗长芜杂；文章也不宜太简略，简略则导致表意不明。

王充和王符的文章在文风繁简上表现出不同的特点。首先，王充文章的特点就在于其繁复。对此，四库馆臣就批评说："繁复诘难，颇伤辞费。"③章太炎先生在《国故论衡·论式》中也批评其："文体散杂，非可讽诵。"④诚然，王充的文章确实存在这样的问题，我们可以其《命禄》篇一段文字为例，其曰：

> 凡人遇偶及遭累害，皆由命也。有死生寿夭之命，亦有贵贱贫富之命。自王公逮庶人，圣贤及下愚，凡有首目之类，含血之属，莫不有命。命当贫贱，虽富贵之，犹涉祸患矣。命当富贵，虽贫贱之，犹逢福善矣。故命贵，从贱地自达；命贱，从富位自危。故夫富贵若有神助，贫贱若有鬼祸。命贵之人，俱学独达，并仕独迁；命富之人，俱求独得，并为独成。贫贱反此，难达难迁，难成，获过受罪，疾病亡遗，失其富贵，贫贱矣。是故才高行厚，未必保其必富贵；智寡德薄，未可信其必贫贱。或时才高行厚，命恶，废而不进；知寡德薄，命善，兴而超逾。⑤

通观以上这段文字，王充所要说明主题即是首句"凡人遇偶及遭累害，皆由命也"。其后文的论述皆是阐明此文义。从第二句开始，王充围绕富贵之命和贫贱之命两方面展开正反论证，一直到"命当富贵，虽贫贱之，犹逢福善矣"一句，王充

---

① 范文澜：《文心雕龙注》，北京：人民文学出版社，1958年，第543页。

② （宋）李涂：《文章精义》，北京：人民文学出版社，1998年，第78页。

③ （清）永瑢等：《四库全书总目提要》，《万有文库》本（第23册），上海：商务印书馆，民国二十四年，第62页。

④ 章炳麟：《国故论衡·论式》，上海：上海古籍出版社，2003年，第82页。

⑤ 黄晖校释：《论衡校释》，北京：中华书局，1990年，第20页。

要表达的意思已经很明确。但是，其后的"命贵，从贱地自达；命贱，从富位自危"基本上就是对前文文义的重复。且这些论述皆是事理的说明，并非具体的例证阐释。再其后的论述皆是如此，仅仅是在句式上有些许的改变而已。这样，整个文章就显得文繁而意少。尽管这些说理皆是围绕本段的主题而言，但是却给人一种繁复、冗长的感觉，四库馆臣的批评诚为的论。

我们再来看王符文章的繁简。就此问题，前文我们曾有过探讨。大致说来，王符能做到当繁则繁，当简则简，繁简适宜。为方便比较，我们这里不避重复，再以略举具体文本来说明。如王符《贤难》篇前两段为：

> 世之所以不治者，由贤难也。所谓贤难者，非直体聪明服德义之谓也。此则求贤之难得尔，非贤者之所难也。故所谓贤难者，乃将言乎循善则见妒，行贤则见嫉，而必遇患难者也。

> 虞舜之所以放殛，子胥之所以被诛，上圣大贤犹不能自免于嫉妒，则又况乎中世之人哉？此秀士所以虽有贤材美质，然犹不得直道而行，遂成其志者也。

王符起首提出自己论述的主题"贤难"的具体内涵，先排除了读者容易望文生义的一般误解，然后阐明自己的本意是贤人行贤见妒。这同样是采用了正反两面来论证，但是仅以两句话说明问题即止，并不见再有过多的事理阐释。其后则在次段以虞舜、伍子胥的例证来阐发自己的观点。整个文章以简洁的说理和具体例证相结合，并没有多余的论证。这样，给人的感觉就是语句凝练，辞约而意丰。

由此对比可以明显看出，单纯就说明事理而言，王充常常正反论证，且连续用不同句式重申和强调自己的观点。但是在文义上却并没有明显对论证层次的推进。这就正如刘勰所说："句有可削，足见其疏。"① 所以，很多句子是可以删减的。相比之下，王符的文章风格则不然，他也使用正反论证来明理，但是往往以简练的语句阐明即可，很快即转入具体的事例来阐明自己的观点。在这方面，王符较王充为胜。

---

① 范文澜：《文心雕龙注》，北京：人民文学出版社，1958年，第543页。

三、语句的骈散程度不同

刘熙载在其《艺概·文概》中就曾说："东汉文浸入排丽。"[①]诚然，东汉整体的文章风格受到了汉赋的影响，在语句上呈现一种骈俪化的倾向。但是就受到影响的程度而言，王充和王符又有所不同。

我们首先来看王充。王充《论衡》中时有排句、偶句出现，如：

《死伪》：志士则恨义事未立，学士则恨问多不及，农夫则恨耕未畜谷，商人则恨货财未殖，仕者则恨官位未极，勇者则恨材未优。

《薄葬》：是以世俗轻愚信祸福者，畏死不惧义，重死不顾生，竭财以事神，空家以送终。

《书解》：知屋漏者在宇下，知政失者在草野，知经误者在诸子。[②]

可见，王充在文章中也采用排偶的句式来达成一种论证上的气势。但是，这仅仅是一种渐变的句法趋势而已。我们将其放入具体的句段就会发现，这只是王充在论述中偶然出现的情况，其文章大部分还是采用了散句的形式。如上引《死伪》一句所在句段曰：

凡人之死，皆有所恨，志士则恨义事未立，学士则恨问多不及，农夫则恨耕未畜谷，商人则恨货财未殖，仕者则恨官位未极，勇者则恨材未优。天下各有所欲乎，然而各有所恨。必有以目不瞑者为有所恨，夫天下之人，死皆不瞑也。且死者精魂消索，不复闻人之言。不能闻人之言，是谓死也。离形更自为鬼，立于人傍，虽闻人之言，已与形绝，安能复入身中瞑目口乎？能入身中以尸示恨，则能不免死与形相守。案世人论死，谓其精神有若能更以精魂立形见面，使尸若生人者，误矣。[③]

在这段文字中，除了上引"志士则恨义事未立"一句外，其他的句式皆是散句。

---

① 刘熙载：《艺概》，上海：上海古籍出版社，1978 年，第 16 页。
② 黄晖校释：《论衡校释》，北京：中华书局，1990 年，第 893、962、1160 页。
③ 黄晖校释：《论衡校释》，北京：中华书局，1990 年，第 893 页。

王充仅是偶尔根据论证的需要而采用这种句式来说理，所以在文章风格上就显得质朴自然很多。相比之下，王符受到辞赋影响而文句骈俪化的趋势就很明显。如其《忠贵》篇曰：

> 帝王之所尊敬，天之所甚爱者，民也。今人臣受君之重位，牧天之所甚爱，焉可以不安而利之，养而济之哉？是以君子任职则思利民，达上则思进贤，功孰大焉？故居上而下不重也，在前而后不殆也。《书》称"天工人其代之"，王者法天而建官，自公卿以下，至于小司，辄非天官也？是故明主不敢以私爱，忠臣不敢以诬能。夫窃人之财，犹谓之盗，况偷天官以私己乎？以罪犯人，必加诛罚，况乃犯天，得无咎乎？

在以上这段文字中，诸如"是以君子任职则思利民，达上则思进贤"很明显已经是"君子"这一主语引导下的偶句，且对仗较工整。再如"是故明主不敢以私爱，忠臣不敢以诬能"又是"是故"这一副词引导下的偶句。其中最值得注意的当是该段最后的"以罪犯人，必加诛罚，况乃犯天，得无咎乎？"一句，这里的"况乃犯天"，显然是以虚词"乃"加入，凑足音节，然后将一个整句分成两个四言短句，从而与"以罪犯人，必加诛罚"形成一组相对的句式。虽然在文义上并不能算是严格的对仗，但是王符这种对句式做有意调整，以实现音节上的前后搭配的意图还是比较明显的。

通过以上的对比我们发现，由于受到了东汉辞赋文风的影响，在文赋合流的大趋势下，散文句法正在朝着日益骈俪化的方向发展。但是，在骈化的程度上，由于王充和王符所处的具体时间断限不同，王符文章的骈化程度明显高于王充。王充的文章以散文化的质朴句式取胜，而王符文章则以骈散结合的句式来达成自己的论证目标。两者皆有所长，不能断分轩轾。

四、王充和王符文风差异原因探析

通过以上的比较我们发现，王充和王符作为东汉前后相继的两位带有异端色彩的批判家，在其所著的文章中表现出了一些不同的文学风貌。我们要进一步追问的是这种文风差异背后的原因为何？对这个问题的解答，将有助于我们更好地理解王符文章的艺术特色。据我们的考察，形成这种差异的原因大致有以下几点。

（一）写作意图不同，批判对象不同

陆机在《文赋》中说："伊兹文之为用，固众理之所因。恢万里而无阂，通亿载而为津。俯贻则于来叶，仰观象乎古人。济文武于将坠，宣风声于不泯。涂无远而不弥，理无微而弗纶。配沾润于云雨，象变化乎鬼神。被金石而德广，流管弦而日新。"① 可见，在中国古代的文章理论家看来，为文要有补于世，也就是要注重文章的实用价值。王充和王符都是这样，不仅在文学观上表现为尚用，且其文章所作也皆是希望对当朝的治政有所助益。

王充说："为世用者，百篇无害；不为用者，一章无补。"② 他对自己的《论衡》所作缘起的表述是：

> 是故《论衡》之造也，起众书并失实，虚妄之言胜真美也。故虚妄之语不黜，则华文不见息；华文放流，则实事不见用。故《论衡》者，所以铨轻重之言，立真伪之平，非苟调文饰辞为奇伟之观也。其本皆起人间有非，故尽思极心，以讥世俗。
>
> 世间书传，多若等类，浮妄虚伪，没夺正是。心涌，笔手扰，安能不论？论则考之以心，效之以事，浮虚之事，辄立证验。
>
> 《论衡》篇以十数，亦一言也，曰：疾虚妄。③

也就是说，王充《论衡》写作的缘起是因为对当世流传的书传中虚妄之言的不满而作。他立言的目的在于"疾虚妄"，即求真。所以在《论衡》中，王充批判了东汉谶纬神学中的符命、谴告等学说，其侧重点主要是从思想意识层面对宗教神学的批判。④ 王充的这种努力，正是希望在对社会谶纬迷信的批判中，改良社会意识形态。通过思想意识的改良，从而改变东汉社会的学风和民风，以求有补于当朝治政。

王符同样是持经世致用的文学观念，这一点我们在前文已经有所论述。王符著文的目的同样是"以讥当时失得"，但是其批判的重点则不同。王符文章中除《巫列》

---

① （晋）陆机：《陆机集》，北京：中华书局，1982年，第4页。

② 黄晖校释：《论衡校释》，北京：中华书局，1990年，第1202页。

③ 黄晖校释：《论衡校释》，北京：中华书局，1990年，第1179、1183、870页。

④ 李少惠：《论王充与王符的宗教神学批判与社会政治批判》，《甘肃理论学刊》，1996年第6期，第28页。

等几篇文章外，大部分皆是出于对当时社会政治现实的不满而提出的具体的治政见解。他曾说："诗赋者，所以颂善丑之德，泄哀乐之情也。"所以，我们在王符的《潜夫论》中看到的，皆是他对社会治政提出的切实可行的改良方案。王符的批判，是将社会意识形态与治政达成联系起来的。王符文章的功用也正在于警醒当朝统治者，从而为其提供一些切实可行的行政参考。

所以，王充对事物的求真心理，导致其文章的写作目的是为了辨是非，其重点在对谶纬迷信及虚妄之言的破除。而王符的文章出于对社会治政的不满，其文章的写作目的在于明治政，其重点在对现实政治批判的同时，提出合理的治政方针。两者一为破，一重立，其文章皆为世用，但具体的用途是不同的。然正是这种文章用途的不同，形成了两人文风上的以上差异。其一，王充辨事理，所以希望从不同的角度不断强调自己的观点，就此以达到正世俗的目的。但是在这种对观点的不断强调中，却导致了他文章的繁复。而王符论现实政治，则往往以简洁的话语标明自己的政治观点即可。其二，写作意图的不同，导致了批判的对象不同。王充批判世俗的迷信和意识形态中的谶纬神学，与王符的批判对象相比，距离政治稍微要远一些，所以工充可以对其进行大胆、直白的批判。在文章风格上自然也表现得较为雄峻。而王符则是直接面对当朝治政，他本着汉代儒家"主文而谲谏"的讽喻观，所以在批判时表现出一种"温柔敦厚"的风格。而这本身就决定了王符的文章要以礼节情，情感抒发不能过于强烈。

（二）作家本人气质不同

王符个性谦卑，而王充则自信甚至张扬。这一点，主要是因为个人成长环境及家风的影响。这种性格上的差异，最终造就了王充气盛而王符气缓。我们前文在分析王符的文风时曾提到，王符自幼的境遇是"安定俗鄙庶，而符无外家，为乡人所贱"[①]。所以，这种被歧视的经历给王符幼小的心灵造成了一种精神的创伤，其文章的写作是一种自卑而求自强的表现。

而王充则不然。王充是一个极度自信的人，他的自信不仅来自其学养，而且来自其自幼的成长经历。其《自纪》篇曰：

---

① （南朝·宋）范晔：《后汉书》，北京：中华书局，1965年，第1630页。

　　建武三年，充生。为小儿，与俦伦遨戏，不好狎侮。俦伦好掩雀。捕蝉、戏钱、林熙，充独不肯。诵奇之。六岁教书，恭愿仁顺，礼敬具备，矜庄寂寥，有臣人之志。父未尝笞，母未尝非，间里未尝让。八岁出于书馆。书馆小僮百人以上，皆以过失袒谪，或以书丑得鞭。充书日进，又无过失。手书既成，辞师受《论语》、《尚书》，日讽千字。经明德就，谢师而专门，援笔而众奇。所读文书，亦日博德。才高而不尚苟作，口辩而不好谈对。非其人，终日之言。①

　　从这段文字可以看到，自幼年时起，王充就是同龄人中的佼佼者。他六岁之时就已经"有臣人之志"。其幼年的学习，"父未尝笞，母未尝非，间里未尝让"，王充尤异的表现于此可见一斑。不仅如此，他八岁时就"辞师受《论语》、《尚书》，日讽千字"，而且还"谢师而专门，援笔而众奇"。可见，由于王充的聪颖和勤奋，其幼年学习阶段一直是受到师长的赞赏的。可能也正是这样，他自恃渊博，"才高而不尚苟作，口辩而不好谈对。非其人，终日之言"，其自傲甚至自负的心理于此可见。可能正是这样一种自信的心态，让王充一直到其晚年仍然对这段辉煌的经历津津乐道。

　　从王充家风的情况来看，其父祖皆有一股豪侠之气。其《自纪》篇曰"世祖勇任气，卒咸不揆于人"②。在这样的家风影响之下，王充本人的性格必然是豪爽直率的。所以，这种豪侠之气加之从小培养的自信精神，自然铸成了王充在其文章中能够驰骋文思，驱策言句，表现出一种雄壮的气势。王充自信自己的《论衡》是一部对当世助益很大的论著。而王符则只能借《潜夫论》来"字以缀愚情。"所以，两人可能皆有一种傲气，但是王充的傲气是一种从小的自信，而王符的傲气是一种自卑的傲气。这种略带自卑的性格也就导致了王符的文章表现出含蓄蕴藉的特点。

　　另外，正是以上这种自傲且自负的心态，使得王充在写作时，往往分析事理从各个角度，不同层面进行阐释。他对自己观点不断强调，不避繁琐，或者正带有一种逞才的心理。

---

① 黄晖校释：《论衡校释》，北京：中华书局，1990年，第1188—1189页。
② 黄晖校释：《论衡校释》，北京：中华书局，1990年，第1187页。

（三）王充和王符所处的时代不同，从而形成了不同的士人心态

这种不同的心态，是其文风不同的又一重要原因。王充生于东汉光武帝建武三年（27），卒于和帝永元九年（97）。这一段时间大致属于东汉社会前期。在这段时期内，虽然社会上也有种种矛盾和危机，但总体而言，东汉王朝的统治还比较稳固。整个社会最突出的问题是谶纬迷信的泛滥导致社会学风和民风的败坏。王充作为这一时期的知识分子，他虽然极力去破除这些迷信思想，但对王朝的治政还是充满信心的。这一点，我们可以从王充《须颂》、《恢国》、《宣汉》等文章中看出来。曾有研究者认为，王充这些文章的写作是出于政治避祸的心理。如钟兆鹏先生就认为："另一方面，由于王充批判的战斗精神，同当时的统治思想及时俗矛盾很大，他在《宣汉》《恢国》中讲些符瑞也可免于在政治上的迫害。"[①] 蒋祖怡先生也在《王充卷·前言》中认为："在《论衡》里，有几篇歌颂汉朝，特别是歌颂章帝的文章……他颂汉主要是为了'免罪'。"[②] 但是邵毅平先生则认为，希望以此获得仕进应该是王符写作《须颂》等文章的重要原因之一。[③] 邵先生的观点客观且中肯，我们对此表示赞同。据《须颂》篇曰：

> 是故《春秋》为汉制法，《论衡》为汉平说。从门应庭，听堂室之言，什而失九，如升堂窥室，百不失一。《论衡》之人在古荒流之地，其远非徒门庭也。日刻径重千里，人不谓之广者，远也。望夜甚雨，月光不暗，人不睹曜者，隐也。圣者垂日月之明，处在中州。隐于百里，遥闻传授，不实。形耀不实，难论。得诏书到，计吏至，乃闻圣政。是以褒功失丘山之积，颂德遗膏腴之美。使至台阁之下，蹈班、贾之迹，论功德之实，不失毫厘之微。[④]

在这段话中，王充已经明确表达了自己是希望通过写作《须颂》等文章来得到统治者的赏识的。他的理想是"蹈班、贾之迹，论功德之实"，可见其心理是趋于仕进的。而且，从字里行间可以看出，尽管王充是一个沉寂在"古荒流之地"的士人，

---

① 钟兆鹏：《王充年谱·引言》，济南：齐鲁书社，1983年，第8页。
② 蒋祖怡：《王充卷·前言》，郑州：中州书画社，1983年，第7页。
③ 邵毅平：《论衡研究》，上海：复旦大学出版社，2009年，第79—83页。
④ 黄晖校释：《论衡校释》，北京：中华书局，1990年，第857页。

其对王朝的信心是坚定的。而这种由对王朝治政的信心也使其文章能带有一种雄壮的气势。王符则不然，他所生活的东汉社会中晚期，各种社会矛盾凸显，王朝统治危机重重，这些我们在前文已经有所论述，此处不再赘述。这种社会环境的不同，导致王符以一个社会焦虑者的姿态出现，其文章自然表现为一种沉郁顿挫的风格。

另外，如上所论，王充的文章骈俪化程度与王符的文章之间还存在很大的差异。但这一点本是汉代辞赋与文章写作之间相互影响的结果。东汉之文趋于骈俪化，本就是一个阶段性的过程。王充著文比王符要早近半个世纪，而这种对句法技巧的自觉追求，也需要一个逐渐发展的过程。两者有所不同，正是东汉文赋合流的阶段性差异。我们在此提出，仅是希望就王充和王符的比较，见出王符在这种合流大潮中对文章句法艺术的自觉追求。

总之，通过以上的比较，我们可以明确看出，王充作文虽然比王符要早半个世纪，且同是东汉社会带有异端色彩的批判家，但是在文风上却表现出很多不同的特征。王充身处东汉社会前期，由于自幼顺利的学习经历等原因，形成了一种自信的心态，从而在文章中表现出一种雄壮的气势。而王符身处东汉社会中晚期，目睹当时的主谬政荒，其著述的目的是对改善社会弊政提出自己的见解。他是社会时政的一个焦虑者。由于这种焦灼的心态加之王符本人带有些许自卑的气质，其文章表现出来的是一种沉郁顿挫、含蓄蕴藉的风格。王充文章批判谶纬迷信等意识形态，重在辨事理，他对事理论述往往追求面面俱到，所以导致其文风有失繁冗。而王符则直接提出自己的政见，同时按照论证的要求安排论述的材料，基本能做到繁简适宜。在这一点上，王符较王充为胜。

第二节　王符与仲长统文章比较

仲长统是继王充、王符之外，东汉又一位重要政论家。他身当东汉末年，献帝逊位之年，他也离开了人世。所以，从时间断限来说，仲长统正是东汉末年政论文章的代表作家。他的政论文主要结集为《昌言》，由于年代久远，加之保存不利，文献缺失情况严重，"亡之者十八九"[1]。我们今天所能见到的版本，仅仅是清人根

---

① （清）严可均：《全上古三代秦汉三国六朝文》，北京：中华书局，1958 年，第 813 页。

据历代的类书辑录而成。但是，就是利用这些材料，将之与王符文章进行比较，仍可以探寻东汉政论文由中期向末期转变的特点。我们发现，由于社会政治发生了巨大的变化，文人心态也随之发生改变。而这些作用于文人的写作，使仲长统的文章既保留了一些与王符相同的特点，又表现出很多不同的特色。相同点如两人皆注重文章主题的明确、结构的规整，皆追求语言形式上的逻辑严密，喜用层递等句法来构建句群。但我们这里关注的，主要是两者在风格上的差异，将之辨明并探析其深层原因，有助于我们借此一窥东汉中晚期政论文章的发展脉络，从而更好为王符文章进行历史定位。

一、文章批判力度不同

我们前文曾设专章论述王符对汉代自董仲舒以来经学文章风格的突破，王符文章在情绪激愤之时，也偶然会对君主的昏庸表现出严厉的斥责。他这种对"温柔敦厚"文风的局部突破，对后世产生了较大的影响。汉代政论文发展到东汉末年，文章中越来越表现出一种放言无忌的倾向。在这方面，仲长统表现得尤为突出。刘文英先生就曾评价《昌言》说："放言无忌，较之王符《潜夫论》和崔寔《政论》更具有广阔的历史眼界和更强烈的异端色彩。"[①]

王符《潜夫论》文章表现出的最大的文学风格是"潜"，即在写作笔法上的藏锋不露，在批判态度上的含蓄、冷峻。这一点我们已经详论于前。但是，同样是表达自己的政见，仲长统的《昌言》就与此风格不同。"昌言"的文学风格表现出的是"直"的特点，即直言不讳。《昌言》这一书名，据《后汉书》李贤注曰："昌，当也。"[②]也即认为"昌言"就是"当言"、当理之言的意思。《说文解字》曰："昌，美言也。"[③]另，《尚书·大禹谟》曰："禹拜昌言"[④]，《孟子·公孙丑》赵岐注作"禹

---

① 刘文英：《王符评传·附仲长统评传》，南京：南京大学出版社，1998年，第290页。
② （南朝·宋）范晔：《后汉书》，北京：中华书局，1965年，第1646页。
③ （汉）许慎著、段玉裁注：《说文解字注》，北京：中华书局，1988年，第306页。
④ （汉）孔安国传、（唐）孔颖达疏：《尚书正义》，（清）阮元刻：《十三经注疏》本，北京：中华书局，1980年，第135页。

拜谠言"①。白居易在《唐河南元府君夫人墓志铭序》中曰:"由校书郎拜左拾遗,不数月,谠言直声动于朝廷。"②可见,"昌言"是美言、当言,但同时也是直言,本身就有直言无忌的意思。所以,《潜夫论》的文章我们概括其主要特点是"潜",而《昌言》文章的主要特点也可以概括为"昌",即"直"。仲长统文章的这一特点,大致包括两方面内涵:

首先,与王符文章相比,仲长统的政见表达更加直言不讳。这一点我们可以以王符和仲长统同为批判现实政治中贤才不遇、朝廷用人失察的问题为例考察。王符在《贤难》篇曰:

> 今世主之于士也,目见贤则不敢用,而闻贤则恨不及。虽自有知也,犹不能取,必更待群司之所举,则亦惧失麟鹿而获艾豭。

王符这里说世主见贤是"不敢用",听到有贤人是"恨不及",这是用一种"反言见意"的笔法进行的批判。通过这种笔法,王符含蓄地表达了自己对当朝君主昏庸失策,导致大量的贤才难遇的强烈不满,充满了嘲讽的意味,其表意方式是较为隐晦的。而相比之下,仲长统在《昌言》中表达得就要直接很多。如其《损益》篇曰:

> 向者,天下户过千万,除其老弱,但户一丁壮,则千万人也。遗漏既多,又蛮夷戎狄居汉地者尚不在焉。丁壮十人之中,必有堪为其什伍之长,推什长已上,则百万人也。又十取之,则佐史之才已上十万人也。又十取之,则可使在政理之位者万人也。以筋力用者谓之人,人求丁壮;以才智用者谓之士,士贵耆老。充此制以用天下之人,犹将有储,何嫌乎不足也?故物有不求,未有无物之岁也;士有不用,未有少士之世也。③

仲长统这里明言:"故物有不求,未有无物之岁也;士有不用,未有少士之世也。"也就是说,只有君主不求贤才,根本不可能有人才不够用的时代。这样就把批判的矛头直指统治者,且事理明白说出,不带一点含蓄色彩。我们将其与以上王符的说

---

① (汉)赵岐注、(宋)孙奭疏:《孟子注疏》,(清)阮元刻:《十三经注疏》本,北京:中华书局,1980年,第2685页。

② (唐)白居易著、喻岳衡校:《白居易集》,长沙:岳麓书社,1992年,第397页。

③ (汉)仲长统著、孙启治校注:《昌言校注》,北京:中华书局,2012年,第294页。

法相比较，两人在政见表达方式上的不同显而易见。

其次，仲长统之文章较王符而言，不仅是直言不讳，更重要的是还表现出直言无忌。这一点，我们可以从仲长统《理乱》篇中讨论王朝更替之事窥其一斑。其《理乱》篇说：

> 豪杰之当天命者，未始有天下之分者也。无天下之分，故战争者竞起焉。于斯之时，并伪假天威，矫据方国，拥甲兵与我角才智，程勇力与我竞雌雄，不知去就，疑误天下，盖不可数也。角知者皆穷，角力者皆负，形不堪复伉，埶不足复校，乃始羁首系颈，就我之衔绁耳。夫或曾为我之尊长矣，或曾与我为等侪矣，或曾臣虏我矣，或曾执囚我矣。彼之蔚蔚，皆匈詟腹诅，幸我之不成，而以奋其前志，讵肯用此为终死之分邪？①

仲长统在总结古今成败的经验基础上，揭示出封建王朝的更替本身就是成王败寇的历史。这样，也就否定了封建帝王宣扬的一家一姓之天下的传统思想。这一说法本身是大胆的，也是带有很鲜明的异端色彩的。王先谦的《后汉书集解》中载苏舆对此言论就颇为不满，他说："此论固然。然以此昌言于曹氏秉政之时，何以为汉地耶？"②苏舆的意思是说，仲长统所说的话固然是对历代封建政权存亡的一种规律性总结，其结论本身是没有错的。但是他说这话的时候正是曹氏把持汉政之时，这种"胜者为王、败者为寇"的言论直言不讳地说出，那将置当时的汉献帝于怎样的地位？诚然，仲长统这样的一种言论，按照封建伦理道德，是大不敬的。相比之下，王符虽然对当时统治者的昏庸也表现出了极大的愤慨，但是并没有否定东汉王朝统治的合法性，相反在极力为其辩护，积极寻找治政的良策。

再如《昌言》中直接斥责人主的如：

> 今人主不思甘露零，醴泉涌，而患枇杷、荔支之腐，亦鄙矣。③

这段文字仅仅是类书中保留的佚文，其全貌及详细的文义我们已经不可确知。但是可以明确看出的是，这是一段对当朝君主的指责之词。仲长统这里不仅明言批

---

① （汉）仲长统著、孙启治校注：《昌言校注》，北京：中华书局，2012 年，第 257 页。
② 王先谦：《后汉书集解》，北京：中华书局，1984 年，第 578 页。
③ （宋）李昉：《太平御览》（第 8 册），石家庄：河北教育出版社，2000 年，第 786 页。

判对象是"今人主",而且还将其斥之为"鄙",这就是一种非常大胆的言论,同样是在传统伦理看来大不敬的。

总之,就文义上来看,王符表达政见较含蓄,提出的也皆是改良政治的方案。所以,他对当朝的统治者是怀有一定期望的。相反,仲长统表达政见较直白,而且直言无忌,斥责当朝君主,表现出一种自由、独立的人格。

二、论证方式不同

仲长统与王符一样,在他的《昌言》中,针对现实的政治提出了很多见解。但不同的是,王符文章中的政见表达往往是借助于对儒家经典和经传史实的引证及阐释来达成的。而仲长统的文章往往独抒己见,基本上不引用经典来作为自己的论证依据。同时,在偶尔引证历史史实时,仲长统的叙事也非常简略,极少见王符的那种详细铺陈。

首先,我们来考察二人对儒家经典的引证问题。王符论政,虽然已经注意到了将民间谚语作为自己的论据,但是其最主要依据还是儒家经典。王符经常在自己的文章中借助对儒家经典语句的引用和阐释来说明问题,表达观点。而且,文史结合互证的特点也是很明显的。于此,我们已经在前文有过详细的论述,此处不再赘述。相比之下,仲长统的文章就很少这样的论述。虽然《昌言》现存的文章相对完本只是很少一部分,就严可均《全后汉文》及《群书治要》、《太平御览》等类书保存的相关文献来看,计有《理乱》、《损益》、《法诫》及九篇《阙题》和部分残句。我们对这些文献进行统计发现,《昌言》文章中引用儒家典籍只有《损益》篇引用《易》文献一次,曰:

> 《易》曰:"阳一君二臣,君子之道也;阴二君一臣,小人之道也。"
> 然则寡者,为人上者也;众者,为人下者也。①

另,《法诫》篇间接引《周礼》一次,曰:

> 《周礼》六典,冢宰贰王而理天下。②

---

① (汉)仲长统著、孙启治校注:《昌言校注》,北京:中华书局,2012年,第287页。
② (汉)仲长统著、孙启治校注:《昌言校注》,北京:中华书局,2012年,第307页。

《阙题七》引用《周礼》一次，曰：

> 《周礼》：王为三公六卿锡衰，为诸侯缌衰，为大夫士疑衰。及于其病
> 时，皆自问焉。①

首先，我们从引用次数来看，十几篇文字仅有 3 次，数量上与王符相比是不可同日而语的。从引用文义及其论证效果来看，其中的两次《周礼》引用侧重于典章名物的说明，只有引《易》经的一段文字是用来说明事理的。这就是说，仲长统在论述自己的政治见解时，完全是出于自己对现实情势的分析来做出明确的判断，极少用儒家经典来作为自己陈说政治观点的论据。依经立意、引经助文的经学散文风格已经完全改变为一种独抒己见的论政方式。

其次，与王符相比，仲长统论政，较少引用历史史实作为例证，即使是个别的引用，也很少如王符一样大肆铺排陈说。同样，我们对现存的《昌言》文献做全面统计，其中涉及对历史史实的引用仅有 3 次，②就引用概率来看，是很少的。以其《阙题三》的引用为例，曰：

> 昔赵绾不奏事于大后，而受不测之罪；王章陈日蚀之变，而取背叛之诛。
> 夫二后不甚名为无道之妇人，犹尚若此，又况吕后、飞燕、傅昭仪之等乎？③

我们可以将其与王符引证史实时的情况做对比，如王符《明暗》篇曰：

> 夫尧、舜之治，辟四门，明四目，通四聪，是以天下辐凑而圣无不照；
> 故共、鲧之徒弗能塞也，靖言庸回弗能惑也。秦之二世，务隐藏己，而断百僚，
> 隔捐疏贱而信赵高，是以听塞于贵重之臣，明蔽于骄妒之人，故天下溃叛，
> 弗得闻也。皆高所杀，莫敢言之。周章至戏乃始骇，阎乐进劝乃后悔，不
> 亦晚矣！故人君兼听纳下，则贵臣不得诬，而远人不得欺也；慢贱信贵，
> 则朝廷谠言无以至，而洁士奉身伏罪于野矣。

---

① （汉）仲长统著、孙启治校注：《昌言校注》，北京：中华书局，2012 年，第 375 页。

② 分别是《法诫》篇引用邓通受文帝宠幸之事一次，《阙题三》引用赵绾等人事例一次，《阙题九》中引刘邦、光武帝事例一次。此统计版本据（汉）仲长统著、孙启治校注：《昌言校注》，北京：中华书局，2012 年。

③ （汉）仲长统著、孙启治校注：《昌言校注》，北京：中华书局，2012 年，第 337 页。

两相对比就能发现，王符使用例证与仲长统不同有二：其一，王符使用史实例证往往正反皆举，作为自己正反说理的论据，如上引既有尧舜等明君之例，也有秦二世这样的昏君之例。而仲长统则一般就事理正面举例。其二，王符对例证的叙述，尤其是反面例证的说明往往非常详细，而仲长统则没有反面例证，正面例证描写也极其概括了简练。如以上王符描写秦二世的例证就将其受到赵高蒙蔽的具体事件详细说出，从而增强论证的说服力。而仲长统引赵绾、王章的事例则分别用一句话概括。这些不同充分说明，东汉后期的文人已经转变了自己的论证方式，在表达自己的观点时，能够独抒己见，并不将历史例证作为自己论证过程的主要凭据。

总之，从以上的两个方面我们看出，与王符相比，仲长统在论述政治形势，表达自己的观点时，已经很少借助于儒家的经典和历史事例来作为自己的论点的支撑。他往往希望独抒己见，通过自己的逻辑推理分析，表达自己的见解。

三、情感激越程度不同

王符的文章在论述的节奏和情感的表达上呈现出一种有意的节制。这一点是其文章含蓄深潜的重要表现。王符对自己论述情感的控制，很多时候是通过顿笔来实现的。同是对当时政治表示不满而进行批判，正如两人各自的本传材料中所言，王符本人是"志意蕴愤"，而仲长统则是"每论说古今及时俗行事，恒发愤叹息"[1]。在仲长统的文章中，这种有意识的自我控制就不多见。也就是说，王符的情感是内蕴的，是委婉表达出来的；而仲长统的情感则是直接抒发出来的。这种不同表现在文本中，主要有以下两点：

首先，我们发现，仲长统文章中使用"呜呼！"、"悲夫！"这样的表示强烈情感的短句很多。现存的十一篇文章中就出现 7 次之多，如：

《理乱》："悲夫！不及五百年，大难三起，中闲之乱，尚不数焉。"[2]

《法戒》："呜呼，可悲夫！左手据天下之图，右手刎其喉，愚者犹知难之，况明哲君子哉！"[3]

---

① （南朝·宋）范晔：《后汉书》，北京：中华书局，1965 年，第 1644 页。

② （汉）仲长统著、孙启治校注：《昌言校注》，北京：中华书局，2012 年，第 375 页。

③ （汉）仲长统著、孙启治校注：《昌言校注》，北京：中华书局，2012 年，第 314 页。

但是，同样的情感表达的词汇在王符的文章中出现次数就明显很少，王符文章中出现"呜呼"两次，"悲夫"未见。再就《昌言》的篇幅来看，史传载其为："三十四篇，十余万言"，可见与《潜夫论》大致相当。这就说明，仲长统比起王符是比较频繁地使用表达强烈情感的词汇来抒发自己的悲愤的。

其次，仲长统文章直抒胸臆的表达方式，最重要的是体现在对充沛的情感不加节制，信马由缰。王符往往会在情感不可遏止的情况下使用顿笔将其制止，避免感情的一泻无余。这样，王符的文章表现出一种曲折有致的顿挫之美。我们先看其《贤难》曰：

> 忠正之言，非徒誉人而已也，必有触焉；孝子之行，非徒吮痛而已也，必有驳焉。然则循行论议之士，得不遇于嫉妒之名，免于刑戮之咎者，盖其幸者也。比干之所以剖心，箕子之所以为奴，伯宗之以死，郤宛之以亡。

王符这里控诉贤人遭难的现实，前文写邓通欲彰太子之孝行而遭难，以此来反衬真正的贤者在当世难以立身。一直到本段的"循行论议之士，得不遇于嫉妒之名，免于刑戮之咎者，盖其幸者也"一句，仍然是在控诉。但是其后却以比干、箕子、伯宗、郤宛受难的事例以简短的句式列出，然后不置一词。这也是一种顿笔。王符只是罗列于此，其深层的含义是重在批判，也表现一种无奈，但是情感上却冷峻许多。这正是其文章抑扬顿挫的一面。仲长统则不是这样，他也和王符一样，喜用排比等句式来加强自己文章的气势，但是却不去对这种强烈情感的宣泄加以节制，他的文章正是以气势取胜。我们看其《法诫》篇曰：

> 或曰：政在一人，权甚重也。曰：人实难得，何重之嫌？昔者霍禹、窦宪、邓骘、梁冀之徒，籍外戚之权，管国家之柄；及其伏诛，以一言之诏，诘朝而决，何重之畏乎？今夫国家漏神明于媟近，输权重于妇党，算十世而为之者八九焉。不此之罪而彼之疑，何其诡邪！①

这段文字之前，仲长统阐释了自己主张"政在一人"以总权独断的观点，所以此处设论来进一步对此观点进行阐释。"人实难得"一句是反问，语气上较为强烈，

---

① （汉）仲长统著、孙启治校注：《昌言校注》，北京：中华书局，2012年，第319页。

其后一句又是反问，且具体的描写用俳句写出，更显得气势十足，再其后"今夫"一句强调现实政治严重昏暗的状况，最后一句又用叹句结尾，明确表达自己的愤慨。这样，整个句段的语言气势夺人，且一直没有表现出舒缓的倾向。其整个文章最感染人的地方恰恰是这样的一种逼人之气。读之让人感到痛快、淋漓。可能也正是在这个意义上，刘熙载评价仲长统的文章风格"略近贾长沙"[①]。

总之，我们发现，在对社会黑暗现实表达自己的不满情绪时，王符和仲长统表现出的文章气势是不同的。仲长统文章中常常用简短的感叹句明确表达自己的情感。同时在具体的论述中经常借助长的排比句段或反问、感叹句段来抒发感慨，气势上强烈奔放，很少对其进行有意的克制。

四、语言句式骈俪化程度不同

王符和仲长统身处东汉社会中晚期，就其时整个的文学发展大势来看，正表现出越来越明显的文赋合流的迹象。文章的写作越来越受到了赋体尚对偶、重铺排等文风的影响。这一点，我们在王符的文章中就颇能看到端倪。但是这种铺排和对偶在仲长统的文章中有明显的加强。两人皆在文章中有对权贵奢靡生活的批判，我们且以此为例来进行比较。如王符《浮侈》篇曰：

> 山林不能给野火，江海不能灌漏卮。孝文皇帝躬衣弋绨，足履革舄，以韦带剑，集上书囊以为殿帷，盛夏苦暑，欲起一台，计直百万，以为奢费而不作也。今京师贵戚，衣服、饮食、车舆、文饰、庐舍，皆过王制，僭上甚矣。从奴仆妾，皆服葛子升越，筒中女布，细致绮縠，冰纨锦绣。犀象珠玉，虎魄玟瑰，石山隐饰，金银错镂，獐麂履舄，文组彩褋，骄奢僭主，转相夸诧，箕子所唏，今在仆妾。富贵嫁娶，车軿各十，骑奴侍僮，夹毂节引。富者竞欲相过，贫者耻不逮及。是故一飨之所费，破终身之本业。

这里王符的论述第一句是一组对句，但是其后叙述"孝文皇帝"的例证就使用散句。后"今京师贵戚"一句也是散句。"从奴仆妾"一句到"夹毂节引"共使用了十九个四言短句来进行铺排描写。这显然是受到了汉赋善于铺排的写作手法的影

响。在这十九个短句中，诸如"细致绮縠，冰纨锦绣。犀象珠玉，虎魄玑瑁，石山隐饰，金银错镂"的描写应该算是严格的对偶。而像"骄奢僭主，转相夸诧，箕子所晞，今在仆妾"等句子就很明显是凑足音节，使得文句的表面形式上为四言句，表现出一种句式上的规整，但是在文义上却不能算作是对偶，仅是凑足音节而已。所以，王符的文章句法表现出的是一种语言骈俪化的倾向，骈散结合是其特点。相较而言，仲长统的《理乱》篇曰：

> 豪人之室，连栋数百，膏田满野，奴婢千群，徒附万计。船车贾贩，周于四方；废居积贮，满于都城。琦赂宝货，巨室不能容；马牛羊豕，山谷不能受。妖童美妾，填乎绮室；倡讴伎乐，列乎深堂。宾客待见而不敢去，车骑交错而不敢进。三牲之肉，臭而不可食；清醇之酎，败而不可饮。睇盼则人从其目之所视，喜怒则人随其心之所虑。此皆公侯之广乐，君长之厚实也。苟能运智诈者，则得之焉；苟能得之者，人不以为罪焉。源发而横流，路开而四通矣。①

本段文字的首句"豪人之家"一句由五个四言短句构成，文义上尚不能算是规整的对偶句。但是其后的句子就表现出明显的骈俪化风格，其中除"此皆公侯之广乐，君长之厚实也"（按：本句实际上也是以个别词引导下的对偶句）一句是散句外，其他皆是严整的对偶句。和王符的文章句法相比，仲长统的文章骈俪化的倾向是明显加强的。如果说王符的文章写作中骈俪句法还仅仅是一种无意识的倾向话，仲长统文章表现出来的骈化就已经是一种自觉的追求。

五、王符与仲长统文风不同的原因探析

王符和仲长统同是东汉政论文的代表作家，对现实的政治皆表现出一种关注和干预。但是在论政的文风上表现出以上不同的特点。总体而言，王符的文章虽然偶有激越之词，但总体上含蓄、蕴藉，表现出一种醇厚的汉文本色。而仲长统的文章则表现出一种直白大胆的情感抒发，不仅表现为言论上的直言无忌、而且对自己的感情不加克制，尽情宣泄。同时，在对语言骈俪化的追求上，仲长统较王符也有明

---

① （汉）仲长统著、孙启治校注：《昌言校注》，北京：中华书局，2012年，第264页。

显加强。造成这种不同的文章特色的原因是多方面的，具体来说，有以下几点。

（一）与本人的性格经历有关

虽然王符本人的个性气质"耿介不同于俗"，但是从其整个的人生经历来看，他是封建人才选拔体制下的牺牲品。由于当时社会"以位命贤"，饱读诗书的王符最终只能"志意蕴愤"，布衣终身。加之王符少年时期因庶出，而"为乡人所贱"①的经历，导致其个性气质上带有些许的自卑。所以，王符的性格相对内敛。而仲长统则不然。据本传载：

> 统性俶傥，敢直言，不矜小节，默语无常，时人或谓之狂生。每州郡命召，辄称疾不就。②

仲长统的为人表现出的是一种高傲和自信。他本人的性格就是"俶傥，敢直言，不矜小节"，这种张扬的性格，导致了时人以"狂生"视之。同时，他的仕途不可谓不顺利，常常是"称疾不就"。且在其仕劝谏高干不成而去后，更是"并、冀之士皆以是异统"③。与王符相比较，仲长统人生之顺利，名望之高显都助长了其发言立论皆能直抒胸臆，并不去刻意控制自己的感情。其在文章中表现出的雄壮论辩的气势，是其个性气质的集中反映。

（二）与不同的时代背景下，"士"之地位升降有关

王符所处的东汉社会中期，王朝政权虽然已经岌岌可危，但是"士"对封建王权的依附性还很强。王符要出仕，实现自己的人生理想，只能通过与王权合作的方式。在这样的情况下，王符的心态仍然是希望改良现有的行政模式，从而实现社会的治政。

到了仲长统生活的东汉末年，"士"之地位已经发生了很大的改变。东汉晚期的两次党锢之祸，使得"东汉至士大夫亦遂得在其迭与外戚宦官之冲突过程中逐渐发展群体之自觉"④。随着士林中"清议"风气兴起，士大夫逐渐表现出一种以道自高的态势，如当时士阶层的代表人物李膺就表现出一种"高自标持"的自傲，且受

---

① （南朝·宋）范晔：《后汉书》，北京：中华书局，1965年，第1630页。
② （南朝·宋）范晔：《后汉书》，北京：中华书局，1965年，第1644页。
③ （南朝·宋）范晔：《后汉书》，北京：中华书局，1965年，第1644页。
④ 余英时：《士与中国文化》，上海：上海人民出版社，2003年，第252页。

到士人的追捧。据《世说新语》卷一《德行》篇载：

> 李元礼风格秀整，高自标持，欲以天下名教是非为己任。后进之士，
> 有升其堂者，皆以为登龙门。①

可见，士人已经重新把卫"道"作为自己立身处世的最高标的，并且已经形成一种普遍的士风。这一道势关系的转变，使得士人多能保持独立的人格。也正是在这样的大背景之下，仲长统也才能表现得如此的独立和自由。

同时，从当时的社会政治情势来看，东汉王朝政治统治已经基本崩溃，地方军阀割据。中平六年（189），仲长统九岁时，灵帝去世，宫廷里外戚和宦官互相残杀，争权夺利。其后就是董卓入京，汉献帝即位。其时，东汉王朝已经名存实亡。整个王朝陷入了不断的地方军阀兼并战争之中。其后到建安元年（196），曹操迎献帝于许昌，"挟天子以令诸侯"。一直到建安十三年（208），仲长统二十八岁之时，赤壁之战中曹军大败，天下形成了魏、蜀、吴三足鼎立之势。可以说，这一时期的知识分子又恢复到了"士无定主"的时期。士人这种人身依附关系的解放，也导致了其皆能保持独立的个性品质。这一点，我们从仲长统的本传就可以有清楚的了解：

> 年二十余，游学青、徐、并、冀之间，与交友者多异之。并州刺史高
> 干，袁绍甥也。素贵有名，招致四方游士，士多归附。统过干，干善待遇，
> 访以当时之事。统谓干曰："君有雄志而无雄才，好士而不能择人，所以
> 为君深戒也。"干雅自多，不纳其言，统遂去之。②

从这段文字可以看出，仲长统作为士人对政治的依附关系已经明显有所减弱，人格上相对独立了很多，在根本精神上表现出对先秦士风的一种承继。③

总之，正是这种士人与政治之关系地位的转变，使得他们摆脱了对封建君主权利的依附关系，现出一种相对来说独立的个性品质。所以，在论述政治时，仲长统才能表现出直言无忌、激切纵横的风格。而这种风格的形成，正是以王符这样的政论家突破经学散文风格、偶尔直斥君过的言辞为其先声的。

---

① 余嘉锡：《世说新语笺疏》：北京：中华书局，1983 年，第 6 页。
② （南朝·宋）范晔：《后汉书》，北京：中华书局，1965 年，第 1644 页。
③ 余英时：《士与中国文化》，上海：上海人民出版社，2003 年，第 257 页。

（三）士人地位的提高，首先得益于人的价值的发现

而这种人的价值的被发现，又是以思想界复归先秦民本主义和人文主义思想的努力为前导的。王符虽然高倡民本主义和人文主义，但是由于其本身宗经观念很强，所以其论政的主体表现为依经立意，将儒家经典作为自己的主要论据。而仲长统生活的汉代末年，各种思想激荡。儒家在思想界的统治地位已经完全丧失，以之作为基础的社会价值体系也已经完全崩溃。这种情况，早在桓帝时期就已经初现端倪。据《后汉书·孝桓帝纪》：

> 前史称桓帝好音乐，善琴笙。饰芳林而考濯龙之宫，设华盖以祠浮图、老子，斯将所谓"听于神"乎！及诛梁冀，奋威怒，天下犹企其休息。而五邪嗣虐，流衍四方。自非忠贤力争，屡折奸锋，虽愿依斟流彘，亦不可得已。①

就连当朝的君主都开始崇奉"浮屠、老子"，可见儒家思想在世人心目中的崇高地位已经全完丧失。在这种情况下，道家思想开始被很多士人接受，并成为自己立身安命的生存哲学。仲长统本人的人生态度就明显受到了道家思想的影响。本传载：

> 常以为凡游帝王者，欲以立身扬名耳，而名不常存，人生易灭，优游偃仰，可以自娱。欲卜居清旷，以乐其志。②

这种"名不常存，人生易灭，优游偃仰，可以自娱"的思想，已经是士人发现自我，珍惜自我的一种表现。他们不再以儒家思想作为自己行动的指南，从而将"我"从集体意识中解脱出来，进而致力于个体之"我"的价值实现。正是这样的一种"人的自觉"的意识下，催化出了"文的自觉"。所以，这样一种深层思想意识的转变，一是促成了个性的张扬，二是促成了文人对文学审美形式的自觉追求。前者导致了仲长统文章凸显个性，气势十足而少有顾及；后者促进了其对规整而富有音乐美感的骈俪化句式的自觉追求。

总之，我们发现，王符和仲长统皆是东汉批判弊政且以此闻名于世的作家，但

---

① （南朝·宋）范晔：《后汉书》，北京：中华书局，1965年，第1213页。

② （南朝·宋）范晔：《后汉书》，北京：中华书局，1965年，第1644页。

由于其所处时代政治情势、思想意识及个人气质经历等种种原因，二人在文章风格上表现出很多的不同特点。又因为两人属于前后相继的时间断限，我们对这种不同点的比较，可以窥探东汉中晚期政论文章风格流变之轨迹。由此再反观王符就会发现，王符本人在思想上有其改革派创新的一面，也有崇信儒家经典，保守的一面。但正是这种两者兼有的风格，让他成为东汉中晚期文风转变的重要一环。王符对汉代经学文章风格的突破，正是其后如仲长统等人文风转变的先声。

结　语

王符作为东汉中后期的失意士人，沉寂草野却关心时政，"志意蕴愤"而著《潜夫论》，表达了自己对东汉弊政改善的渴望和主张。《潜夫论》作为中国文学史上一部重要的政论专著。从总体风格上看，其文章表现出一种深"潜"的含蓄之美。王符既受到了汉代儒家传统意识的影响，文风上难以摆脱经学束缚，但同时又吸取了民间艺术营养，表现了文人个性意识的觉醒。他的这些政论文既秉承了汉文醇厚、含蓄的本色，同时又表现出一种积极的突破意识。在中国文学发展史上，王符《潜夫论》表现出一个恪守传统的下层知识分子努力发现自身价值的矛盾挣扎的灵魂。他既没有稍早之前的王充那样偏激，也没有其后的仲长统那样大胆，但是在文章的技法上却表现出很强的艺术追求，对后世的文学走向自觉，具有积极的启发意义，是东汉文章史上具有承上启下作用的重要一环。

本书虽然细致梳理了《潜夫论》的相关文献，论析了其文风及文法，同时也涉及其思想的阐释。但《潜夫论》的文献、思想及文风仍有许多问题有待进一步深入的考辨和阐发。本书与其说是对《潜夫论》的综论，还不如说是研究《潜夫论》的开端。

附录：历代《潜夫论》序跋

1、唐　韩愈《后汉三贤赞三首》之一：

王符节信，安定临泾。好学有志，为乡人所轻。愤世着论，潜夫是名。述赦之篇，以赦为贼良民之甚，其旨甚明。皇甫度辽，闻至乃惊，衣不及带，屣履出迎。岂若雁门，问雁呼卿？不仕终家，吁嗟先生！ [①]

2、明　胡维新《刻两京遗编序》节录：

仲长统、王符、徐干，愤世疾邪士也，慷慨沈毅，有味乎其言之矣！ [②]

3、明　归有光辑、文震孟参订《诸子汇函》卷二十二《回中子》题注：

姓王名符，号潜夫，和帝时世务游宦，而符耿介不同于俗，隐回中山，著书讥时得失。 [③]

4、清　冯舒《潜夫论》影钞本跋：

戊子六月得沈舆文所藏宋版翻刻本。因命工影钞此书。谬误颇多。无从改定，借笔点定一次，殊失句读，后之读者勿哂。

---

①　屈守元主编：《韩愈全集校注》，成都：四川大学出版社，1996年，第2736页。

②　胡维新：《刻两京遗编序》，上海：上海商务印书馆，1937年。

③　（明）归有光辑：《诸子汇函》，明天启五年刻本，现藏国家图书馆。

七月初三日，默庵老人书。①

5、清 王谟《潜夫论》跋：

右王符《潜夫论》十卷。

王符，字节信，安定临泾人。《后汉书》以王元（敏按，当为王充）、王符、仲长统三人合传而论之曰："百家之言政者尚矣。数子之言当世得失究矣，然多谬通方之训，好申一隅之说。贵清静者，以席上为腐议；束名实者，以柱下为诞辞。或推前王之风，可行于当年；有引救敝之规，宜流于长世。稽之笃论，将为敝矣。"因取符书《贵忠》、《浮伪》（敏按，当作《浮侈》）、《真实》（敏按，当作《实贡》）、《爱日》、《述赦》等五篇，以为足以观见当时风政，颇润益其文。符以在安、和之世，耿介不同于俗，遂不得进，隐居著书三十六篇，以讥当世得失，不欲彰显其名，故号曰《潜夫论》。

今考全书，篇目具在，亦不专论时政。如《卜列》、《正列》、《相列》、《梦列》诸篇，亦如《论衡》之有《书虚》、《变虚》、《龙虚》、《雷虚》等篇；其《五德志》、《志氏族》（敏按，当作《志氏姓》），又如《大戴礼记》之有《五帝德》、《帝系姓》；洵通儒博雅之书也。

本传虽不言符治何经，但考其所引《诗》，如"听我嚣嚣"，"维叶握握"，"用戒作则"，"王荐之事，于邑于序，南国为式"；以《行苇》为公刘仁德广被，仲山甫"城彼东方"为"山甫文德致升平而王封以乐土"，《桧风·羔裘》为闵其痛悼，《匪风》为冀君先教；又云"忽养贤而《鹿鸣》思，背宗族而《采蘩》怨"，多与《毛诗》文义有异，而于三家《诗》中与《韩诗》为近，然则符亦治《韩诗》者也。

汝上王谟识。②

6、清 黄丕烈《潜夫论》明刻本跋：

《潜夫论》以此本为最古，明人藏弆（ju 保藏）率用此。余旧藏本为

---

① （汉）王符著：《潜夫论》，明刻本，刊刻年代不详，现藏国家图书馆。
② （清）王谟：《增订汉魏丛书序》，清乾隆五十六年刻本。

沈与文、吴岫所藏。冯己苍所藏，即从此出。中有缺叶，出冯抄之后所补，故取冯抄校之，已多歧异。顷从坊间购此，首尾完好，适五柳主人应他人之求，遂留此辍彼。丙寅夏荛圃识。道光甲申四月，命长孙美鋆手校一过，不仅如在轩大令所摘录之佳字也。余家向藏一本，已易出。今又去刻留校，鄙人心事可知。幸我好友如月霄二兄，视明刻如宋本，物得其所，于心稍安焉。①

7、清　费士玑跋：

予读《潜夫论》数周，所读系程荣刻本，中间讹谬不少，辄以意签于上方，惜无善本可证。今假荛翁所藏此本校之，得十之二三："稷契"作"稷禼"，"禼"即"契"字也，程本误作"稷禹"；"砥□"者，"砥矢"也，"□"古"矢"字，即诗"周道如砥，其直如矢"，程刻改作"砥砺"。又按此本并无缺叶，板心八十九者，即八十七也，系误刻；其九十页虽缺，仍不缺，文理皆贯，特误空一叶叶数耳。

道光二年十二月十二口震泽费士玑记。②

8、清　汪继培《潜夫论笺》序：

王符潜夫论行于今者，有明程荣本、何镗本。何本出于程，不为异同。别有旧本，与《白虎通德论》、《风俗通义》合刻。《风俗通义》卷首题云"大德新刊"，三书出于同时，盖元刻也。

元刻文字视程本为胜，《边议》、《巫列》、《相列》、《梦列》、《释难》诸篇，简编脱乱，不如程本，其《务本》、《遏利》、《慎微》、《交际》、《明忠》、《本训》、《德化》、《志氏姓》诸篇，各本脱乱并同。以意属读，得其端绪，因复是正文字，疏通事辞，依采经书，为之笺注。

谨案王氏精习经术，而达于当世之务。其言用人行政诸大端，皆按切时势，令今可行，不为卓绝诡激之论。其学折中孔子，而复涉猎于申、商

---

①　（清）黄丕烈：《士礼居藏书题跋记》，《续修四库全书》史部第 923 册，上海古籍出版社，2002 年，第 736—737 页。

②　（汉）王符著：《潜夫论》，明刻本，刊刻年代不详，现藏国家图书馆。

刑名，韩子杂说，未为醇儒。然符以边隅一缝掖，闵俗陵替，发愤增叹，未能涉大庭与论议，以感动人主，又不得典司治民，以效其能，独蓄大道，托之空言，斯贾生所为太息，次公以之略观者已。

是本以元刻为据，其以别本及他书所引改补者，曰"旧作某，据某本某书改"，"旧脱某，据某本某书补"。其以己意改补者，止曰"旧作某"，"旧脱某"。采获众说，各称名以别之。

嘉庆十有九年岁在甲戌三月汪继培序。[①]

9、清 王绍兰《潜夫论笺》序：

《潜夫论》三十五篇，行世本讹夺错简，棼如散丝。范史所载仅五篇，又经蔚宗删改。《元和姓纂》、《太平御览》、《路史》诸书每有征引，淆别滋多。唐、宋以来，久无善本，求是去非，盖其难也。

昔者吾友汪主事因可，绩学超奇，通心而敏，会萃旧刻，网罗佚闻，宏邑雅言，审定文读，草创于嘉庆己巳、庚午间。时绍兰读礼家居，晨夕化我，耳剽绪言颇详。辛未服阕，握手河梁，方谆谆以盐铁论讬其校勘，答言绣就是书，续行属草，郑重而别，江关闲阔，忽忽者七八年。绍兰奉职无状，罢官归，而因可墓有宿草。键户省愆，故人长往，庭莴门雀，不复闻空谷足音矣。

一日，陈子东为告以因可书久成，已为代谋剞劂，因视之书而属之叙。受而读之，窃悲因可丰于学，啬于年，又喜其能以书自延其年；东为爱因可，莫能助其年，而能行其书以延其年，诚可贵也。

它日遍读之，叹其解谬达恉，传信阙疑，博访通人，致精极覈，且能规节信之过而理董之，自称曰笺，宗郑申毛之义，意在斯乎！

惟采及刍言，是谓狐裘羔□。即如《断讼》篇"诛率"，公羊隐五年："卫师入盛"，传："君将不言率师，书其重者也。"何休注云："分别之者，责元率。"当时未举以相告。又如《志氏姓》篇"□"疑是"裴"，尚有《风俗通》"裴氏，伯益之后"，见《后汉书·桓帝纪》注，亦未引证，

---

① （清）汪继培：《潜夫论笺序》，上海：上海古籍出版社，1978年，第1页。

则绍兰之疏略可知。

今索居多暇，温寻旧文，又得如干条，要皆謰说谲言，无裨百一，九原不作，质正莫由。

绍兰窃自惟质钝学荒，罕问扬雄奇字之亭，莫窥蔡邕异书之帐，又无西州漆简之授，徒讽南阁篆文之遗，深慕礼堂写定之勤，殊愧任城墨守之陋，是以瑟缩经年，不能下笔。东为敦迫不已，重其嗜古籍，竺故交，迺略书原委，附录鄙说于后，勉副盛心焉。

嘉庆己卯秋七月王绍兰序

《浮侈》篇："于弹外不可以御寇，内不足以禁鼠。""于"当为"其"，《太平御览·兵部》引作"其弹外不可御盗，内不足禁齅鼠"。

"校饰车马，多畜奴婢。"《盐铁论·散不足》篇："今富者连车列骑，骖贰辎軿。中者微舆短毂，烦尾掌蹄。夫一马伏枥，当中家六口之食，亡丁男一人之事。"又云："今庶人富者，银黄华瑂，结绶韬杠。中者错镶涂采，玗靳飞軨。"又云："今县官多畜奴婢，坐禀衣食，私作产业为奸利。百姓无斗筲之储，官奴累百金；黎民昏晨不释事，奴婢垂拱敖游也。"此车马奴婢浮侈之证。[①]

10、清　李方泰　乾隆甲戌镇原重刻《潜夫论》序：

余自童岁受读昌黎文集，即识后汉三贤名，追读范史，始得详其里居世次，及其著述文章，而潜夫先生者，又吾邻邑临泾人，其景慕尤甚焉。

临泾在今镇原县，县治之北百数十步，有潜夫山，山上有亭曰思潜亭，山后有墓曰潜夫墓。余以躬养之暇，盖尝至其地，登其亭，访其事，悠然想见其为人，未尝不流连志之。

夫先生一布衣耳，而又丁汉室之衰，非有丰功伟烈，足以耀当时而垂后世也。而度辽一迎，荣流当代；昌黎一赞，名炳儒林，夫岂无所修为，而令人爱慕一至此欤？

甲戌夏，原人将刻其全论若干篇，祈序于余。余职列词馆，凡有关国

---

① 　（汉）王符：《潜夫论》，《四部丛刊》本，上海涵芬楼，1919 年。

家政治之大，人物风俗之美者，分宜修明而表章之，矧以斯论之镌，一事而三善备焉，敢以谢陋，而自诿不能欤？

我皇上崇儒重道，微显阐幽，使千百年久晦遗书，灿然复明于世，则文治之洽也。宰是邑者，能以劝农课士之暇，首举其乡之先达者以为多士法，则邑令之明也。邑士人能不吝其所有，急所先务，使先贤著作不至消蚀殆尽，则儒风之盛也。嗟呼！睹斯刻者，其必不以余三善之言为少谬矣。又宁至望古遥集，疑范史五篇为未备，昌黎一赞为虚文也哉！

乾隆甲戌赐进士出身翰林院庶吉士北地李方泰序。[①]

11、清 鲁泰元 重刻《潜夫论》序：

《易》曰："潜之为言也，隐而未见，行而未成，是以君子弗用也。"然观乐行忧危，则知龙德而隐，必其器识百倍于流俗，虽终其身不求闻达，而本立德以立言，自可与立功者并垂于不朽。

潜夫王先生，安定临泾人也。其本传载于后汉书，其论三十余篇，仅传其五，而其全编则见汉魏丛书。余向读其论，见其剀切详明，无所不备，未尝不掩卷太息，而想见夫潜之所以为潜也。

壬申冬，余筮仕镇原，阅邑乘，知镇原即古之临泾，署之北为潜夫山，山之原有潜夫墓，余以时陟其山，拜其墓，见其祠宇就倾，略为补葺。窃以先生之学，其在汉也，讵不足以博富贵？乃避世无闷，遗佚长终，古人所以深叹于寂寞也。

岁甲戌，诸生出其全编，谋授梓人，余阅之，知其为丛书本也。其中阴陶、帝虎，所在过多，余孤陋寡闻，与文学刘君孟祥，各以所知，订其一二，其余一仍旧编，付之剞劂，凡三阅月而工竣。诸生快读其书，其亦有闻风兴起，好学立志者乎！

祝其鲁堂周泰元。[②]

---

① 袁耀廷据《汉魏丛书》本铅刻，1937年，现藏国家图书馆。
② 袁耀廷据《汉魏丛书》本铅刻，1937年，现藏国家图书馆。

12、清　谢言作刻《潜夫论》序：

余向读《后汉书》，获见王潜夫先生本传，称其隐居著书，耿介不同于俗。心窃慕之，及考其道里，则为安定临泾人，不知今隶属何郡邑也。暨庚午腊月蒞镇原，镇原人为予言署北山有潜夫庙，有思潜亭，邑北二里余有潜夫墓。究其所以，则知镇原于古为州，属安定郡，而所辖有临泾、彭阳、三川、东山等县。明初并四属为一县，而临泾旧址去今县治仅百式，则先生为镇原人无疑矣。第传称其作论三十余篇，而仅著其五，今邑乘所梓亦止八篇，则又叹相距千余年，子孙之寥落、迁徙，不可复徵，而历经兵灾逃荒之后，故家大族亦鲜藏书，遂令今先贤著作，等诸荣飘音过而不可复觅，未尝不感慨移时。一日，诸生张君镇、方君恒持一帙示余曰："此潜夫全篇也，为论凡三十六篇，于书肆偶得之，遂鬻以归，将谋诸剞劂氏以广其传，幸公走笔序之。"予不禁慨然，叹曰："有是哉，诸君之善于搜罗遗书，表彰文献，可以称王氏功臣矣。抑先生之灵爽凭是书以不没者，冥冥之中，亦或阴相之耶？昔震川谓文章，天地元气得之者，其气直与天地同流，夫既与天地同流，则固宜其存。入水不濡，入火不热者。然而昔何以晦，今何以显；昔何以购之甚难，今何以得之甚易，此其中谅非天故？况是书为南方刻本，刻书者必类及诸子百家，不止先生一集，而流传既久，卷帙分散，是书遂落书贾之手，则已等诸残编断简，而不甚珍惜之物矣。脱不幸而供覆瓿糊壁之用，固无可如何。即幸而售诸他郡邑人士，亦不过翻阅一二次，庋诸高阁，仍以饱蠹鱼乎！而今镇原之书遇镇原之人，爱同珙璧，重若球图，则藉以发潜德之幽光，为寿世之梨枣，岂不快哉！至其书议论纯正，词旨奥衍，上下古今道德经术无一不该，为学者诚能如其言，则不失为圣贤之徒；为国者诚能如其言，则可以奏治平之绩。非若木华左思之赋，第奢多斗靡，自矜淹博，无禅实用者，比则是书之是传，不俟赘言矣。予尝于客岁清明日，偕邑司铎绅士辈扫先生墓，忆皇甫规屣履之迎，颂韩昌黎三贤之赞，穆然有山高水长之思。今是书当刻竣之日，诸生当醉酒墓下，告先生之灵而快读之，予先为其原委如此。"

赐进士出身文林郎知镇原县事浙东涛山谢言祚悦如撰（乾隆十七年岁

次壬申秋七月望日）。①

13、清　路于兖刻《潜夫论》序：

　　忆余成童时，于故集中读潜夫《忠贵》篇，先君子示余曰："此吾邑王潜夫先生之文，先生讳符字节信，安定临泾人也。少好学，有志操，与马融、窦章、张衡、崔瑗等友善。安定俗鄙庶孽，而符无外家，为乡人所贱。自和、安之后，世务游宦，当涂者更相荐引，而符独耿介不同于俗，以此遂不得升进。志意蕴愤，乃隐居著书三十余篇，而山遂以名。盖地以人传也，惜仅见一斑而未窥全豹，吾为之抱憾者久矣，汝异日倘获科名，观光上国，当搜其全集而广之。"余唯唯受命。后计偕南宫，极意搜罗而卒不可得，每忆先训，介然弗释于怀。岁癸酉，欲致化归，门人张子镇诣余曰："先生志欲传潜夫文矣。镇等于残编中无意获其全集，今将谋诸梓人，广为流播，乞为之序。"余不禁跃然，喜曰："是集也，迟之数十年而始获其果，我辈之有心善觅乎？抑先生之灵爽有以嘉惠我后人也？"但其间鱼鲁过多，每至不可句读，赖邑侯周公暨广川刘先生共相参订，悉心校对，虽不能全正其讹，而已去其强半，披诵之下，更觉豁然，至其文之悲天悯人、忠君爱国、修齐治平之理，无不备耶！正贪廉、祸福、利言之辨，无不明则。固天下所共奉为龟鉴者，不俟余之多赘也。聊识篇端，幸成先君子之志。

　　同里后学路于兖序。②

14、清　张士育刻《潜夫论》序：

　　潜夫王先生原州临泾人，为汉高士，其清风亮节，足以廉顽立懦，而其志意精神之所注，俱具于所著《潜夫论》中。炳炳烺烺，照耀人寰，是为天下后世人人心中之潜夫。如《诗》所云："高山仰止，景行行止"也者。原州人固不得私也。则邑人士于《潜夫论》而刻之也，事不可已乎？乃原州僻处西壤，文献多缺，吉光片羽，仅得志乘者五六篇耳，遂使天下反私其所有而傲原州之士。呜呼！陋矣！夫以原州士，且不能读原州书，而穷

---

①　袁耀廷据《汉魏丛书》本铅刻，1937年，现藏国家图书馆。
②　袁耀廷据《汉魏丛书》本铅刻，1937年，现藏国家图书馆。

乡僻谷衡泌伊人，又恶得窥其全豹耶？可慨也夫，然先生之光如月印水，远既浮光于江汉，近岂遗照于溪潭者，假手于张君定侯、方君月。如两人也者，岁试于郡，见甄残编于市者，有先生之全文在焉，读而喜，予其值，携以归，而与邑人士谋刻之也。而先生不私其有而又若独私原州人士者，先生之灵实有所启之也。原州士既得读先生书，而于先生藏骨之墓、读书之台，春秋展拜而瞻依焉。徘徊于松杉烟月之下，必有悦然得先生于语言文字之外者，先生其果私于原州乎？读先生书而有刊刻之，而又传布之，裨穷乡僻谷以及海内之穷乡僻谷读书之士皆得读先生之书。而"高山仰止"之思，不独为一邑一郡之私。此则原州人士之心，而张方二君之初志也。虽然，先生生当炎运将衰之侯，欲挽颓风而力不能支，遂发为斯论。如暮鼓晨钟，醒人聋聩而惜其人之终不悟也。故其言愤矣。予愿读先生书者，原其人，悲其志，而后服习其文章之节奏、声律，发其和平之响，以鼓吹圣明而为大雅之音焉。则先生嘉惠我原州者不已多乎？予，原州士也，愧读先生书，然后乐。予原州士为先生之所私，而能不私其所有也，故于是役也。为序其端委如此。

赐进士出身候选知县同里后学张士育莲湖氏题于潜山之宝善堂（乾隆十九年岁次甲戌清和月吉旦）。[①]

15、清　方承兖刻《潜夫论》序：

予，一乡一士也，乡人恒重其乡。凡于吾乡风景名胜无不游，既游矣，又无不作竟日之赏，留连而不忍去。山水亦悉以荡吾志者。然于莲池之清，既可以枕其流而洗吾耳矣。而环吾邑皆山也。其耸者、峙者、突者、伏者、窈然而深秀者，日罗列于几席之前。如与端人介士遇难，相对无言，亦足以励吾拔俗之操，而成知己。予家千山之下，潜山者，以潜夫先生而名也。夫山何以以先生名？盖先生当汉季，愤汉之衰，故潜于此山著书齐志以没。后之人名其山以识其人。呜乎潜矣！尝与儿子辈阅邑乘，又不得尽所谓《潜夫论》三十余篇，而卒业焉。相与扼腕叹息，怏怏如有所失者数十年。丙寅岁，

---

① 袁耀廷据《汉魏丛书》本铅刻，1937年，现藏国家图书馆。

张君定侯与次儿恒应岁试得携其全帙。归即挑灯酌酒夜读之。读竟而思，思已复读。其精理明言，兹勿具论，其文之奇峭与曲折排荡，如华岳之箭括，通天莲峰捧日也，如黄河之水来自昆仑而积石，而龙门九折萦回，而当其激怒奔流，要不可遏其一泻千里之势也。其怡人心目，又不止一山一水之胜矣。夫一山一水之胜犹招同人共激赏，况为天下之巨观而顾私为己有乎？因属定侯君与儿恒谨于邑之缙绅先生，付之剞劂。刻既成，置册于案头，日观览焉。乃不出户庭而于华岳之奇，黄河之雄，应接不暇。而所谓笔者、峙者，虽然，又有伏者，窈然而深秀者，咸拱列罗拜焉。乃以酒酹之曰："今始得山灵真面目矣。顾方老，訏名不出一方。原邑人士案头各置一册，作竟日之游，留连而不忍释，将不止为一乡之士而为天下之士也乎！"复属定侯君与儿恒，次其语，以附缙绅先生弁言之末。

同里后学方承统敬书于潜麓之采根园（乾隆十九年岁在甲戌闰四月望后一日）。[1]

16、清　张镇、方恒刻《潜夫论》跋：

吾乡潜夫先生，后汉懿士也。本传称其着论三十余篇，而邑乘仅载其五，思欲购其全集，而山陬僻壤，家鲜藏书，每兴文献无征之感。丙寅冬，应试平郡，偶得之于市肆残编中。因思秉懿之好，人有同心，镇邑之人，无不欲读先生之书，非重刊何以广同好？但集中字多舛讹，弗克校雠，未敢冒昧从事。今邑侯祝其周父师、广川孟祥刘先生详加参订，多所更正。于是邑之绅士踊跃醵资，远征梓人而剞劂之。始事于甲戌三月，至闰四月而告竣。自是镇邑之人无不获读先生之书矣，快孰大焉！

同里后学张镇、方恒跋。[2]

17、民国二十六年丁丑秋七月慕寿祺重刻《潜夫论》序：

《潜夫论》十卷，先正王节信撰，自赞学务本而讫乎五德，姓氏终之以叙录为篇三十有六，都六万余言，体大思精而言近旨远，允可谓万物毕罗矣。

---

[1]　袁耀廷据《汉魏丛书》本铅刻，1937年，现藏国家图书馆。
[2]　袁耀廷据《汉魏丛书》本铅刻，1937年，现藏国家图书馆。

（某，笔者加）之少也，先府君授此篇而诏之曰：小子识之：是为乡先正之巨著，名以潜夫，有遭时不偶，遵养时晦，寓悲悯于隐逸之中，深得好学守道之训者也。长而研索其义，乃愈识其深造以道，独有千秋矣。汉之季世，威柄下移于阉宦貂珰刑余之徒，挟城孤社鼠之威，手握王章，口含天宪，囚戮正士，朝廊为空，当此之时，汉几亡，赖清流诸贤，同矢忠贞，共伸义愤，正道直言。于钩党禁锢、三木囊头之下，可生可杀而志不可夺，节不可贬。浩然之气塞于天地，小人道长而君子义伸。东汉节义之风洵可与日月争光。然标榜君顾厨及之名，互相引重，由君子之好名，激而成小人之嗜好杀，人之云亡，邦国珍瘁，责备贤者，实不能曲为诸贤讳。以节信之才气，使当时扬于王廷，危言正谊，固足以褫群阉之魂而夺其魄，处乱世而好多言，亦足以触群阉之怒而贾之以祸，其不与李固、杜乔、范滂、李膺、冯琨、刘佑诸正士同陷于权阉网箝之下者，盖已难矣。倘不幸而移于习俗，破觚为圆，又将与马融班固堕落于梁窦之门，为清流所共弃，不更危哉？幸而终老山林，隐沦以终其身，深密固藏，邈焉穷处，目击夫时事之日非也，主听之不聪也，谗匿之蔽明也，邪曲之害公也，方正之不容也，大厦之将倾，非一木之能支也，隐忧窃叹，追原乱本，隐痛当人标榜之习，雅不愿以超然物外之身，投诸尘垢秕糠。自困于羿之彀中，其身常遁，其名常寂，并其学亦藏之名山，不肯自衒于乱世，荒山草屋，矻矻穷年，藉保全其淡定之天求，所谓育物之仁，经邦之体，以明乎上下古今，兴亡得失之故，制作轻重之原。大而体国经野，尊主庇民之道；小而立心制行，明礼达用之学，无不探本穷原，言之有物，示后人共由之坦途。生乎君子道消之时，独能善道以自守，既不以危言危其身，尤能以立言垂不朽。乾之初九曰："潜龙勿用"。孔子系之曰："龙德而隐者也，不易乎世不成乎名。"遁世无闷，不见世而无闷，乐则行之，忧则远之，确乎其不可拔潜龙也。潜夫以之，此潜夫之所以为"潜"而以名其论者也。船山王氏曰："天下之言道者，激俗而故，反之则不见，偶见而乐，持之则不经，凿慧而数，扬之则不祥。三者之弊，为先秦诸子所共受。虽文章之变化，莫妙于南华，而词赋之源流，莫高于屈宋。但外篇、杂篇既多诋呵圣贤之言，九歌、九章率多指斥君国之语，君子弗道也。此篇则平正渊雅，博洽精密，较贾谊之经制而进于醇，无刘向之激愤而祛其讽，至于《释难》

本诸篇，又有似乎杨雄而无《剧秦美新》之嫌。正气劲节，磅礴而作为文章，粹然立醇儒之名。去三蔽而言成一家，卓然为秦汉以来之笃论，不其伟乎！"老子曰："学不学复众人之所过。"庄子曰："以无用为有用，故能全其天年。"潜夫此论，其庶乎！得儒者之大体，兼老庄之妙用，而善处浊世，嚼然泥而不滓者也。生也晚，未获亲承，教郊（看笔记），奉教于乡贤之堂，读其遗书于千载下，藉慰私淑之忱恫，亦云幸矣。盖以先生之名，潜于当世而不能潜于后世者，读赖此编之存，以之信今而传后邑人。袁君耀廷以原版零落，恐遂湮没，重印若干部，公诸同好，俾后之读者有所观感而兴起焉。保存文献或可以告无咎于先正。重印告成，述其原委于端，非敢僭以为序。抑以寓高山仰止之意焉耳。先民是式，而父书勉读，回首趋庭之训，为之悠然神往矣。[1]

18、马步青重刻《潜夫论》跋：

圣人之道不过乎经，经制降者，不过乎史，史志降者，不过乎子，子书善言情，经书善言理。途径不同，其有功社会一也。自汉以来，陇东以子称者，东汉临泾（今甘肃镇原）王潜夫，自称回中子（这显然是马的一种误解），东晋时泥阳（在今宁县境）傅玄著博子一书，明正德时庆阳李梦阳（前七子之首）世称空同子，三人之中，以潜夫为最著。

王符，字节信，安定临泾人也。少好学，有志操，与马融、窦章、张衡、崔瑗等友善。安定俗鄙庶孽，而符无外家，为乡人所贱。自和、安之后，世务游宦，当涂者更相荐引，而符独耿介不同于俗，以此遂不得升进。志意蕴愤，乃隐居著书三十余篇，以讥当时失得，不欲章显其名，故号曰潜夫论。其指讦时短，讨摘物情，足以观见当时风政，符竟不仕终于家。而《潜夫论》盛行于世，宜皇甫规之倒屣以迎。韩昌黎之有三贤赞也。后汉之儒学界以儒教为根底，而儒教之思想界则以经学为生活。彼其功，虽能使圣经光被千载，而于觉醒思想界之大发明，革新文学界之大著作，盖寥寥也。时有王充（字仲任）者好博览而不守章句，以为俗儒守文多失其真，乃著《论

---

[1] 袁耀廷据《汉魏丛书》本铅刻，1937年，现藏国家图书馆。

衡》八十五篇二十余万言，虽议论时有诡激，而思想为之一新，故蔡邕秘不示人，葛洪赞不容口。

又有仲长统（字公理）者，少博涉书记，赡于文辞，后参曹操军事，每论说古今，及时俗行事。恒发愤叹息，因著论曰《昌言》，凡三十四篇，十余万言。友人东海缪袭常称统"才章足继西京董贾刘扬"，其书今亡佚。唯本传中存数篇耳。比于扬董，究有不及。然其文章雄直之气，则欲上追西京。

东汉经学特盛，诸子之流派已颓，如郑玄之徒，视为小道。恐泥致远。（见郑论语注）。学者要不过涉猎而止，故其论证，阙统系而少条理，言学务烦称而鲜独到，能卓然自命一家者，则未尝有焉。然去浮崇实之指，以张易弛之教，犹能斟酌损益。若王充、王符、仲长统辈，其盱衡当代，辨俗匡时，诸子之流亚也。此三子者，欲以空言维持晚运，而时事已不可为矣。

余尝比而论之，充居吴中，文盛区，长统折腰以事权贵，皆有所凭借。潜夫穷处山谷间，而有国家观念。其所论著，足以观见当时风政。河间纪晓岚先生曰：。今观其文往往苍劲有奇气，过论衡远矣。

是书也，清乾隆时镇原学界所刊。同治兵灾后，版已毁矣。慕少堂先生藏有旧本，盖发蒙时，其尊甫霁堂广文授以是书，已五十余年矣。而完好如故。陇东袁献之服务军界，有志文献，恐其久而失传也，印数百部，以饷同人而表彰前辈，亦今之有心人哉。

噫！国家将亡，贤人在野，自和安以来，得如潜夫者数辈，则时事犹可为也。顾乃郁郁以布衣终。俾儿曹口臭者，登廊朝而食肉，诚何为哉？然其流风余韵，固尝在乎空同之麓与茹水之滨。读是书也，如与先生晤对一堂，所谓精神不死者，非耶？若夫登潜夫台、谒潜夫墓，请以俟诸他日。[①]

19、袁耀廷重刻《潜夫论》序（民国二十六年重阳节后）：

镇原在空同之阳，水源滢互，土脉深厚，往往有隐君子生其间。汉之皇甫谧，北魏之胡叟，唐之皇甫镈类。皆家计忘贫，国爵屏贵，高蹈远引，藏用晦明，是富贵无可芥其中者。《易》曰：不事王侯，高尚其志，其斯

---

① 袁耀廷据《汉魏丛书》本铅刻，1937年，现藏国家图书馆。

之谓欤？而潜夫之名为最著。潜夫先生者，名符，字节信，临泾人，生于东汉至末，自号回中子，性耿介不同于俗，隐居著书三十六篇，号曰《潜夫论》。与王充《论衡》，桓宽《盐铁论》、桓谭《新论》、徐干《中论》并传于世，同邑度辽将军皇甫规颇尊重之，扶风马融等皆友之。唐贤韩愈为文以赞之。至金大德间，原州守就潜夫读书遗址建亭其上，颜曰：思潜。非但州间壮观，亦使一方之人，因其游观得登斯亭，遥想君子之遗迹，不忘其风化。稍西有一坡，种桃千树。名曰坡云（耀廷）镇原西乡人也，幼叨经显对闻先声。

星桥公谈潜夫先生事甚悉，年十四肄业县高等小学校，课余登潜山高处，览汉临泾县故城，在今县城西二里许。次岁值清明节，随官绅后扫潜夫墓，于城北骏奔执豆笾，令人肃然起敬。潜德之光久而弥耀已，教可张缵侯先生为学生讲《后汉书·潜夫传》，见附载论说五篇，以未窥全豹为憾，最后阅《汉魏丛书》，邑先达慕霄堂广文所捐于学校者也，其中有《潜夫论》借而读之。然后知潜夫之学之识，且其所见者远，不待黄巾之叛，曹魏于篡，而知汉室之必亡矣。汉至桓灵时，王侯盗权，囚奴正士，天下大乱之时也。自古乱极之世，人才乃出，其致位将相，旋乾转坤而奏赫赫之功者，固已泽流一世矣，亦有人焉，解体世纷，结忠区外，如临泾之王潜夫，采桑之陶靖节，其隐居所作之诗文，类多医国鍼时感讽之语。百世下闻其风者，犹足使顽廉而懦立，以视马融诸人，其品节为何如也？前清盛时，镇原士大夫刻《潜夫论》，板存隍庙，同治兵灾，为贼所毁。民国二十年（耀廷）供职剿匪司令部，见乡前辈慕少堂先生案头有旧刻《潜夫论》，欲印之，多事匆匆，未暇也。今年夏五月，因公晋省从慕堂先生处借其书，回署后重付铅印，藉以保存，非敢云发潜德之幽光。虽然，犹有憾，《汉魏丛书》与敝邑所刊皆无注。闻少堂先生云：《潜夫论笺》十卷，《湖海楼》本，汪继培注，他日若能购得，再付于民，以公同好。[①]

20、傅增湘　明刊《潜夫论》跋：

此书旧传塘栖劳氏丹铅精舍有金刻本，为钱东涧旧藏，今已无可踪迹。

---

① 袁耀廷据《汉魏丛书》本铅刻，1937年，现藏国家图书馆。

元大德间与《白虎通》、《风俗通义》合刊者，题曰"新刊三种"，今亦已不见流传。明刊亦有数本，余见盛意园家有十行十八字本，版狭小而刻工草率，曾为吴佩伯收之，匆匆未得校勘，不知其善否也。此本昔年得之南中，半叶十行，每行二十字，白口，左右双尾，序跋不存，莫辨为何时所梓，刻工不精，然字体挺劲，尚存古意，要是正、嘉间风气。门下士刘世孙曾假校一遍，言其佳字出于冯巳苍校本之外者颇多。按瞿氏《铁琴铜剑楼书目》所举明翻宋本，胜程荣本处甚多，如《三式》篇"稷□"不误作"稷禹"，《德化》"砥□"不误"砥砺"，《姓氏》篇"则不能故也"不误"改也"。今以此本核之，其胜异正同，是亦可推为善本，未可以镌工粗率而抑之。

考近时藏家书目，钱塘丁氏、虞山瞿氏、归安陆氏（陆心源）皆藏有明刊本，然按其版式均与此不合。可知此本至为稀见。余昔年领教部时，曾以部檄调取江南馆所储冯巳苍所校宋本，临校于程荣本上。异时有暇，当更取兹本比勘之，其异同得失视宋本若何，方可以此定此刻之品第，不徒以罕觏而见珍也。①

21、李盛铎　明刊《两京遗编》本《潜夫论》题记：

塘西劳氏丹铅精舍有金刻《潜夫论》卷段第一行但标"王符"二字。为钱蒙叟冯研祥藏本。此明时刻本，卷端题名亦只二字，足微其所从出本之善。至《三式》篇"稷□"不误"稷禹"，《德化》"砥□"不误"砥砺"，《氏姓》篇"赐禹姓姒氏"不误"姒氏"。"则不能故也"不误"改也"。"王孙"不误"五孙"，均与《瞿氏书目》所举悉合。此书宋椠不可得见，即明刻亦弥足珍贵已。

癸丑春分后五日，椒微记。②

22、据《中国古籍善本书目子部》记载，齐齐哈尔市图书馆现藏明程荣刻《汉魏丛书》本《潜夫论》十卷，有清代丁绍基跋，惜未见。录于此。

①　傅增湘：《藏园群书题记》，上海：上海古籍出版社，1989年，第296—297页。
②　李盛铎著、张玉范整理：《木犀轩藏书题记及书录》，北京：北京大学出版社，1985年，第13页。

参考文献

一、古籍文献（按经史子集顺序排列）

经　　部

（魏）王弼注、（唐）孔颖达疏：《周易正义》，（清）阮元刻：《十三经注疏》本，北京：中华书局，1980年。

（汉）伏生：《尚书大传》，《景印文渊阁四库全书》第68册，台北：台湾商务印书馆股份有限公司，2008年。

（汉）孔安国传、（唐）孔颖达疏：《尚书正义》，（清）阮元刻：《十三经注疏》本，北京：中华书局，1980年。

（清）段玉裁,：《古文尚书撰异》，《皇清经解》本，道光九年广东学海堂刻本。

（清）皮锡瑞著、盛冬铃、陈抗校点：《今文尚书考证》，上海：上海古籍出版社，1989年。

（汉）毛亨传、（汉）郑玄笺、（唐）孔颖达疏：《毛诗正义》，（清）阮元刻：《十三经注疏》本，北京：中华书局，1980年。

（明）冯复京：《六家诗名物疏》，《景印文渊阁四库全书》第80册，台湾商务印书馆股份有限公司，2008年。

（清）陈大章：《诗传名物集览》，光绪十七年三余堂刻湖北丛书本。

（清）李富孙：《诗经异文释》，《皇清解经续编》本，江阴南菁书院，光绪十四年。

235

（清）陈乔枞：《三家诗遗说考》，《续修四库全书》第 76 册，上海：上海古籍出版社，2002 年。

（清）王先谦：《诗三家义集疏》，北京：中华书局，1987 年。

（汉）郑玄注、（唐）贾公彦疏：《周礼注疏》，（清）阮元刻：《十三经注疏》本，北京：中华书局，1980 年。

（汉）郑玄注、（唐）贾公彦疏：《仪礼注疏》，（清）阮元刻：《十三经注疏》本，北京：中华书局，1980 年。

（汉）郑玄注、（唐）孔颖达疏：《礼记正义》，（清）阮元刻：《十三经注疏》本，北京：中华书局，1980 年。

黄怀信：《大戴礼记汇校集注》（上册），西安：三秦出版社，2005 年。

（宋）陈旸：《乐书》，广州板存菊坡精舍，光绪二年刻本。

（周）左丘明传、（晋）杜预注、（唐）孔颖达正义：《春秋左传正义》，（清）阮元刻：《十三经注疏》本，北京：中华书局，1980 年。

（周）公羊寿传、（汉）何休解诂、（唐）徐彦疏：《春秋公羊传注疏》，（清）阮元刻：《十三经注疏》本，北京：中华书局，1980 年。

（魏）何晏注、（宋）邢昺疏：《论语注疏》，（清）阮元刻：《十三经注疏》本，北京：中华书局，1980 年。

《齐论语》，马国翰辑：《玉函山房辑佚书》第五辑第一册，上海：上海古籍出版社，1990 年。

（唐）李隆基注、（宋）邢昺疏：《孝经注疏》，（清）阮元刻：《十三经注疏》本，北京：中华书局，1980 年。

（汉）许慎撰、（清）段玉裁注：《说文解字注》，上海：上海古籍出版社，1981 年。

（汉）许慎：《说文解字》，北京：中华书局，1963 年。

（汉）刘熙：《释名》，北京：中华书局，1985 年。

（宋）罗愿：《尔雅翼》，《丛书集成初编》本，上海：商务印书馆，1935 年。

史　　部

黄怀信等：《逸周书汇校集注》，上海：上海古籍出版社，1995 年。

吴则虞：《晏子春秋集释》，北京：中华书局，1962 年。

（汉）刘向辑录：《战国策》，上海：上海古籍出版社，1985 年。

徐元诰著、王树民、沈长云点校：《国语集解》北京：中华书局，2002 年。

（汉）班固：《汉书》，北京：中华书局，1962 年。

（汉）司马迁：《史记》，北京：中华书局，1959 年。

（汉）刘向：《列女传》，北京：中华书局，1985 年。

（晋）常璩著、任乃强校注：《华阳国志校补图注》，上海：上海古籍出版社，1987 年。

（晋）皇甫谧：《帝王世纪》，济南：齐鲁书社，2000 年。

（晋）袁宏著、周天游校注：《后汉纪校注》，天津：天津古籍出版社，1987 年。

（南朝·宋）范晔：《后汉书》，北京：中华书局，1965 年。

（北魏）郦道元：《水经注》，北京：中华书局，2009 年。

（唐）李延寿：《北史》，北京：中华书局，1974 年。

（唐）林宝著，郁贤皓、陶敏整理：《元和姓纂》（第一册），北京：中华书局，1994 年。

（唐）令狐德棻等：《周书》，北京：中华书局，1971 年。

（宋）罗泌：《路史》，《景印文渊阁四库全书》第 383 册，台湾商务印书馆股份有限公司，2008 年。

（宋）司马光、（元）胡三省注：《资治通鉴》，北京：中华书局，1956 年。

（宋）徐天麟：《西汉会要》，北京：中华书局，1957 年。

（宋）叶廷珪著、李之亮校点：《海录碎事》，北京：中华书局，2002 年。

（宋）陈振孙：《直斋书录解题》，上海：上海古籍出版社，1978 年。

（宋）熊方等：《后汉书三国志补表三十种》，北京：中华书局，1984 年。

（元）马端临：《文献通考》，北京：中华书局，1986 年。

（明）曹学佺：《蜀中广记》上海商务印书馆影印《文渊阁四库全书》本，1935 年。

（明）都穆：《南濠居士文跋四卷》，《续修四库全书》史部第 922 册，上海：上海古籍出版社，2002 年。

（明）高儒等：《百川书志·古今书刻》，上海：古典文学出版社，1957 年。

（清）陈揆：《稽瑞楼书目》，丛书集成初编本，上海：商务印书馆，1935 年。

（清）丁丙：《善本书室藏志》，《续修四库全书》史部第 923 册，上海：

上海古籍出版社，2002 年。

（清）丁立中：《八千卷楼书目》，子书百种本《续修四库全书》史部第 923 册，
上海：上海古籍出版社，2002 年。

（清）黄丕烈：《士礼居藏书题跋记》，《续修四库全书》史部第 923 册，上海：
上海古籍出版社，2002 年。

（清）瞿镛：《铁琴铜剑楼藏书目录》，《续修四库全书》史部第 926 册，上海：
上海古籍出版社，2002 年。

（清）黎庶昌：《日本国见在书目录》，《古逸丛书》本，光绪十年刻本。

（清）李锴：《尚史》，悦道楼乾隆三十八年刻本。

（清）陆心源、李宗莲合编：《皕宋楼藏书志》，十万卷楼藏版，光绪八年壬午冬十月。

（清）陆心源：《皕宋楼藏书目》，《续修四库全书》史部第 928 册，上海：
上海古籍出版社，2002 年。

（清）莫友芝著、傅增湘订补、傅熹年整理：《藏园订补：邵亭知见传本书目》，
北京：中华书局，2009 年。

（清）唐晏著、吴东民点校：《两汉三国学案》，北京：中华书局，1986 年。

（清）徐乾学：《传是楼书目》，《续修四库全书》史部第 920 册，上海：上
海古籍出版社，2002 年。

（清）永瑢等著：《四库全书总目提要》，《万有文库》本，第 18 册，上海：
商务印书馆，民国二十四年。

（清）张金吾：《爱日精庐藏书志》，《续修四库全书》史部第 925 册，上海：
上海古籍出版社，2002 年。

（清）王先谦：《后汉书集解》，北京：中华书局，1984 年。

子　　部

（一）儒家类

（汉）赵岐注、（宋）孙奭疏：《孟子注疏》，（清）阮元刻：《十三经注疏》
本，北京：中华书局，1980 年。

梁启雄：《荀子简释》，北京：中华书局，2010 年 6 月。

（清）王先谦著、沉啸寰、王星贤点校：《荀子集解》，北京：中华书局，1988年。

王利器：《新语校注》，北京：中华书局，1986年。

（汉）陆贾：《新语》、（汉）王符：《潜夫论》（合订本），上海：上海古籍出版社，1995年。

（汉）董仲舒著、苏舆义证：《春秋繁露义证》，北京：中华书局，1992年。

（汉）贾谊著、阎振益、钟夏校注：《新书校注》，北京：中华书局，2000年。

（汉）刘向著、向宗鲁校证：《说苑校证》，北京：中华书局，1987年。

（汉）桓宽著、王利器校注：《盐铁论校注》，北京：中华书局，1992年。

（汉）扬雄著、汪荣宝义疏：《法言义疏》，北京：中华书局，1987年。

（清）陈立著、吴则虞点校：《白虎通疏证》，北京：中华书局，1994年。

（汉）王符：《潜夫论》，明刻本，刊刻年代不详，（现藏国家图书馆）。

（明）程荣辑刊、（清）黄廷鉴校：《潜夫论》，明万历年间刻汉魏丛书本，（现藏国家图书馆）。

（清）汪继培：《潜夫论汪氏笺》，湖海楼丛书，清嘉靖二十二年到二十四年刻本。

（汉）王符著、汪继培笺：《潜夫论汪氏笺》，萧山湖海楼丛书本，嘉庆丁丑年（1817）。

（汉）王符：《潜夫论》，《四部丛刊》本，上海涵芬楼藏本，上海：商务印书馆，1922年。

（汉）王符著、汪继培笺：《潜夫论》，丛书集成初编本，上海：商务印书馆，1935年。

（汉）王符：《潜夫论》，上海：上海古籍出版社，1978年。

（汉）王符著、胡楚生集释：《潜夫论集释》，台北：鼎文书局，1979年。

（汉）王符：《潜夫论》，百子全书（二）杭州：浙江人民出版社，1984年。

（汉）王符著、（清）汪继培笺、彭铎校正：《潜夫论笺校正》，北京：中华书局，1985年。

（汉）王符著、胡大浚等译注：《王符〈潜夫论〉译注》，兰州：甘肃人民出版社，1991年。

（汉）王符著、张觉译：《潜夫论全译》，贵阳：贵州人民出版社，1999年。

（汉）王符著、王柏栋编译：《潜夫论读本》，兰州：甘肃人民出版社，2004年。

（汉）王符著、张觉校注：《潜夫论校注》，长沙：岳麓书社，2008年。

（汉）王符著、王健注：《〈潜夫论〉简注通说》，郑州：河南大学出版社，2008年。

（汉）荀悦：《申鉴》，《丛书集成初编》本，上海商务印书馆，1935 年。

（汉）崔寔、（汉）仲长统著、孙启治校注：《政论校注·昌言校注》，北京：中华书局，2012 年。

（二）道家类

徐培根：《太公六韬今注今译》，台北：台湾商务印书馆，1977 年。

朱谦之：《老子校释》，北京：中华书局，2000 年。

郭庆藩：《庄子集释》，北京：中华书局，1961 年。

王利器：《文子疏义》，北京：中华书局，2000 年。

（三）法家类

管曙光主编：《简化字点校本诸子集成》（四），长春：长春出版社，1999 年。

黎翔凤著、梁运华整理：《管子校注》，北京：中华书局，2004 年。

郭沫若、闻一多、许维遹：《管子集校》，北京：科学出版社，1956 年。

蒋礼鸿：《商君书锥指》，北京：中华书局，1986 年。

（清）王先慎撰、钟哲点校：《韩非子集解》，北京：中华书局，1998 年。

（四）名家类

王琯著：《公孙龙子悬解》，北京：中华书局，1992 年。

（五）墨家类

（清）孙诒让撰、孙启智点校：《墨子间诂》，北京：中华书局，2001 年。

（六）杂家、杂考

许维遹著、梁运华整理：《吕氏春秋集释》，北京：中华书局，2009 年。

何宁撰：《淮南子集释》，北京：中华书局，1998 年。

（汉）王充著、黄晖校释：《论衡校释》，北京：中华书局，1990 年。

（汉）应劭著、王利器校注：《风俗通义校注》，北京：中华书局，1981 年。

（北齐）颜之推著、王利器集解：《颜氏家训集解》，上海：上海古籍出版社，1980 年 7 月。

（宋）洪迈：《容斋随笔》，上海：上海古籍出版社，1978 年。

（宋）叶适：《习学记言序目》，北京：中华书局，1977 年。

（明）方以智：《通雅》，《景印文渊阁四库全书》第 857 册，台湾商务印书馆股份有限公司，2008 年。

（明）陈士元：《名疑》，光绪十七年三余堂刻湖北丛书本。

（明）黄生：《义府》，《丛书集成初编》上海：上海商务印书馆，民国二十五年。

（清）周中孚：《郑堂读书记》，刘氏嘉业堂克吴兴丛书本。

（清）顾炎武：《日知录》，上海：上海古籍出版社，1985 年。

（清）王引之：《经义述闻》，道光七年刻本。

（清）皮锡瑞著、周春健校注：《经学通论》，北京：华夏出版社，2011 年。

（清）俞樾：《曲园杂纂﹑读〈潜夫论〉》，《春在堂全书》（第三册），南京：凤凰出版传媒集团、凤凰出版社，2010 年。

（清）孙诒让撰，雪克、陈野校点：《札迻》，济南：齐鲁书社，1989 年。

（七）医　　家

（明）卢之颐：《本草乘雅半偈》，北京：人民卫生出版社，1986 年。

（八）兵家、术数类

（春秋）孙武著、（三国）曹操等注、杨丙安校理：《十一家注孙子校理》（增订本），北京：中华书局，1999 年。

（唐）瞿昙悉达：《唐开元占经》，《景印文渊阁四库全书》第 807 册，台湾商务印书馆股份有限公司，2008 年。

（九）类　　书

（唐）马总：《意林》，四部丛刊本，上海涵芬楼影印武英殿聚珍版。

（宋）李昉等编：《太平御览》，北京：中华书局，1966 年。

（明）归有光辑：《诸子汇函》，明天启五年刻本（现藏国家图书馆）。

集　　部

（一）总　　集

（南朝·梁）萧统编、（唐）李善注：《文选》，北京：中华书局，1977 年。

（明）冯惟讷：《古诗纪》，《景印文渊阁四库全书》第 1380 册，台湾商务印书馆股份有限公司，2008 年。

（清）严可均：《全上古三代秦汉三国六朝文》，北京：中华书局，1958 年。

（清）王谟：《增订汉魏丛书》，清乾隆五十六年刻本。

（二）别　集

（汉）张衡著、张震泽校注：《张衡诗文校注》，上海：上海古籍出版社，1986 年。

（汉）王逸著、黄灵庚疏证：《楚辞章句疏证》，北京：中华书局，2007 年。

（晋）陆机：《陆机集》，北京：中华书局，1982 年。

（唐）杜牧：《樊川文集》，《四部丛刊》本，上海：上海商务印书馆，1922 年。

（唐）白居易著、喻岳衡校：《白居易集》，长沙：岳麓书社，1992 年。

（宋）黄庭坚：《豫章黄先生文集》，《四部丛刊》本，上海：上海商务印书馆，1922 年。

（金）王若虚：《滹南遗老集》，《四部丛刊》本，上海：商务印书馆，1922 年。

（明）杨慎：《升庵全集》，上海：上海商务印书馆，民国二十六年。

（明）苏伯衡：《皇明文衡》，《四部丛刊》本，上海：商务印书馆，1922 年。

（三）辑佚类

（清）马国翰辑：《玉函山房辑佚书》，上海：上海古籍出版社，1990 年。

（清）王仁俊：《玉函山房辑佚书续编三种·经籍佚文》，上海：上海古籍出版社，1989 年。

（四）诗文评

（南朝·梁）刘勰著、范文澜注：《文心雕龙注》（上、下），北京：人民文学出版社，1978 年。

（宋）陈骙：《文则》，北京：人民出版社，1998 年。

（宋）李涂：《文章精义》，北京：人民出版社，1998 年。

（元）揭曼硕：《诗法正宗》，转引自张健编著《元代诗法校考》，北京：北京大学出版社，2001 年。

（元）傅若金：《诗法正论》，张健编著《元代诗法校考》，北京：北京大学出版社，2001 年。

（明）吴纳著、于北山校点：《文章辨体序说》，北京：人民出版社，1962 年。

（明）徐师曾著、罗根泽校点：《文体明辨序说》，北京：人民出版社，1962 年。

（明）庄元臣：《文诀》，王水照编：《历代文话》（第 3 册），上海：复旦大学出版社，2007 年。

（清）冒春荣：《葚原诗说》，郭绍虞编选：《清诗话续编》，上海：上海古籍出版社，1983 年。

（清）姚永朴：《姚永朴文史讲义》，南京：凤凰出版社，2008 年。

（清）李渔：《闲情偶寄》，上海：上海古籍出版社，2000 年。

（清）刘大櫆：《论文偶记》、吴德旋：《初月楼古文绪论》、林纾：《春觉斋论文》，范先渊校点，合订本，北京：人民文学出版社，1959 年。

（清）吴景旭：《历代诗话》，《景印文渊阁四库全书》第 1483 册，台湾商务印书馆股份有限公司，2008 年。

（清）刘熙载：《艺概·文概》，上海：上海古籍出版社，1978 年。

王水照编：《历代文话》，上海：复旦大学出版社，2007 年。

二、现代著作（按作者姓氏音序排列）

《中国古籍善本》编辑委员会编《中国古籍善本书目·子部》（上、下），上海：上海古籍出版社，1994 年。

陈必祥：《古代散文文体概论》，郑州：河南人民出版社，1986 年。

陈景云：《绛云楼书目》，日本京都大学人文科学研究所藏钞本。

陈望道：《修辞学发凡》，上海：上海教育出版社，1976 年。

陈晓芬：《中国古典散文理论史》，上海：华东师范大学出版社，2011 年。

褚斌杰：《中国古代文体概论》（增订本），北京：北京大学出版社，1990 年。

龚鹏程：《汉代思潮》，北京：商务印书馆，2005 年。

巩本栋编：《程千帆沈祖棻学记》，贵州人民出版社，1997 年。

顾颉刚：《〈潜夫论〉中的五德系统》《古史辨》第 7 册（中），上海：上海古籍出版社，1982 年。

顾颉刚：《秦汉方士与儒生》，上海：上海古籍出版社，2005 年。

顾荩丞：《文体论 ABC》，上海：世界书局，1929 年。

郭沫若：《郭沫若全集·考古编》（第 2 卷），北京：科学出版社，1982 年。

郭英德：《中国古代文体学论稿》，北京：北京大学出版社，2005 年。

黄盛雄：《王符思想研究》，台北：文史哲出版社，1982 年。

姜书阁：《骈文史论》，北京：人民文学出版社，1986 年。

靳义增：《中国文法理论》，北京：中国社会科学出版社，2009 年。

来裕恂著，高维国、张格注释：《汉文典注释》，天津：南开大学出版社，1993 年。

梁启超：《饮冰室文集》（第 1 册），北京：中华书局，1988 年。

梁章钜：《退庵随笔》，南京：江苏广陵古籍刻印社，1997 年。

刘厚琴：《儒学与汉代社会》，济南：齐鲁书社，2002 年。

刘文起：《王符〈潜夫论〉所反映之东汉情势》，台北：台北文史哲出版社，1995 年。

刘跃进：《秦汉文学编年史》北京：商务印书馆，2006 年。

刘文英：《王符评传》，南京：南京大学出版社，1993 年。

陆侃如：《中古文学系年》，北京：人民文学出版社，1985 年。

吕思勉：《秦汉史》，北京：新世纪出版社，2009 年 7 月。

吕思勉：《先秦学术概论》，上海：世界书局，1932 年。

南京大学图书馆编：《南京大学图书馆馆藏古籍善本图书目录》，1980 年。

潘富恩主编：《中国学术名著提要·哲学卷》，上海：复旦大学出版社，1992 年。

钱穆：《国学概论》，北京：商务印书馆，2004 年。

钱钟书：《管锥编》，北京：中华书局，1979 年。

钱钟书：《谈艺录》，北京：生活·读书·新知三联书店，2008 年。

山东省图书馆编：《山东省图书馆藏海源阁书目》济南：齐鲁书社，1999 年。

邵毅平：《论衡研究》，上海：复旦大学出版社，2009 年。

孙文青：《张衡年谱》，上海：商务印书馆，1935 年。

谭家健：《先秦散文艺术新探》，济南：齐鲁书社，2007 年。

谭家健：《中国古代散文史稿》，重庆：重庆出版社，2006 年。

谭家健：《中国散文史纲要》，太原：山西教育出版社，2011 年。

唐彪：《读书作文谱》，台北：伟文图书出版社有限公司，1976 年。

童庆炳：《文体与文体创造》，昆明：云南人民出版社，1994 年。

王步贵：《王符评传》，西安：陕西人民教育出版社，1993 年。

王步贵：《王符思想研究》，兰州：甘肃人民出版社，1987 年。

王国维：《传书堂藏善本书志》，房鑫亮主编《王国维全集》（第九卷），广州：浙江教育出版社、广东教育出版社，2009 年 1。

王水照、朱刚主编：《中国古代文章学的成立与展开——中国古代文章学论集》，上海：复旦大学出版社，2011年。

王运熙、顾易生主编：《中国文学批评通史》（先秦两汉卷），上海古籍出版社，1995年。

吴承学：《中国古代文体学研究》，北京：人民出版社，2011年。

谢无量：《谢无量文集》（第8卷），北京：中国人民大学出版社，2011年。

徐复观：《两汉思想史》（1—3卷），上海：华东师范大学出版社，2001年。

徐复观：《中国人性论史（先秦篇）》，上海：上海三联书店，2001年。

徐复观：《中国思想史论集续编》，上海：上海书店出版社，2004年。

徐复观：《中国知识分子精神》，上海：华东师范大学出版社，2004年。

徐平章：《王符潜夫论思想探微》，台北：文津出版社，1982年。

许结：《汉代文学思想史》，南京：南京大学出版社，1990年。

薛福成：《论文集要》，王水照编：《历代文话》（第6册），上海：复旦大学出版社，2007年。

阎步克：《士大夫政治演生史稿》，北京：北京大学出版社，1996年。

严灵峰：《周秦汉魏诸子知见书目》（第五卷），台北：台湾正中书局，1977年。

于迎春：《秦汉士史》，北京：北京大学出版社，2000年。

余嘉锡：《古书通例》，上海：上海古籍出版社，1985年。

余英时：《士与中国文化》，上海：上海人民出版社，2003年。

俞樾等：《古书疑义举例五种》，北京：中华书局，2005年。

张舜徽：《周秦道论发微》，北京：中华书局，1982年。

张舜徽：《广校雠略》，武汉：华中师范大学出版社，2004年。

张啸虎：《中国政论文学史稿》，武汉：武汉出版社，1992年。

章太炎著、陈平原导读：《国故论衡》，上海：上海古籍出版社，2003年。

赵义山、李修生主编：《中国分体文学史·散文卷》，上海：上海古籍出版社，2001年。

郑奠、谭全基编：《古汉语修辞学资料汇编》，北京：商务印书馆，1980年。

周振甫：《中国文章学史》，南京：江苏教育出版社，2006年4月。

祝尚书：《宋代科举与文学考论》，郑州：大象出版社，2006年。

陈望道主编：《辞海·哲学分册》，上海：上海辞书出版社，1980年。

[日]吉川幸次郎：《中国文章论》，王水照、吴鸿春编选：《日本学者中国文章学论著选》，上海：上海古籍出版社，1994年。

后 记

这本小书是我在博士学位论文的基础上修改完成的。回想三年在桂子山走过的路，单调却很充实。说单调，是实在话。自从2010年9月走进华中师范大学校园的第一天起，我的生活就变成了宿舍、食堂、操场的三点一线。这些日子里，睡觉是一种奢侈，吃饭就是个程序。好在我的性格在狂放的外表下还有安静的一面，我并没有觉得这样的生活有多乏味、多痛苦，因为看书变成了习惯。说充实，更是我值得欣慰的。我天生愚钝，加上硕士期间读书很少，基础较差，所以来到桂子山作学术的一开始，感到极为吃力。所幸三年的博士生活中，我自认为没有让时间白白浪费掉，尽了自己最大的努力去读书。今日想来，虽未有大的长进，但至少问心无愧了。

完成博士期间的学习，书不敢说读了多少，但学位算是不低了。而立之年的我，上学就占据了二十几个春秋。我能如此执着地完成漫长的学业，其实首要的原因是为了完成父亲的读书梦。父亲曾不止一次告诉我，由于祖上是富农，父辈们读书时正好赶上了文革，在那样的时代氛围之中，父亲虽然上了十几年学，但最高学历也就是初中一年级。言语之间可以明显看出辍学对他一生心境的影响。所以，我从小就立志要完成父亲的读书梦，要完成最高的学位，以安慰父亲刻满沧桑的心。而今，儿子真的做到了，至少父母一直以来的含辛茹苦没有白费，儿子没有让你们失望！

我是幸运的，在这个物质横行的年代，我遇到了自己一生的知心爱人——吴艳玲女士。从大学相识、相爱到我完成学业，参加工作，我们已经一起走过了十二年的时光。在这漫长的恋爱长跑中，艳玲同志始终对我不离不弃，默默承受着来自各方面的压力，在精神上给予了我莫大的支持。如今，她又把爱女姝岩带到人间，并默默为我们的家庭操劳着。这本小册子的出版，也算我对她的一点交代。

一路走来，我的两位人生和学业的导师——戴建业先生、柏俊才先生给我无微不至的关怀。柏俊才先生是我的授业恩师，大学第一节课我听到的就是先生的教诲。从那时起，我的整个学术生命就与中国古代文学联系在了一起。戴建业先生是我的博士生导师，在桂子山的岁月中，先生对我耐心鼓励、悉心指导，让我有充足的自信完成自己的博士论文。如今的年代，虽然知识不一定改变命运，但是在两位先生的关怀和帮助下，学习确实改变了我的一生。学生唯有以感恩之心，在以后的工作和学习中加倍努力，沿着两位先生指示的道路前行，不求光耀师门，但求回报师恩！

当然，最后要感谢的还有山西师范大学文学院的延保全院长及学院各位领导。在我回母校工作以后，是他们在生活上和工作上给予了我无私的关怀和帮助，让我感觉到犹如亲人般的温暖。另外，编辑老师为该书的出版付出了艰辛的劳作，在此一并表示谢忱。

一本小书的出版，不管好坏，都像自己的孩子出生，欢喜之情不必讳言。至少，它是自己一个阶段学习思考的总结。既然"古之学者为己"的明训早已有之，那为己著书当也是无可厚非的！至于书中所存浅陋之言，当是他日激励我前行的不竭动力，又何必求其完美呢？

李晓敏

2016/9/15 于尧都平阳